皇朝瑣屑録

（清）鍾琦 撰

憑花館瑣筆

國家圖書館出版社

4

第四冊目錄

憑花館瑣筆卷三

嘉州　鍾錡漪農

乾爲君位日爲君象此中國開闢以來相傳之恒說也若垂簾聽政則惟北宋宣仁太后治稱極盛此外如東漢鄧太后亦多美善紀於簡編然皆國君冲齡嗣統始舉此制故漢安帝其年稍長杜根則有諫言而宋章獻太后時范文正亦嘗諍之若今日我 皇上之臨御天下也誕膺帝眷沃荷天休二十四年矣突於光緒二十四年秋八月籲請 皇太后訓政者此惟 聖母止慈

皇上止孝耳蓋　聖體違和適當歐洲各邦垂涎側目
於中國以求增埠割地　皇太后念　皇上宵旰焦勞
且以社稷為重故畧形跡之嫌並無他意也俟　聖體
日康　聖德日隆自當退居頤和園今以　龍顏小極
鳳德大行坐照異國之　淵衷已默察衆情之仰望
而京外臣庶妄臆　皇太后越俎代庖又揣度　皇上
受制於　皇太后浮言譁語故特表而出之
光緒二十五年九月初五日　上諭州縣為親民之官牧
養小民責在州縣訓教洲縣責在上司古人先學為政

而後入官今則入官而後學爲政甚有作吏數十年而公事憒憒者吏治安望有起色耶今督撫當以師道自居而視屬員如子弟先教以端志向再教以習科條委以發審試其能治獄否畀以短差試其能了事否上司件件考察屬員自人人奮興苟上司一味偏私屬員遂百般貪緣惟知自利其究必歸于蠹國害民推原本始該上司豈得謂無過耶誠能整躬率屬就我範圍凡玩視民瘼立即条革各州縣皆以官爲家未有不悚懼者但恐不能正已以正人耳督撫用人固不可偏私尤不

當拘泥其要在於持公道其本在於順輿情當始之以訓導繼之以考察終之以舉劾庶於吏治民生實有裨益矣同日又奉　上諭人臣事君所貴勿欺朝廷孜孜求治凡條陳時事有善可從無不責成疆臣實力興辦惟各省情形不同即一省中各屬之情形又不同倘有窒礙即當剴切復奏自必曲體民瘼而疆臣狃于積習凡有不能行者含黙弗語其能行者又希圖敷衍朝廷以股肱耳目相待而疆臣以因循欺飾相報不惟有愧於心恐亦難辭重咎也將此通諭知之按同日　奉兩

旨足見我　皇上旰食宵衣刻刻以吏治民生爲念
無如各疆臣端愨者固夥而偏私者亦衆往往不問政
績曲循人情凡美缺要區爲地擇人者少爲人擇地者
多甚且隱其劣蹟弗列彈章飾其令名轉膺薦牘故吏
治日壞民生日蹙有負我　皇上察核賢否之至意矣
同治庚午正月御史游百川以雪澤愆期日食遞見請增
修　聖德一摺中有云查道光年間　國家廣庶富之
業內而廷臣外而督撫率以粉飾太平爲務州縣習於
侈汰以能逢迎者爲良吏以多機械者爲幹員吏治旣

頹亂機斯伏等語奉　旨褒美直言無隱之臣際虛懷納諫之　主爲古來所罕覯也

尹文端公繼善督兩江時辦賑條告語有云倘不肖有司剋減肥家一有見聞斷不能倖逃法網卽本部堂稽察有所不到吾知天理難容子孫將來爲餓殍而不可得痛哉言乎近八十年未見此快語甚至有蒞任五六載如寒蟬啞雁並不出一條告者

蕭山汪煥曾先生輝祖初習申韓後以進士出宰湖南時稱循吏其舊撰館聯云苦心未必天終負辣手須防人

不堪此不特入幕者宜奉爲圭臬凡有司皆不可不知也

蒙古松文清公筠出爲伊犁將軍時一日遣役至京交銀五十兩以爲迎取夫人路費適役未行而銀已他用因即不寄路費公家故素儉長公子少宰熙昌竭力摒擋始得送其母夫人就道夫人既至公亦不擇日即命入署僚佐皆不知將軍夫人之已至也署舊有別院乃置夫人其中而日扃其門供饌之外每月與錢十千婢媪傭値咸取給焉院內正屋三楹夫人居堂東西爲佛堂

公每日五更入佛堂焚香畢坐堂中與夫人啜茗閒語半時而出仍扃其門而夫人每日當四更必起櫛沐以待之公之禮佛不間寒暑夫人之夜起亦不間寒暑同時有策大人者公事故簡每日黎明即起盥面畢即駕騾車傳食於同城寅好署中亦無間寒暑那繹堂亦在西域嘗戲語人曰我若死入輪迴必與閻羅相約或再爲男人或轉爲女身或墮落畜類惟命是從但不願作策大人騾及松將軍夫人耳見歸田瑣記

松文淸公奉差往江南查辦事件路過袁江時費筠浦制

軍湆 因防汛駐河上欵留公於行館午飯賓主皆大量飲至開燈易燒酒公謂費曰兩人飲畢竟寂寞盍屬中尚有知酒趣者否費曰有亦不過數十杯即頹然欲如我兩人者殊不易得無已惟有河轅中軍某副將者庶幾其可然官卑職小何可以陪中堂公曰副將亦二品官但取能飲何較高下因急召至令侍末坐公與費且飲且談而某副將從傍默飲一杯復一杯不敢留涓滴也至五更辭歸且曰順風明晨即開舟不復來告辭矣而黎明南風甚大舟不能行費又約公再暢飲公曰昨

某副將飲得甚閒雅仍召來同席費令人促之則云某副將昨夜回署即不能言動今晨已奄逝矣公與費皆大驚草草飲畢即回舟冒風解纜去此事河上人至今能道之全上

雍正朝有京員查嗣廷汪景祺呂留良等以詩文肆其悖逆詆訕怨望　憲皇帝嚴加懲創以正倫紀而維世道至乾隆時又有胡中藻所著堅磨生詩鈔連篇累牘桀是鴟張犬吠其集內所云一世無日月又曰天非開清泰又曰斯文欲被蠻又曰蠻官我曾慚又曰朝門聞說

不開開至於官陝西廣西學政所出試題鳥獸不可與同羣又有非我族類又有乾三爻不象龍說案乾卦六爻皆取象於龍故彖傳言時乘六龍以御天如胡中藻所云豈三爻不在六龍之內耶乾爲當今年號龍與隆同音其毀謗顯然奉　旨拿問正法所謂小有才未聞大道則足以殺其軀而已矣

國朝沈歸愚先生以六十六歲中舉六十七歲會試館選七十歲授編修七十一歲以大考晉侍講學士七十二歲典試湖北七十五歲直　上書房升禮部侍郎七十

六歲爲會試總裁七十七歲患噎疾告老七十九歲迎
駕於清江浦是冬進京祝　聖母壽蒙　高宗撰賜
詩序八十五歲再迎　駕加禮部尚書銜九十歲又同
錢陳羣迎　駕常州　賜詩以榮之年至九十七而終
諡文懿以暮年新進備叨異數其事爲近今所稀其福
亦未免太過身後果以文字之故削銜奪諡古人常言
日中則昃月盈則食況以文人當之能無惴惴哉
古人七十致仕亦有過期頤尚未解組者案北魏世祖時
侍中羅結年一百七歲除長信卿年一百一十歲聽歸

老年一百二十乃卒此必禀賦厚而無罷癃痀僂態始能之

咸豐三年二月初十日髮逆陷金陵運土旗築城堞掘出古碑石若梁司馬散騎常侍蕭誕碑夏侯隨之碑荆玉府長史司馬景德合葬碑檢校侍郎左庶子魯公諒碑磊磊然幾難悉數又得石獸壯如豕耳小尾大長三尺高二尺許石質人工俱極堅緻而腹內五臟六腑皆備既不知何以置於中而質重若此知非供玩物更不知其何所用也城中名園廣墅皆爲所平毁惟妙相庵獨

完臺城基址尚存見甕牖餘談

梁武帝王蜀後主並名衍齊時讖云行中水作天子梁武果受齊禪王建時有僧持大帚唱云水行仙怕秦川箕後王衍有秦川之禍

尚書有明揚側陋之語虞舜非堯族人且以堯之欽明豈不憂美盡而遽以曾祖姑觀刑乎以舜之大知雖爲無後豈有不辟宗者乎史記愛採戰國雜說謂堯舜皆出於黃帝蓋不足信也秦宓見帝系之文五帝皆同一族宓辯其不然之語惜其說不載於傳案王符潛夫論以

堯爲神農之後舜爲黃帝之後諒必有據宓所辯當亦

如此

路史堯長子名考監明先死而不得立

舜父瞽叟姓嬀母名握登見史記正義注又名女登河圖

稽命徵曰女登見大虹意感生舜於姚墟故舜姓姚名

重華字都君

路史舜妃以盲姬以㸐象盲郎娥皇字娥娙皇盲聲相滋

也又字宵明見山海經郭璞注㸐郎女英字燭光生義

均及季釐竹書紀年義均又名叔均封于商故稱商均

季釐封繒餘七子未封

舜妹名敤手他書又作敤首路史曰瞽叟與象每欲殺舜其妹敤首爲之解說文作畫嫘一首畫也又名繫列女傳舜女弟繫與二嫂諧容中閒集世但知封膜作畫不知自舜妹始謂惜此神技創自婦人則舜妹可稱畫祖

禮緯曰禹母名脩已吞薏苡而生禹因姓姒氏河圖稽命徵曰脩已見流星意感而生帝名戎一名文命吳越春秋注曰禹名文命字密

外丙名勝仲壬名庸太甲名至並見竹書紀年

俗以候爲等范成大詩州橋南北是天街父老年年等駕
迴註等候也俗語本此又以衡輕重者曰等子案師友
談紀邢和叔曰銖兩不差非秤上秤來乃等子上等來
也俗作戥無此字

後漢梁鴻傳鴻妻孟光爲具食不敢於鴻前仰視舉案齊
眉案乃古盌字正韻與按通舉與眉齊不使氣觸洟汚
極言其妻捧盌之敬耳不關壽意乃今之壽年老夫婦
者輒曰齊眉竟似齊言眉壽矣

百官志公車司馬令掌吏民上章四方貢獻及徵詣公車

者按公車乃官署名非謂公家之車如安車蒲輪追鋒車之類也今舉子赴禮闈者每寫公車北上公車如何北上作見駭目或者以雍正間例準邊省會試驛站給馬聊且假借然謂之乘傳去聲則可何必與官署名之公車互相溷雜數典而忘之耶如倒轉其詞曰北上公車遂典雅穩順矣見此君軒漫筆

勿勿二字勿文拂切音物顏氏家訓篇書翰稱勿勿不知所由或妄言此匆匆之殘缺者考說文勿乃州里建旗以趣民故急遽稱爲勿勿東觀餘論今俗勿中加點

作匆爲急遽字彌失眞矣按字書無匆字或作悤悤晉書王彪之傳無故悤悤先自猖獗又有作怱怱者晉書衛恆傳下筆必爲楷書雖怱怱不肯草書或作忽忽亦可均訓急遽也則匆匆二字不必隨俗

俗呼妻父爲岳丈以泰山有丈人峯也似亦有理而呼妻父爲泰水豈非畫蛇添足乎案晉書樂廣衛玠之妻父所謂婦翁氷清女壻玉潤者岳丈當是樂丈之訛耳

投瓊卽今之擲投子蓋取投擲之義俗作骰非也而骰字卽股字不音投

韻會注生曰名死曰諱禮記文王忌日必哀稱諱如見親是名諱二字其別久矣今問人之名曰尊諱自道其名曰賤諱何其謬也

南海有蟲無骨在水中則活失水則醉如一塊泥因名泥人醉則肢體軟如泥蟲然故曰如泥不知者以爲泥水之泥謬矣

雪川莫氏累世精春秋偶至酒樓飲見壁間題曰春王正月公與夫人會于此蓋輕薄子攜妓來飲所題也莫鄙援筆題其下云夏大旱秋饑冬〻雨雪公薨君子曰不處

德不量力其死于饑寒也宜哉見者大笑

麓臺五世孫王石泉名述縉以徐熙花卉法爲没骨山水其說云著色之法用丹砂宜胭脂用石綠宜帶汁綠用赭石宜帶藤黄用墨水宜帶花青如藥有君臣佐使單用則淺兼用則厚亦篤論也案石泉畫固不及其先人然清超拔俗而一種書卷氣盎然絹紙間亦非尋常筆墨

高恪勤公少時夢一老人教以指頭作畫緣此奇情逸趣信手而得宦游江浙有陸瞻袁江沈鰲爲之染色妙若

天成予見其畫有解衣磅礴之概卓然大雅不羣又有李世倬天章者曾任太常卿亦善指畫時稱李太常然今人知高者多知李者少案李世倬山水蒼老所嫌瑣碎以視恪勤公瞠乎後矣

畫分南北南則王摩詰爲開山荆關董巨子久叔明松雪梅叟迂翁以至明人沈周文徵明僧慧燈皆宗法之北則李思訓風骨奇峭趙氏伯駒伯驌馬遠夏珪以至戴文進吳小仙皆宗法之

王麓臺云元季四家俱宗北宋以大癡之筆用山樵之格

即荆關遺意米家畫法品格最高得其衣鉢惟高尚書有大乘氣象元人中如方方壺郭天錫皆骨氣不凡又曰設色與用墨無異全論火候不在取色而在取氣故墨中有色色中有墨明季董宗伯得大癡神髓先奉常炙於宗伯探驪得珠獨開生面非予所能及也案 國朝王奉常畫沉雄古逸晚年益臻神化駸駸乎入大癡之室矣麓臺氣味深醇從古大家神韻中醞釀而出不落作家窠臼

王石谷云王晉卿仿摩詰而自成一家同時有馮覲者師

之如曹知白陸天游輩皆其宗派倪雲林天真簡淡一
木一石具有千崖萬壑之勢案石谷畫亦仿雲林繪影
繪神諸家莫及比之天仙化人不食世間煙火也
姜紹書云畫家宮室最難爲工世但知李將軍不知尹繼
昭胡翼衛賢皆擅能品至郭忠恕搆思精密游於規距
準繩中而不爲所窘其避暑宮圖千榱萬桷纖毫不遺
誠絕藝也王孤雲接武忠恕更加細潤其仙山樓閣筆
若懸縧刻畫精整幾無賸意蓋畫必通木經算法方能
超脫仇石洲雖秀麗精工然須規模舊本方能變擅出

藍非匠心獨運也
李後主大字顫掣學取勢人目爲金錯刀黄居寀畫石橫拖
作圈俗謂之野鵲翅見客杭日記
五代楊少師行書似顏魯公而加之豪縱世稱顏楊 國
朝笪重光酷好董華亭世稱董笪
義府云濟夫論篆龍逢以忠諫桀殺之是關龍逢即古篆
龍氏之後非名龍逢也
明世宫人稱答應見抛花偶談
南唐保大七年命倉曹參軍王文炳刻古今法帖迫至後

主命徐鉉復爲翻刻稱建業帖是爲法帖之祖宋太宗詔翰林侍書王著取前賢墨迹及建業帖摹刻禁中是爲閣帖書家莫不祖之其澄心堂紙李廷珪墨而無銀錠紋者初搨也最不易得

元祐五年哲宗又刊秘閣續帖四十四卷徽宗又以王著標題多誤更出內府眞蹟刻之太清樓下曰大觀帖靖康之禍石淪於金高宗紹興重刻閣帖于國子監其先後次序卷尾篆題悉遵舊本而清勁時或過之然世多耳食罕知有紹興帖者

宋初閣帖南頒各大臣時潭州即摹二本謂之潭帖慶曆中劉沆使僧希白重刻增入王濛顏眞卿等書曰長沙帖建炎中金兵至守城者取爲礮石遂成粉碎虛空矣有一種則劉丞相私第本不甚峭健復有長沙新刻本長沙別本三山木本蕭氏盧陵帖及黔江帖蜀帖亦皆摹潭希白古本者也

絳帖者又名潘駙馬帖（潘師旦尚哲宗公主）北紙北墨極有精神迫師旦亡二子析而爲二絳守得其長子上十卷重摹下十卷足之號東庫本別有不全本者又東庫之別本也

此外有武岡舊帖武岡新帖烏鎮帖福清帖資州帖彭
州帖蔡州帖鼎帖即武陵帖皆絳州之苗裔
馬蹄帖者明初泉守所刻一稱泉帖肅府帖乃萬歷間肅
世子識鋐所刻東書堂帖則周憲王所刻寶賢堂帖則
晉靖王所刻終明之世以文待詔停雲館爲最
池北偶談盛稱劉後村地占百弓多是水樓無一面不當
山二語案此詩見蜀僧貫休禪月集詩爲題某公宅云
云與後村集中方孚若丞新第詩字句皆同惟弓作灣耳
後村不應勦襲前人恐必有一誤但詩有中原鼎沸語

以時考之當以貫休作爲是

交翠軒筆記同火二字見宋書卜天與傳蓋行軍十人共一竈故唐書兵志有十人爲火之語後來經商同伴者亦稱同火取同行共炊之意劉貢父詩話南方賈人各以火自名一火猶一部也皆用火字不知何時誤爲夥字案說文多爲夥史記陳涉世家夥頤涉之爲王沈沈者注楚人謂多爲夥魏都賦繁富夥夠皆無同伴之意陸放翁詩半夥鴉殘牆外杏是南宋時已有作夥字者

宋史言林和靖不娶無子故世有妻梅子鶴之說和靖小

圃春日詩於陵偕隱事清尚未相同懷任寺丞詩赤腳我猶無一婢黑頭君合作三公是和靖實無妻妾焉得有子東坡詩自言不作封禪書更肯悲吟白頭曲亦可爲和靖不娶之證而閩人林可山自稱和靖七世孫其所著山家清供亦稱先人和靖云云又林霽山孤山詩耳孫今白髮酹酒滿寒蕪若亦自謂處士裔孫者蓋宋人最重和靖其名在楊朴魏野之上故遙遙華冑人爭攀附可山當時已有瓜皮搭李皮之誚霽山籍隸平陽更與臨安無涉

林和靖湖村晚興云映竹犬初吠弄船人各歸各一本作合非是詩意言湖上晚來游人已散弄船人亦各歸家耳各字下得簡峭有致若作合字便索然矣且此詩通首寫望合字乃佇想之辭其爲淺人妄改無疑

謝元暉游東田詩遠樹曖芊芊生烟紛漠漠生乃生熟之生方與遠樹相對陸放翁詩陂塘秋水瘦墟落莫烟生亦當爲生熟之生或解爲烟之方生非是長洲董琴涵太史甌圃觀荷詩重來池館生若烟生烟二字拟用尤妙

皮襲美新秋言懷詩檜身渾箇矮石面得能皺渾箇得能皆吳語

藥名詩起于梁簡文唐張籍宋陳亞皆踵爲之自後作者遂多小言破義君子弗尚且如張詩之黃葉霜前半下枝陳詩之衣嫌春瘦縮紗裁假字牽合並無意味此種詩當以渾成爲主嘉興蔣春雨明經有句云破故紙中尋獨活一燈如豆笑空青離合處如羚角之無跡又何嘗不佳耶

潘正叔贈陸機詩玉以瑜潤隋以光融隋隋侯珠也以隋

字代珠字六朝人文字往往要不可學

傳長虞贈何劭王濟詩吾兄既鳳翔吾兄字入詩僅此

顏延年五君詠一麾乃出守李善注麾謂指麾言爲荀最所指麾也是一麾乃一遭排擯之意非佳典也今人習用得毋語忌

應璩有百一詩晉李彪亦有百一詩取百慮一得之解蓋諷諫詩之流亞也但二詩皆不傳於世

子才性好女色而詩必牽合古人以就已如詠羅隱廟則曰隔簾嬌女罷吹簫詠銅雀臺則曰招魂秖用美人妝

詠張睢陽廟則曰刀上娥眉嘆奈何詠周瑜墓則曰小
喬何幸嫁夫君詠謝安石則曰東山女伎亦蒼生然此
猶題中所應有也至詠郭汾陽亦必曰歌舞總消稽蠢
愁則太窒合矣其詠睢陽廟有殘兵獨障全淮水壯士
同揮落日戈一聯可稱此題絕唱著生集中一二首皆不
及也

滿洲烏君臺孝廉新齋小園署聯云半日讀書半日靜坐
一畝栽菜一畝栽花其人品可見

榮古香先生有病亟口號一絕云病亟呼覘本至情夢魂

顛倒語分明此身安得常如病時向膝前呼幾聲兒餘
罷偶談此與哭一聲叫一聲兒的聲音娘慣聽如何娘
不應同一至性至情所流露也

聽松廬詩話姜西溟不食家紀文達不食鴨自言雖良庖
爲之亦有腥穢氣且賦詩云靈均滋芳草乃不及梅樹
海棠傾國姿杜陵不一賦以梅花海棠爲比雖不食鴨
而鴨之幸固已多矣

明慶成王生一百子俱長成自長子襲封外餘九十九人
並封鎮國將軍每會紫玉盈坐至不能相識見皇朝盛

事按一部廿二史中帝王子孫雖多如漢中山靖王已屬僅見然未有不殀折者若生一百俱長成亘古以來惟慶成王可稱無二寡雙矣

權謹以孝子起爲文華殿大學士鄭沂以義門起爲禮部尚書見應菴隨錄

光緒二十五年九月日本國通商口岸　直隸省天津秦皇島　江蘇省上海吳淞蘇州江甯鎮江　浙江省杭州甯波溫江　福建省福州厦門三都澳　廣東省廣州九龍山汕頭瓊州三水北海拱北　廣西省梧州龍

州　雲南省蒙自思茅　四川省重慶　安徽省蕪湖
江西省九江湖口　湖南省岳州　湖北省漢口沙
市宜昌　山東省芝罘　盛京省牛莊共計三十六處
中有兩地　屬英領者香港　屬葡萄牙領者澳門
海國紀述論歐洲之權柄勢力以英吉利爲第一俄羅斯
爲第二法蘭西爲第三
廣東通志載明時泰西利瑪竇進呈萬國圖中華北方有
俄羅斯紅孩兒廓爾喀諸國案紅孩兒即西域聞見錄
所稱控噶爾乃土耳其之別名也隋唐時爲突厥傳國

亦久

回疆邊外有敖罕安集延頗繁庶為回疆之屏蔽道光二十二年敖罕為控噶爾所滅虜其酋長則回疆西境與控噶爾密邇控噶爾之外即俄羅斯也咸豐間安集延亦併於控噶爾同治間控噶爾之西境忽又為俄羅斯吞噬殆盡嗚呼貪心之於人甚矣哉夫物則亦有然者也譬彼螳螂物也蟬亦物也物交物何强弱之分大小之別乃蟬則居高飲露得意自鳴而螳螂反同類相傷遠超枝緣條曳腰聳距舉吻捕之意其吞噬以為快為

蟬者不幾危哉雖然螳螂亦知黃雀之在其後耶蓋其心在蟬而蟬之外一無知也於是黃雀乃起而延頸啄之啣其捕蟬之術還之螳螂之身控嚙爾貪心妄圖與螳螂無異而不知俄羅斯是猶黃雀在其後矣惟回疆失其屏蔽執柄者當念前車之覆後車之鑒而回疆西境不可不嚴防扼守之

西域聞見錄謂俄羅斯傳國不知其幾千年此乃因其耶蘇教紀年而誤會不足為據矣已類稿謂俄羅斯立國在南北朝時蓋亦以一千七百八十八年之數上溯之

不知此乃天主教之始年非俄羅斯立國之始年也
池北偶談載俄羅斯以順治十七年稱一千一百六十三
年案西齋偶得云西洋稱今乾隆五十三年戊申爲一
千七百八十八年漢哀帝庚申年乃其國之第一年即
俄羅斯肄業之官生亦云今戊申爲一千七百八十八
年蓋其國久奉西洋教法故紀年與西洋同池北偶談
誤矣

尼布楚城本中國蒙古屬地初非俄人所有亦非甌脱之
區也俄人於崇德四年始畧有麥加瀕及菴雅臘爾尉

近之地土繼而始據尼布楚城由是而東侵雅克薩南
侵額爾古納滋擾索倫諸部垂四十年皆據尼布楚城
爲巢穴及我　聖祖命將出師於雅克薩額爾古納收
入版圖薩將尼布楚城畀之二百年彼堅守信約皆我
聖祖至誠化育貽謀深遠之所致也
俄羅斯以十六寸爲一尺按西洋每寸當中國之七分而
俄尺寸獨長亦一異也又俄以十二兩爲一斤見異域
錄
滿洲通海之處一曰大連灣一曰牛莊各地嘗泊輪船一

十艘華船二千號艦艫固相望也光緒二十四年大連灣已落俄人手不殊函谷泥封即使日後重開其權非復我有又英國貨物半由牛莊出口倘俄人併閉此門豈非於中國沿海商情繫有窒礙哉查遼河瀕臨牛莊潮小時水深英度十七尺六寸潮大時深至十八尺六寸輪船皆可駛入若天津之大沽口則小至八尺大亦僅十一尺耳司冊者宜識之

光緒二十五年四月初九日俄主倡設弭兵會徧邀大小諸國各簡使臣聚集荷蘭國之海格都城西歷五月十

八號中國四月初九日開會七月廿六號中國六月十九日散會所議三大綱一曰限制軍備二曰公定裁判三曰權衡用兵器特就海格城中設立萬國持平公斷之公署其法畧謂自今以往凡在會諸國如遇爭端當各以其情達諸公署且准擇各國所派在署諸員中之素信者數人彼此相約各願聽其審鞫然後由此數人按照公法條例講明約章意旨期於平和辦理排難解紛不但此也未入弭兵會之國遇有相持不下亦准訴諸弭兵會公署秉公調停如有不遵衆相詰責卽可藉以稍紓各國之兵

禍凡遇有干預鄰國勸和息爭之事務當同心協力視爲分所當行不准游移退縮致隳成規此外又立陸制交戰章程有醫傷之善舉且禁用氣毯炸礮及毒物之兵械諸國畫諾者十有八九如果實心實意則德被四海協和萬邦治安天下物阜域中矣案在會者 英

法 德 奧 匈牙利 比利時 義 俄 華 丹

麥 日斯巴尼亞 墨西哥 希臘 日本 羅森堡

格 濛德垊沽 和蘭 波斯 葡萄牙 羅曼尼崖

塞爾維崖 暹羅 瑞典 瑞威 瑞士 突厥

渤而忌里崖　按以上所開皆以畫諾之先後爲序

光緒二十四年西歷一千八百九十八年統計俄國兵費比較昔年陸軍加四十兆鑼鑄海軍加十八兆鑼鑄俄銀每鑼鑄値龍銀一圓五角有奇光緒二十五年又造鋏甲船三艘各載重一萬二千墩巡船七艘載重六千墩並徵陸兵六萬五千人且移民以實旅順口皆未開弭兵會之政策也

光緒二十五年按歐洲列國除海軍戍軍外以陸兵而論英國二十二萬人奧國三十五萬七千人法國五十一

萬一千人德國五十八萬八千人惟俄國有八十六萬
八十人過於應有之額數豈首倡弭兵者而為盟主所
當如是耶查俄國疆宇遼闊太司寇舊都要區僻在內
地為敵人所不敢入當世強鄰不肯蹈拿破崙之覆轍
冒險而爭之何必如此多糜兵費乎今過於額數以十
二萬人屯積我中國且築鐵路不遺餘力查鐵路僅需
五六年之工程然而羊雖亡尚可補牢兎未遠亦妨顧
犬我中國趁此於五六年中勵精圖治將兵勇嚴加甄
閱汰其老弱簡其精壯新舊核計二十萬人召洋匠興

夕教習駐防要害蓋天下事忽于微必敗于漸所以宜早以備之不然鐵路告成長驅直竄彼無所不攻我無所不守攻者恒逸守者恒勞攻者恒驚守者恒疎則天津錦州昌圖吉林以及蒙古黑龍江等處不得高枕而臥矣

自嘉道以來俄人湧湧洶洶黑海北濱盡遭吞噬且繞黑海而署我屬國阿富汗與夫信奉回教諸小邦皆廁於附庸之列並越賀蘭山而抵鮮卑又撫我屬國哈薩克人俾充馬兵乃浸淫克音屯以及黑龍江咸豐十年以

槍礮誑取中國五千里地土遂占踞琿春海口案琿春在精格里河崇德二年六月入貢方物今布算量弓俄羅斯全國幅員約合華程二一京五兆八億方里而復連雲合霧迥殊英地之暴露零星核俄地不及英地廣大故其易於自守者卽屬易於出攻也况得步進步靡有窮期光緒二十四年由阿富汗及藏衛分兩路以逼伊犁蒙古等處大爲中國之隱憂乃愈出愈奇則又以築路代用兵鋼軌之曲暢旁通不啻鐵騎之横衝直撞此其故寔厥覺之日本覺之波斯覺之英法德美莫不覺

之中國執柄者其覺之否乎

中國鐵路光緒二十五年十月告成所召英匠修造以英程計算共長三百十七里以華程約算九百八十里　一路從天津築至山海關計英程長三百里　一路從上海築至吳淞計英程長十七里皆雙軌鐵軸鐵輪購自外洋其餘器物在唐山開鑄此二路中國自造者也

鐵路已興工而未成者則有三條　一中國自造從山海關築至牛莊計英程長一百七十里　一比國法國合造從北京蘆漢築至湖北漢口計英程長七百里　一

俄國經造從俄國史推吞斯科築至琿春經過興京滿洲計英程一千里又分枝於大連灣旅順口計英程四百里共長二千二百七十里以華程約算七千里案前二路固因商務起見後一路恐俄國用兵則雨驟風馳朝發夕至此草野布衣私心竊慮未免如杞人嫠女也

繪圖定計將造之鐵路共有十三條　一從山西太原至正定接連蘆漢計一百三十里　二從膠州沂州至濟南計四百三十里　三從天津至鎮江計六百里　四從漢口至廣東九龍山計七百里　五從北京英商会

司鐵路除枝路外計二百五十里　六從越南東京至廣西南甯計二百里　七從越南諒山至南甯計一百里　八從北海至南甯計一百二十里　九從上海至蘇州南京計一百八十里　十從南京浦口至河南信陽計二百七十里　十一從蘇州至杭州甯波計二百里　十二從緬甸至雲南計三百里　十三從山海關過錦州至新民廳計九十七里　共長英程三千五百七十七里約算華程共長一萬三千里已經勘地合英程中國自造者九十七里德國經造者四百三十里英

國經造者一千二百里英美兩國公司經造者七百里
中俄兩國合造者一百三十里法國經造者四百二十
里英德經造者六百里他日鐵路告竣王道平平可以
東馳西騁固有益于商務但中國貧乏之者甚多皆藉役
力以資養殖各地創行此法則千百萬窮民無所得食
保不遺禍生變如令改徙他業學習未耨銍拂以發土
篋瓦罌竹筐草履篛笠簑衣自不流爲游惰豈知天地
生材有數即有限閭閻用物有足即有止另外所造各
器必至壅滯而不通勢必赤身裸體鵠面鳩形塡死溝

壑少一老幼卽朝廷少一赤子急投萑苻多一壯健卽地方多一黃巾豈非所益者小所損者大乎尤慮鐵路各國操其權握其柄倘中外稍有罅隙彼星流電擊突竄京師則城守倉卒人情惟怯雖蕭相國不能輓儲淮陰侯不能爲將是猶援弩而自射吐絲而自縛也當道諸君繪圖定計時亦未謀及此耶

俄人築造鮮卑鐵路非關通商之利乃圖用兵之計也查此路爲單軌貫澈東西計華程一萬二千餘里所過崇山峻嶺積雪凍氷非惟人煙斷絕抑且草木焦枯俄人

豈肯以鉅款築造如此不急之務耶歷年來中俄通商全由海道較陸路轉運尤平安簡捷況鐵路雖成而養人工案年需用百十萬自俄西至滿洲須越八千餘里築是沙漠苦寒之地安得望客貨轉運收費以支需用乎以此印證爲通商乎抑不爲通商乎口松柏而心桃李不待辯而了然與此大工特爲窺伺中國者審矣

鹽鐵論曰邊民無桑麻之利仰中國絲絮而後衣之夏不釋褐冬不離窟父子夫妻內藏於甎室土圜之中崔寔政論曰僕前爲五原太守土俗不知紡織冬積草伏臥

其中若見吏以草纏身令人酸鼻不必言其遠以　國
朝之延安大同等府皆有此苦狀道光間李湘帆先生
官蜀時箸此君軒漫筆載大同婦女出草則穿紙袴眞
所謂倮蟲者也案此則官不得辭究平日既不能養豈
有含黙不教耶光緒八年予友蹇子振宦越巂廳見猓
猓不知紡織遣人來嘉購造機車彈弸雇工飭夷而習
紡棉織布未幾子振量移去不知接篆者能踵而行之
否

京師梨園演畫蘭劇雛伶某自題詩云不買胭脂畫牡丹

瀟瀟風雨楚江寒可憐一樣階前種流落人間當草看讀之哀動頑艷又某伶有斷句云捲簾小立西風裏人比黃花瘦幾分亦楚楚有致

京師演雙合印劇內有科諢曰爾既係算命何以將自已算在這監裏來同人笑之孟樸山在座戲曰此語可以問文王衆詠之徐曰文王演周易拘於羑里不亦同耶可見會心不在遠隨處皆足覘學問也

宣大俗以五月十三日六月十八日爲晾甲會其地多兵昔爲用武之處晾甲者蓋將弁曝甲之遺意而土音讀

脚爲甲承平已久遂埒會爲晾脚云是日傾城婦女咸
靚妝麗服坐於戶外以蓮瓣之纖巨列前後爲人競觀
之不避見餘墨偶談似此惡俗醜態録之以見理所無
而世所有也

南湖舊話録云董思白宗伯其貝在一侍郎處論及匡鄭
諸人侍郎曰漢儒本多刺謬思白步出前庭倚樹默然
宗伯尊人名漢儒侍郎問故答曰吾愛其枝葉耳侍郎悟捫其
臂曰咄咄逼人案國語范獻子聘魯問具山敖山魯人
以其鄉對獻子曰不爲具敖乎對曰先君獻武之諱也

獻子歸徧戒其所知曰人不可以不學吾適魯而名其二諱爲笑焉惟不學也人之有學也猶木之有枝葉也木有枝葉猶庇蔭人而況君子之學乎宗伯言本此可見前輩語言文字卽諧謔間無不風雅

中官握政肆毒作威者無過于王振劉瑾魏忠賢其事權亦相類振竊柄最久（王振由舉人官訓導犯法擬充戍祖命宮之教內官書後爲太監宗樞）其横惡至乙丑丙寅以後而極己巳屠裂於土木瑾以丙寅憸醻庚午剮於燕市家族皆誅夷籍沒忠賢肆凶建祠至乙丑丙寅而極旋卽伏誅自縊於丁卯僅幾

屍少長皆誅夷自僅至振相去一甲子忠賢至瑾相去則再甲子也見貞信編嗚呼此三甲子臣民盡在蜩鳴鼎沸中以過光陰何曾見天日乎

張居正喪父巡撫續服往弔自途中號哭抵喪次曰死了老太師何不死了小子涕淚沾衣嚴嵩當國附者認爲乾兒壽日令其內子仕嚴家助廚遇世蕃捐肩呼嫂亦不爲羞見座右編王昭嶽陝西咸甯人萬歷戊戌進士爲魏忠賢乾兒官至吏部尚書進退一人必稟命於忠賢時稱王媳婦見遣愁集王祐貌美無髭鬚諂附王振一日問祐曰王

侍郎何故無鬚對曰老爺無鬚兒子豈敢有鬚一時聞者掩耳見笑史明季宰輔魏廣微爲魏忠賢乾兒謂事忠賢建生祠又陸萬齡請以配享孔子見明史古者以恥視人遂可驗其品行分其賢愚此輩厚顏如十重鎧甲不知恥是何物良由看得富貴太熱爵祿太重所以忍詬而輕辱貪得而寡羞耳

閨詩多有帶英氣者王季重先生女題藺相如傳有匕寸小臣刃五步大王頭之句一時稱其豪拔

管於嘉從軍其妻吳蕖仙送以詩云萬里從軍急孤身一

劍愁家園落日裏莫上最高樓措語有英雄氣
獨孤信三女俱爲后各生周隋唐一朝天子長生周武帝次生隋煬帝次生唐高祖見獨異志
女子作賊者漢交趾徵貳徵側反擾嶺外六十四城唐陸州陳碩貞反破睦歙等處明唐賽兒反亦猖獗嘉慶間齊二寡婦反滋擾秦蜀豫楚七八年始殄滅
袁了凡好談地曾尋龍至某處問一村農曰有人來此游過否對曰予生長於斯三十年矣嘗見戴紗帽者來尋穴不見戴紗帽者來上墳袁恍然而去見珊瑚網

唐明皇不得其死正史無文然溫韜發其陵見明皇頭乃破兩半以銅絲縫合豈遭李輔國之暗害耶果爾則肅宗不得辭責誠大罪人矣

元劉秉忠太保祖康懿公弟秉恕墓俱在邢臺縣治西南先賢村嘉靖年間爲盜所發內有石刻云盜者李淮專聞於府捕獲治罪劉兄弟精數學故前知如此見湧幢小品

景陵麻陽潭有女轉男身者康熙己巳趙給諫恒夫吉士往鄖溯流上舍舟走就訪之至其家此子出揖客詢其

姓黃名天泰小字喜生能讀書其父綺文年七十二世業儒見喜生聲音舉止居然男子矣惟眉目間猶有閨秀氣恆夫有詩以誌之見寄園寄所寄

金史太宗紀南京師以錦州野蠶成繭來貢賞其長吏可見宋已前不知有繭紬也道光間蜀省新繁織繭紬浣濯雖蔽不易色且吉凶可從焉今山東所產槲生者名槲繭椿生者名椿繭椒生者名椒繭其質尤佳歲凡三稔鄉人恃織繭紬爲業

千里蓴羹末下鹽豉世多以淡煮蓴羹末用鹽豉相調和

非也蓋末字誤刻爲未未下乃地名謂所產此二物耳見同語錄

古人私印有曰某氏圖書或曰某人圖書之記蓋惟用以識圖畫書籍而其他則否今人於私刻印章槩以圖書呼之誤矣見聽雨紀談

三代後有三箇匠一漆匠金安藏一石匠安民一漆匠楊瑄士大夫有愧此三匠者多矣見嘯虹筆記案漆匠又有倪英雖非三匠之比亦由漆匠而學畫風神超逸骨格靈秀至今人尚寶之

嚴分宜父子溺器用銀鑄婦人而空其中粉面綵衣以陰
受溺見笑史
丹徒靳文僖卒時繼夫人年未三十比老有司以其孫爲
嚴嵩客爲之奏請旌表下禮部議時高安吳山官禮部
曰婦人節旌制也但令甲所載諸與原爲匹夫匹婦發
潛德之光若士大夫家何人不當爲節義孝順者文僖
公旣爲鼎臣夫人已生受殊封奈何與匹夫匹婦爭寵
靈乎執寢之大學士徐階亦以爲言山正色曰相公亦
慮閣老夫人再醮耶階語塞案此制今人多不知蓋士

大夫之節孝原分内事有力者應請誥封播徽音于彤管僭異數于紫泥也若旌表爲無力者而言之

州縣衙參情狀各省大略相同有分段編爲戲齣者尤堪噴飯然繪水繪聲可入啟顏錄也 一曰烏合二曰蠅聚三曰鵲噪四曰鵠立（鵠司道班）五曰鶴警六曰鳧趨七曰魚貫（又） 八曰鷺伏九曰蛙坐十曰猿獻（謝茶）十一曰鴨聽十二曰狐疑十三曰蟹行十四曰鴉飛十五曰虎威（各喊輿夫）十六曰狼餐十七曰牛眠十八曰蟻夢

京師清客最多然亦須才品稍兼者方能自立有編爲十

字令者曰一筆好字二等才情三斤酒量四季衣服五子圍棋六齣崑曲七字歪詩八張馬鈎九品頭銜十分和氣有續其後者曰一筆好字不錯二等才情不露三斤酒量不吐四季衣服不當五子圍棋不悔六齣崑曲不推七字歪詩不遲八張馬鈎不查九品頭銜不選十分和氣不俗則更進一解然而亦不容易矣

近詩有作首縣十字令者一曰紅二曰圓融三曰路路通四曰認識古董五曰不怕大虧空六曰圍棋馬鈎中中七曰梨園子弟殷勤奉八曰衣服齊整言語從容九曰

主恩憲德常稱頌十曰坐上客常滿樽中酒不空語語傳神酷肖或疑認識古董四字爲空泛不知滿洲大員多愛鑒別鐘鼎銘刻法書名畫凡博雅好古者未有不情意相投若第十字所云則亦大省各缺有之偏遠貧苦之首縣尚攀躋不上也

梁書天監四年秋七月大有年米斛三十錢案開闢以來纔有豐稔若穀亦無如此之賤三十錢尚不敷擔費負草之力貲史家紀載失實如此或米斗誤書米斛耳

李陵名將也張空拳以禦敵尚且成擒而隋書所載突厥

以四十萬人入蘭州總管達奚長孺與之遇且戰且行
轉鬥三晝夜器械殆盡士卒以拳毆之殺傷萬計當此
銳氣銷亡寇氛張熾豈能以徒搏而禦四十萬之衆乎
又豈能陷堅殪敵殺傷萬計乎此蓋長孺以無爲有以
敗爲功妄言之而史家輕信之遂據爲奇談耳
高宗福壽兩宋諸帝所無七十則立春慶祝八十則元旦
行禮任詩菴詩云金雀觚稜曉日開三朝喜氣一時迴
聖人先御紅鸞扇天子龍輿萬騎來蓋咏其事也高宗
生大觀丁亥孝宗生建炎丁未光宗生紹興丁卯亥卯

末三合周益公詩云一下扶火德三合肇皇基趙彥端詩云天意分明昌宋德誕辰三世總丁年亦非偶然

歲暮繪鍾馗起於唐明皇授孟蜀時翰林例進鍾馗沿唐舊俗夢粱錄云十二月紙馬鋪印鍾馗貧丐三五人爲一隊裝神鬼判官鍾馗小妹沿門乞錢是宋時此風未改也歸田詩話載淩彥沖洪武庚申冬題鍾馗詩云帶東藍袍靴露趾頭指守門荼與壘是明初此風未改也國朝趙恆夫元旦請乩淩忠憪賦詩云錦聯攢丐語妙畫突馗瞳是康熙間此風未改也自乾隆初凡歲首

繪天官神像遂無印鍾馗者

漢皋詩話曰字有顛倒可用者如羅綺綺羅之類方可縱橫惟韓愈孟郊輩才豪故有慨慷之語後人難學按慨慷二字亦有所祖但慷字多作平聲用曹孟德詩云慨當以慷憂思難忘退之東野蓋本此岑參亦云蒼然西郊道握手何慨慷古人顛倒用字甚多如慺慄作慄慺琴瑟作瑟琴參商作商參綢繆作繆綢皆隨韻叶之耳

唐宣宗賦詩有金步搖未能對令溫飛卿續之飛卿以玉條脫應之又唐文宗一日問宰臣古詩輕衫襯條脫條

腕是何物宰臣未對上曰郎腕釧也

漫錄東坡詩明月正照金叵羅韓子蒼詩勸我春風金叵羅按北史祖珽盜神武金叵羅蓋酒器也

袁瓘秋日詩芳草不復綠王孫今又歸人都不解施瞻見之曰王孫蟋蟀也

有士子作遊女詩中有一聯云不曾憐玉笋相競採金鹽人多不解金鹽按本草綱目金鹽五加皮之別名

野客叢書東坡詩他年一舸鴟夷去應記儂家舊姓西按寰宇記東施家西施家施者其姓所居在西故曰西施

坡公不應如是疎鹵恐是舊住西傳寫誤耳案古有西姓姓苑謂西門豹之後然左傳有西鉏吾西乞術複姓不嫌單舉非必派衍西門也西又通先文選七發注先施即西施也戰國策魯仲連曰君後宮十妃皆衣縞紵食粱肉豈毛廧先施哉今本國策仍作西蓋後人所改然則西施故姓西而施乃美人名耳與嬙嫩一例野客叢書以不狂爲狂抑何可笑況詩人寓興更不應作此膠柱之論

鴉片煙害同酖毒然世死於酖毒千萬人而一耳若死於鴉片煙者幾於十人而一案道光初年人知其害尚望

有蕩垢滌瑕之日所謂明其爲賊敵乃可滅也自道光壬寅海禁宏開乃以官幕自居者以端毅自命者墜其中若富家兒習熟見聞更墜其中甚至農樵負擔婦女乞丐莫不紛紛墜其中向所目爲酖毒者直視爲家常飯羞惡之心澌滅盡矣不惟耗財蕩產且皮肉皺瘢而促壽英人蔣蘭稚云就燈呼吸皆火之爲患而非煙之爲患也細思呼吸不就燈設法更張亦未必遂不受害矣昔易石生太守贈予一方極奇驗用廣皮五兩同白礬炒製半夏四兩五錢茯苓四兩炙草三兩五

錢天南星一兩五錢訶黎勒一兩白芥子八錢川椒七錢研末薑汁爲丸每日飯後一時許白滾水送下三錢日二次旬日後煙飲全化

因差立法由來尚矣婚娶喪葬修造不可不信之族姪子藩與其兄豐碑延某道士諏期子藩稍知順宮逆度惟不明天符月建及五星四餘耳見其所選在土王用事日內當付秦炬案　御製數理精蘊及協紀通書皆載每年四季每季各有土王用事從土王用事起此十八日內不宜動土否則吉神變爲惡曜其禍弗淺此居家

者所宜知而雇人誦期尤不可一不審擇也

某童喜讀書而性癡其父作宰時署中人均呼爲書獃子一日早起謂某婢曰爾昨夜夢見我否答曰未大斥曰我昨夜夢中分明見爾爾何以未見我耶怒扑之此輩喜讀書雖如董仲舒目不窺園范仲淹夜不解帶仍憒憒然不知天之爲蓋地之爲輿世之有人己之有軀矣

憑花館瑣筆卷四

嘉州　鍾琦　泊農

嘉慶七年　上諭凡饑饉洊臻地方官先期出示各鄉村告以卽有賑恤令其靜候不得遠離迅速設廠平糶以固民志良以濟之於旣流之後不如撫之於未流之先彼饑民旣知本地可以餬口又何樂蕩析離居耶似此

上諭意美法良無如地方官凡遇荒歉並不恪遵辦理而仍然遲之以行查俟之以報章自春至夏甫得開倉平糶夫救火者不解帶救水者不褰裳奈何以億萬

生靈之性命坐耗於故事具文平所以鳩形鵠面輩當賑恤時活者三四而斃者六七矣各州縣視 上諭淡焉漠焉殊屬有負 睿皇帝廑念災黎之至意

咸豐八年三月山東巡撫闍公敬銘因捐例疊開藉以籌備餉糈原爲 朝廷萬不得已之舉而行久弊滋不但無補軍儲抑且暗虧政體奏請道府州縣四項仍按籌餉定例減二成章程呈繳實銀均在京銅局報捐不得以鈔票現錢續算庶救敝補偏而於餉糈大有裨益云云按捐納佐貳佐雜尙無民社若道則巡察數郡府則

表率一方州縣有地方城池人民府庫錢糧責任匪輕
雖需用孔殷亦不宜以官秩過濫流品過雜而傷政體
闔公所議乃利害兼籌不惟愼重名器且愼重軍儲否
則以亂召亂之道也
定例盛京旗民交涉案件各州縣與城守尉等官會同辦
理其列銜之處稟將軍則縣尉並書稟府尹則有縣無
尉同一公牘任意紛歧遂致守尉目中幾無府尹各州
縣審訊嘗有包庇牽掣之虞經年累月案懸莫結光緒
元年四月將軍崇公實 具奏嗣後案件無論旗民槩歸

同通州縣等官辦理奉　旨允準在案似此劃清限制大小案件旗人不能借至親爲護身之符詑本管爲説情之地也

嘉慶四年正月初四日恭值　純廟升遐和珅方爲總理大臣意得甚次日御史廣興疏發其不法狀初八日奉　旨拿問下刑部並　諭直省大員議罪總督胡季堂條陳惡蹟請依大逆律凌遲處死又列其薊州墳塋前有石門樓石門旁開隧道正屋五間稱曰饗殿大門稱曰宮門圍牆二百丈牆外設堆撥土人稱曰和陵旁有

房宅二百一十九間定制親王墳塋圍牆不得過百丈
和珅倍之籍其家更多人臣不應有之物于是始將其
大罪二十宣示中外六部九卿公擬罪名奏上如胡季
堂所議大逆律 上以時當諒闇不忍使大臣棄市乃
令自裁分其第半爲和孝公主府（和之子豐伸殷德尚公主）半爲慶
親王府及嘉慶二十五年慶親王薨其子某郡王呈出
太平缸五十有四銅路鐙三十六對此皆親王不敢用
而珅有之今分設於 景運隆宗兩門外云
光緒二十五年十一月翰林院編修沈鵬應 詔直言大

學士榮祿剛毅太監李連英各罪狀內云榮祿內掌樞機外握兵柄夫自古及今內外之權不相侵將相之柄不兼攝以防主弱臣强禍生不測也曹操於漢有此權則凌君矣司馬昭於魏有此權則弒主矣今榮祿既爲軍機大臣而又節制武衛及南北各練兵我朝權臣如鰲拜明珠年羹堯之徒均無此勢力使榮祿於此或生異心未識 皇太后何以爲 皇上地也榮祿乃 皇太后之親禮親王之戚夫古來史冊所載權臣恃母后之親而不利其嗣君亦不少况今日榮祿之於 皇上乎此可慮者一也

剛毅外託清廉內實貪鄙嘗通餽遺於閹寺設典肆於
都門既爲軍機大臣則開陳上心善回天聽是其責也
乃去年　皇上更法之時剛毅輒抗違阻撓以致　皇
上怒擲奏章故去秋之變平情衡論亦由剛毅輩激成
之追　皇太后訓政之初剛毅首以誅殺士子鉤稽黨
籍爲務幸而　皇太后仁恕並不株連蔓引又剛毅籌
餉江南信用宵小滋累閭閻於學堂諸生莫不摧夷挫
辱其設心於　皇上爲何如乎此可慮者二也李連英
以一宦寺而屢經彈劾罷官者纍纍風聞該太監替有

貲財數十萬夫不由貪婪此財何由而得不竊威福又何以遂其貪婪今日者結天下之公憤召海外之流言上損我　慈聖之盛名下啟彼逆臣之奸計況此時隱患伏於　宮禁之間異日大禍發于　至尊之側蓋李連英所恃者　皇太后其所不快者　皇上也故比年來　頤和園奔走之官僚內務府差遣之臣僕凡通該太監之聲氣者竟指斥　乘輿詆毀　聖德然則該太監之設心處慮於　皇上爲何如乎刑餘多心很手毒此可慮者三也彼輩行事不同而不利於　皇上則同

案請不殺三凶以厲其餘則將來　皇上之安危未可知夫此三凶者惟　皇太后能操縱之生殺之　皇上之才非其敵也今乘　皇太后訓政之時分榮祿之權懲剛毅之暴除李蓮英之毒以絕目前不軌之謀弭日後無窮之禍特在於　皇太一詔令耳云云此疏三千餘字言過激烈撮其要而錄之案例編修具奏必呈請掌院學士代遞而學士恐其觸忌犯諱干冒宸嚴是以遲延詳加開導如果不上達或太史之幸歟揣想此疏非爲翁大臣洩忿即康梁輩之支黨死友也

江北河運始於同治四年當時不察河漕不能並治之故而竟勉強行之迄今三十餘年其事之有損無益彰彰在人耳目光緒二十五年十月值庫儲奇絀御史秦夔奏請停辦江北河運經戶部議准在案每年撙節銀五十萬有奇亦可稍裕度支也但此巨款孰非二月絲五月穀剜肉醫瘡以求免胥役之臨門鞭笞之加身者又孰非今日星提明日火票脣焦額禿以求副功令之嚴免譸輳之責者下如此其苦上如此其急然後湊解於戶部而悉聽其河員之乾沒委員之侵蝕京員之沾潤

武員之烹肥核計三十餘年共銷耗將近二千萬兩言之歎煞案國家妄費尚不止此若認眞清釐則軍精亦有贏無絀矣

明太祖洪武三年開科以古之欲明明德於天下者一節孟子道在邇而求諸遠一節合為一題問二書所言本天下大旨同異十七年二月命禮部頒行科舉成式凡三年一考鄉試子午卯酉會試辰戌丑未鄉試八月初九日第一場試四書義三道每道不過二百字經義四道每道不過三百字會試以次年二月初九日為一場

文字與鄉試同俗謂王荆公始以八股取士者非蓋荆
公之所創者經義也
書經若保赤子疏子生而赤色故言赤案赤尺通用赤子
謂盈尺之子人生固不皆赤色也太元經赤子扶扶正
指嬰兒學步之狀若始生赤色之子豈能相扶而走耶
俗稱嫡室曰首妻此有出處後漢書三老五更皆取有首
妻蓋結髮之夫婦也今人娶媳入門鋪牀發燭必請男
女全具者卽此意又結髮亦有出處蘇武詩結髮爲夫
婦

左傳趙有側室曰穿註側室者衆子也非妻所生卽嫡母所生之第二子亦曰側室漢文帝曰朕高皇帝側室之子師古註非正嫡所生是妾於漢始稱側室

左傳繼室以聲子生隱公白虎通古者人君不再娶妻死則以其娣姪之媵爲繼室後人遂以續娶之妻爲繼室也案晏子春秋景公使晏子請繼室於晉則爲續娶之稱其來已久矣

國初有提鎭總兵有鎭守總兵皆稱曰軍門委司道委府縣遣兵調將悉聽指揮洪承疇爲經畧刊布條約提督

及總兵不許擅稱軍門惟巡撫有提督軍務字樣者始當之

漢書霍去病傳去病爲票姚尉註票頻妙反服虔曰音飄姚音燿票姚勁疾貌漢以名武官字典謂唐人詩用票姚率作平聲且改票作嫖尤屬舛謬正字通因李杜詩改入平聲非按李杜既導於前則用平用仄亦可从也

京與原通檀弓以从先大夫於九京註京卽原字俗又寫亰者字書無亰字正字通云亰亦俗原字按京亰古通假用後人不必別生枝節也

陸放翁詩拭盤堆連展連讀上聲又燒灰除菜蝗蝗讀去聲

杜詩離別之離離讀去聲急難之難難讀平聲上應之應應讀平聲判捨之判判讀平聲中與之中平仄兩用

杜詩窮愁但有骨陸天隨詩但和大小包但俱讀平聲

白香山詩十字音旬讀平聲膏字音稿讀上聲重字再也讀去聲予字我也讀上聲燕姬酌蒲桃蒲字讀入聲請錢不早朝請字讀平聲又琵讀入聲扇讀平聲司馬之司讀入聲量移之量讀平聲

顧盼之盼音攀去聲註顧也視也俗譌寫盻案盻音係孟
子使民盻盻然註恨視也音義各別
潔淨之淨讀疾政切音穽無垢也俗譌寫凈按凈讀初耕
切音琤冷貌
歆羨之羨讀似面切音[illegible]貪欲也俗譌寫羡按羡音夷漢
書地里志江夏郡沙羡乃地名
計帳之帳音脹帷也幬也計簿也漢書武帝紀明堂朝諸
侯受郡國計註計若今之諸州計帳也俗譌寫賬肆市
中千手雷同接賬字書不載

俗以一日爲一天杜詩北上惟土山連天走窮谷遇于正
謂連日也

潦倒有兩解杜詩多才依舊能潦倒北齊崔贍容止醞藉
杜詩本此至夔府詩形容眞潦倒又不如是解也

爛漫水火之象俗以漫作熳非六書無此字爛字卻可作
瀾洞簫賦愺恅瀾漫是也

做字俗作字租去聲又音佐盎作本有去入二音分作做
爲二非漢書廉范傳不禁火民夜作韓愈詩君去問方
橋方橋如此作皆以作當做也

停字音庭釋名定也集也留也本亭字後人別作停當从

俗

柰果名假借爲柰何字書經曷其柰何弗敬字典謂俗作奈以別於柰果之柰非按今俗大抵以柰果書柰奈何作奈从俗亦可也

蘇詩左元倣之倣讀去聲司馬相如之如讀去聲

饑飢二字有謂饑饉从幾飢渴从几諸韻書俱分列支微兩韻惟集韻飢字訓或从几經傳頗通用旣集韻有本則饑飢二字不必過於分別也

頭眩曰瘨今瘨俗作暈非體痛曰痠俗作酸非
亘音宣與桓同說文烏桓外國名俗作亙誤
丰音馮茸茂盛貌又美好貌俗作丰非丰音介
詩凡形容字有兩字各異者人多混而不分即如崢潺山
水之聲也契濶離合之情也憂慮悲喜之別也朴僿文
質之極也正如軒輊依違然疑淹速以對舉見意
詩有雙聲疊韻之字如張王蒼茫莽蒼矓聰俱應平而仄
也漫汗幺麽票姚俱應仄而平也
唐人每以當時語入詩如頻煩猶言鄭重也至竟猶言到

底也阿堵猶言這箇也甯馨猶言恁地也遮莫猶言儘教也赤憎猶言生憎也隔是猶言已是也惟阿堵甯馨則前有此語而唐始入詩其餘槩是當時之諺云

商城黃楓亭觀察退居林下課孫以自娛七十自壽聯云客問一世所經會記行程五萬里天肯百齡相假還可讀書三十年

貴州江南會館有楹聯云游子春來折楊柳故鄉人到問梅花孫心鈞觀察題也秋來黃葉成村對景忽生歸櫂想雨後青山滿郭登樓常作故鄉看鮑華潭先生題也

先生和州人語尤清切

甯武周將軍遇吉祠堂楹聯云一門全大節百戰守孤城

言簡意賅最爲親切

鮑雲韶先生瑔游幕懷慶有蓮塘十畝榕蔭百弓爲署人納涼之所先生建亭顏曰綠雲水榭瀕行撰聯留題云蓮社初開把酒且邀今日醉萍蹤靡定種花留待後人看出語最爲忠厚

老學庵筆記染纈有似海棠花者曰不肯紅厲太鴻詩舞兒二八腰身小染就春衫不肯紅卽此俗呼淡青爲舞

心緑可對不肯紅以色對色洵稱佳偶或謂心對肯爲疑案字林肯乃著骨肉也又夜來香可對春不老以花對花亦工穩

曹操嘗食冶葛按南方草木狀蕹菜治冶葛毒操食冶葛者暗雜蕹菜於內以欺人耳本草綱目冶葛名斷腸草楓窗小牘雞冠花沐人稱洗手花斷腸草可對洗手花

髮逆破武昌某由恩貢歷官通判靦顏從賊授僞指揮荀士人書聯於門云虛度五十年白石頂子頭帀了多謝九千歲黄布包巾戴起來某卒其妻子至金陵督役築

壕爲向軍門棨施礮轟斃

京人有以戲名而爲對偶者借扇對盜巾八扯對三拉青紗帳對白羅衫五虎棍對九龍杯雙合印對九連燈探虎穴對割鴻溝鞦韆架對蹴踘場黃金印對碧玉簪收羊圈對落鳳坡雄黃陣對牡丹亭蓮花界對貝葉宮拾玉鐲對捨金釵金鵝鬬對銅雀臺踰城救父對拔園出夫三娘教子對六郎別兄秦瓊賣馬對時遷偷鷄背娃入府對帶子上朝曹莊殺狗對陳慥變羊雖屬游戲可見有奇必有偶也

京師伶居妓館講究楹聯尤以嵌字爲倚前之秋水爲神玉爲骨芙蓉如面柳如眉無論矣後之繼者有題如意云都道我不如歸去試問卿於意云何題太平云過眼煙花成太息當頭風月費平章題玉琴云花覆茅檐可人如玉月明華屋伴客彈琴題大姑云大抵浮生若夢姑從此處消魂題采姑云欲采不采隔秋水大珠小珠落玉盤題素卿云樊素情鍾白太傅長卿意注卓文君洪雅何小珊刺史代友贈稱青云徐稱纍纍名下士小青原是意中人莫不工整

千古美人全福少六朝才子至尊多不知誰人句也見餘墨偶談

揚州土人謂蘿蔔紅而小者爲女兒紅其色嬌艷可愛揚州畫舫詞有句云一種柔情人不覺春心濃透女兒紅即謂此也

道光末年馬郁齋麗文出守粵東高州蔡麟洲振武出守肇慶一日同會公所言及姓名可出對者首府某指馬太守名請對同官有一人卽對以蔡太守名蔡云雖文武二字可對而姓未免牽强同官笑曰君不讀藏文仲居蔡

朱註大龜平滿座大噱可謂善謔

孫詩樵昔以羊羔美酒爲二物後讀陶穀傳見有淺斟低唱飲羊羔酒之語心疑之後於旅店見關中某題壁詩自註吾鄉羊羔酒味甚佳製法以乳羊蒸餅漉酒非特不羶且香冽異常遊旅宵寒思之不得孫始知是一物非二物也

晚唐詩人暮冬野寺云無酒可消夜隨僧早閉門今人謂晚食爲消夜本此二字頗雅

某有自題小照云我道你是誰原來就是我我是你的收場

是我的結果衹怕我後輩兒孫也都認你不認我寫參參數語純得游戲三昧

山左楊新甫在蜀習申韓學其婦由里寄筆囊有銘語云甯可拘迂干物議莫將性命作人情新甫見之下淚案所言原非詠筆囊然意在筆先殆欲與筆不忘規耳

王豐甫詠拄杖詩有老境得爲邱壑伴醉鄉還勝子孫扶之句人多稱之

松蘿茶韻致清遠滋味甘香所以擅名天下予祖雲樵公言松蘿山高一百六十仞周十五里層巒疊嶂誠洞天

佛地惟山巔一區產茶所產尤不多因官吏採取嘗病
民土人遂掘其根以絕其種而世所售者冒稱松蘿也
噫玞珷以混瑤琨天下之名非其實者又豈獨一松蘿
茶哉

休甯吳拭字去塵布衣也好讀書鼓琴結客輕財得易水
法製墨不亞於紫極龍光遇通人騷客傾囊相贈富翁
以厚價購之笑曰勿以孔方兄辱吾客卿也坐此益大
困耳聾頭眩爲悍婦所逐落魄游吳門遇亂死虞山舟
中去塵有不寐詩云莫怪故人消息斷誰教金盡見牀

頭嘉慶間予姑丈陳艮溪官郴州同知以銀八兩易墨四九其輕如紙其光如漆歿後其子以六百銅錢賤鬻於市僧子有鑒於此故骨董不甚蓄之況鐘鼎銘刻往往以僞亂眞燕王之棘猴莽賊之鳥人亦由有所嗜故投其所好耳

龍尾山婺源縣東百里高二百仞山石瑩潔有羅紋爲硯質比端溪見婺源志案元至元十四年達官囑邑宰求龍尾硯發夫役百十人石盡而山崩夫役壓斃乃止葢當時取之已如此其難且盡矣今之不可復得宜也

見雲谷臥餘益物之尤者多見於始出而其後漸銷滅譬如端溪石發於宋而亦竭於宋安知今日之龍尾硯不爲廣陵散乎

箕子名胥餘見能改齋漫錄朱張字子弓見論語疏易牙名巫見左傳疏子產又名子美見左傳許由字武仲接輿姓陸名通見高士傳荆軻字次飛見博物志老子名玄祿見玄妙內篇莊周字子休見列子杜康字仲甯見魏武短歌行注師曠字子野見莊子疏

孤竹君姓墨胎音名台初台音怡中子名仲遼見孔叢子注據

此則伯夷叔齊又是名非謚矣
孟子又字子車見聖證論其父名激公宜其母仉氏見瓦釜漫記仉音掌
華周名旋杞梁名殖庚公之斯又名庚公差字子魚見人物考
文種字子禽孫叔敖名饒叔孫通名河百里奚字井伯介之推姓王名光陳仲子名巳字子終鬼谷子姓王名詡侯芭字鋪子並見茶餘客話
曹參字伯敬見博物志楊王孫名貴見西京雜記文翁姓

翁名黨見歷代小誌壺關三老姓令狐名茂見漢紀西王母姓楊名回又名婉衿見酉陽雜俎衛夫人名鑠字茂猗見能書錄

園公姓園名秉字宣明襄邑人見陳留志夏黃公姓崔名郭字少通齊人見崔氏譜甪里先生姓周名術字元道綺里季姓吳名實並見路史而茶餘客話謂綺里季姓朱名暉字文季案朱暉字文季乃光武時人去高祖漢興遠矣

古今人別號甚夥姑就所知者而錄之東方朔號東郭先

生 揚雄人號莽大夫 陳遵人號陳驚座 陶潛號
五柳先生 賀知章號四明狂客 陸龜蒙號江湖散
人 張志和號煙波釣徒 白居易號醉吟先生 貫
休號得得和尚 陸羽號桑苧翁 元結號漫叟 皮
日休號間氣布衣 顧況號華陽眞逸 盧仝號玉川
子 杜荀鶴號九華山人 陳陶號三教布衣 陸龜
蒙號天隨子又號甫里先生 李商隱號玉溪生 司
空圖號耐辱居士 歐陽彬號風月主人 歐陽修號
六一居士 鄭俠號一拂居士 陳慥號方山子 文

與可號石室先生　辛棄疾號六十一上人　趙抃號知非子　徐渭號青籐道人　謝臻號四溟山人　朱崇號八大山人　黃任號十硯老人　王士正號漁洋山人　吳綺號三風太守　鄭燮號板橋道人　梁同書號頻羅老人　竇廷號奇奇子　吳歷號墨井道人　米芾人號米顛　倪瓚人號倪迂　陳繼崧人號懶髯

東坡一字和仲見顏濱誌銘又字子平見文與可詩子由又字同叔亦稱阿同見東坡詩黃涪[illegible]吳船

錄云魯直貶涪州別駕自號涪皤蜀中謂尊老者爲波稱祖亦曰波宋景文謂波當作皤涪皤從其俗也晉唐人極重先諱晉元帝初見賀循誤觸其父諱元帝三日愧慙武帝與殷仲堪談亦誤觸之仲堪流涕而起如此顧忌幾忘君前臣名之義矣宜王藍田拜揚州故主簿爲之請諱也及齊謝鳳子超宗因右衞將軍索觀鳳毛竟遑走謝莊子朏甯遵勅不入鳳莊門猶有晉人遺風至唐俗尤甚國姓李鯉同音遂號鯉爲赤鯶公少陵謔語觸犯嚴武父名至欲殺之李賀父名進至終身不

應進士舉避諱至此而極然有不可解者晉宗室司馬純之其子名恢之又武陵王名晞字道子而會稽王亦名道子他如王姓一家有兩渾一昶子一戎父有兩愷一茂仁一君夫有兩綏一愉子一戎子有兩乂一緒父一衍父有兩澄一濟弟一衍弟甚至王羲之之子名元之凝之徽之操之獻之而徽之之子名楨之獻之之子名靜之父子祖孫皆同名若唐代宗室義成名琮奉天亦名琮鬱林名恪建王亦名恪俱輾轉踏襲又安在重諱耶

道光二十年六月初十日灌縣起蛟發水眉彭田隄淹没傷廬舍纍纍其蛟隨水流至嘉勢極洶湧澎湃祠廟及張公橋皆崩塌城外竟成巨浸大艦直泊迎春門內百十年以來未有發水如此之渺瀰淼漫者聞龍性淫凡所過不必形交能以氣感或遇雌雉而孕伏卵時雷震一聲則入土一尺久而漸成形作朽株狀混沌而無竅形既成于下氣即現於上遠望常有黑氣沖起似窯煙走近尋之則不見此乍成蛟形時也從此雷震一聲則升土一尺將近地面黑煙瀰甚就近常聞有似屠豬聲

又似醉人嘔吐聲此蛟成欲起而眼尙未開正掘取除害時也月令命漁師伐蛟原有明文未開眼之前一二人之力即可制其死命性畏鐵器失此時不急除之其害無窮近山居民宜隨時尋察先事備防亦曲突徙薪之見也

蘇東坡諫果詩待得餘甘回齒頰已輸崖蜜十分甜有謂崖蜜是蜂於崖作房所釀海錄碎事云崖蜜櫻桃也又南海志崖蜜子小而黃殼海味甘既云有殼當另是一種王交回詩崖蜜含桃櫻桃名含桃易得嘗則崖蜜櫻桃又

並用之矣援蘇詩與諫果對説非眞蜜也
上林賦盧橘枇杷遝用則是兩物也乃冷齋夜話載蘇詩云盧橘微黃尚帶酸或問東坡盧橘是何種答曰枇杷也王漁洋題畫枇杷詩盧橘蒼蒼橫幹起亦指盧橘爲枇杷可見釋物亦無定準
蘇州逮周公順昌民變擊斃校尉後蘇人倡議天啟無道五戒天啟錢不用傳至京中各省出示曉諭錢乃復行私禁凡十閱月見寄園寄所寄此亦絕無而僅見者足徵閭閻憤懣極也該君臣聞之不知赧然汗下否

五人墓世人知之校尉至江陰逮李侍御應昇開讀詔時有垂髫少年各持刀大呼直入盡署殺逆璫校尉莫不踉蹌奔竄一賣蔗童子撫髀曰我惡極矣遂從一肥校尉後舉削蔗刀臠其片肉投地以飼犬見貞勝編

明武清伯李偉慈聖李太后之父由瓦匠驟貴請乞無厭一日慈聖賜一篋封識甚固疑是金珠開視則瓦匠所用泥水刀也從此斂戢見笑史

漢書宣帝知丙吉有舊恩封博陽侯適吉病篤上憂其不起夏侯勝曰有陰德者必享其祿今吉未獲報而疾甚

未必能死也後果愈越五年爲丞相陸放翁舊聞云宣和末蔡京病篤人皆謂必死矣獨晁冲之曰未死也彼敗壞如此若使宴然卒牖下備極哀榮豈復有天道哉已而果愈至儋州之竄而死於潭善惡之報如此夫賈似道毋憂再起馬廷鸞病亟早退禍福亦可驗矣

虞詡祖經以決獄平而其孫有九卿之蔭詡以殺降而其家三十年人戸無增欲知陰報者觀于虞氏一家卽可知勸戒矣

陳咸之父教子以諂而咸違之崔烈之子譏其父銅臭烈

亦恥之不德不可爲訓於家如此

晉史何曾日食萬錢其子劭日食二萬任愷乃一食一萬窮極滋味愷又出曾上古所謂饕餮氏豈復過斯人歟漫書之以詫吾輩之顑頷者

田千秋以一言取相阮千里以三語辟爲椽樊曄以一笥餌拜都尉孟佗以五斗酒博刺史郎事而論千秋其優乎以其能悟主耳

春秋星隕如雨宋人解如字不免鑿空案如雨者言其多不可計耳

本乎天者親上本乎地者親下非獨其生時然也草木欲死其榦先枯根在下也人欲死其足先冷首在上也

人而無恆不可以作巫醫巫或疑是筮字葢古通也

孔子於七十國王充以爲增之也至不能十國

說苑載孟子書孔子於衛主雍雎雍雎姓名也與癰疽聲相近趙岐傳誤也

吾祖雲樵公嘗謂讀書閒暇當閱律例葢禮樂可以化中厥難以警邪慝放流誅殛與其懲法於後曷若防事於前因今日之子弟不甚馴謹也平時之課督不容寬縱

也顧或謂五刑之設典謨詳矣三刺之條成周備矣而
使之誦法家言不亦捨其本而逐其末乎是又不然夫
大黃巴豆非如參朮之中和也而遇沉滯之疾非此不
能奏功者則用之有當有不當也誠能讀書閒暇招子
弟而一一指示之曰詈罵犯親者罪如此肌膚見血者
罪如此即桀驁頑梗者亦惕惕畏懼而悚然悛也又舉
風化所關者而示之曰語言調戲者應若何手足勾引
者應若何并未成姦而羞忿自盡者男子應得罪若何
彼鑽穴踰牆者亦不寒而栗矣又舉贓罪之條而示之

曰得幾兩者作何治以漸而臻滿貫者作何治夫所得
無多而小者敗人品大者去首級誰肯探囊胠篋爲桀
蹠之行哉此亦明刑弼教之至意勿以紛雜而目之
讀書不成宜習岐黃此仁術可以利己利人但醫道與兵
法無異殺賊必訪賊情然後可用將診脈必問病情然
後可用藥至証有虛有實虛者易知實者亦易知惟虛
而似實實而似虛者難知非詳探確驗鮮不爲其所愚
矣按醫書先讀素問靈樞難經脈訣方知其源再加仲
景以達其流蓋百病皆生於感仲景以傷寒發之通其

意而百病皆能治若感由雜暑雜溫雜熱雜濕者輔之
以河間感由陽虛者輔之以東垣感由陰虛者輔之以
丹溪感由眞陰眞陽虛者則仍以仲景八味丸加減而
治之綱舉則衆目斯張領挈則全裘悉振矣
聞有富翁延老宿教子歲供百金其子業南華者也初授
以逍遙遊請曰鯤何魚師曰小魚也富翁竊聽而笑之
業及庚桑楚又請曰鯢何魚師曰大魚也富翁笑曰魚
之大小不能辨是可與卒業乎辭之去許畫山青陽堂
文集中貴富翁知其一不知其二誠是矣案爾雅釋魚

鯤魚子也國語魚禁鯤鮞此鯤爲小魚之說所本也左傳宣十二年取其鯨鯢而封之注鯨鯢大魚名此鯤爲大魚之說所本也然逍遥遊之鯤明爲大魚庚桑楚之鯢明爲小魚彼老宿者獨不顧文而思義乎則所謂知其一不知其二者實惟其師當之於富翁何責焉

擇師不分貴賤商湯師錫則周文師太公擇師勿疑長幼蒲衣八歲虞帝師之項槖七歲孔子師之盖所尊者道耳非如今人以其得鼎甲遂足納門牆矣

子夏不輕交且慎故可者與之不可者拒之孔子曰吾死之

後商也日益賜也日損商也好與賢己者處賜也好與不若己者處案子夏之意其亦猶周公之意也乎呂氏春秋周公曰不如吾者吾不與處累我者也與我齊者吾不與處無益我者也夫周公大聖尚且謹擇人子夏大賢尚且不輕友何況後世庸愚乎何況今日風氣乎稍不慎若影從表若響應聲表枉則影曲聲淫則響邪矣

子年八十交游廣而閱歷深所見友朋能宏以詩文者數人中無一人焉能勗以學業者數十人中無一人焉能

廸以道德性命者數百人中無一人焉往往聲色嬉遊酒食徵逐苟非精明之識强固之操鮮有不爲其術矣人情於朋友凡貴則忘其久要儻窮則過於責望所以枘鑿不相合也然則如之何而後當若我貴彼來見固不可拒亦不可私也若我窮彼請見固不可諂亦不可狎也至人隔南北分隔雲泥彼不先託楷豪以遠意我亦不先精繅素以寫心各行其志各行其義而已

四民各有恆業不可舍事而游百藝盡是生涯奈何歧途自娛近多痞類各立賭場設局坑人誘良入隊衆向乞

丐尚與簽筒之衣棉營及妻孥又罄閨帷之贊璫豈知
青雲有志士不可等牧豬之奴白日偷閒農必坐失倉
箱之利托行商而技癢必致妙手空空賈工匠而魂迷
終是勞形役役況胥小雜處口角之門錢財紛爭鏟刀
之漸倘官吏搜獲必遭刑笞牢狴矣
國家恩惠最溥刑法最嚴然莠民聾於恩惠猶叛民瞶於
刑法也是猶日月之照而瞽者不被日月矣雷霆之震
而瞶者不戴雷霆矣
同治二年刑部定例京師賣鴉片煙館為三十六家之條

除三十六家之外雖非私貨亦不得賣是朝廷立法特爲奸商罔壟斷之計也又定例煙館窩賭犯則滿徒房屋入官但窩賭自有窩賭之罪今販賣數百斤者旣准其公然列肆矣而販賣此零星數文者乃有滿徒之罪且因此獲罪者甚多運而爲之者仍復不少徒飽胥吏蠹役之囊橐耳

固始吳湛山中丞爲秀才時落拓無行婦翁某邑之富人也壻三長納貲授巡檢次廩生獨公嗜賭廢業翁不禮焉一日值翁懸弧辰祝者盈闥其錦衣燦爛肅客揖而

入登降阼階於庭者長壻也婦則坐於堂焉青青子衿方巾濶步而譁然於書齋者次壻也婦則坐於廂焉三女以公故僂廁竈下司羮湯公往詗屏不使見客且呼老嫗奉飯一簋菜兩盤以後門入賜之公方受食夫人憤而出曰爾為丈夫不自立未與牀頭人爭一口氣乃厚顔欲食此耶傾之公大慙夫人遂誓翁所不入座而入翁門者有如是飯菜同公歸閉戶讀書以紡績佐膏火薄田數畝傭耕事亦以身任如是三年一舉而捷於鄉再舉而捷於春闈入詞垣仕至福建巡撫輒嘆曰微

夫人之力不至此賢哉夫人一憤而相夫子成名使子若孫官通顯者於今爲烈何其盛也古樂府云駱駞無角奮迅兩耳人特不自憤耳彼犢鼻著而一錢不與高車駕而牛酒獻懽千古同揆嗚呼婦翁之與富貴貧賤甚矣哉

孫氏曰抄相之不可憑也唐柳渾十餘歲有巫告曰兒相夭且賤出家可免死渾不從仕至宰相魏朱建平善相鍾太傅以爲唐舉許負何以復加然相王肅年踰七十位至三公肅六十二終於中領軍南史徐陵八歲屬文

十三通莊老慧雲法師每嗟陵早死陵仕至太子少傅年七十七唐孔若思傳孔季詡擢制科授校書陳子昂嘗稱其神清氣遠可比衛玠而季詡終補闕世之以骨相繩人何惑哉

南卓羯鼓錄唐明皇曰帝王之相且須有英特越逸之氣不然有深沈包育之度若花奴但端秀過人悉無此大福相王惲玉堂嘉話閻立本所畫古帝王一十四人內如曹丕司馬炎宇文邕容色皆嚴毅可畏宇文邕髯糢糊滿頷兩顴上有長鬚下垂

唐莊宗像兩眼之外皆是髭鬚王晉卿題莊宗廟云試拂塵埃看遺像原來滿面是髭鬚

呂才云魯莊公命法應貧賤又尫弱短陋惟得長壽秦始皇命法無官爵縱得祿少奴婢漢武帝後魏孝文帝命法皆無官爵宋武帝祿與命並當空亡惟宜長子此皆祿命不驗者也

凡人繫牛災起磨蝎宮臨往往謂天道憒憒總以癉惡彰善之報應爲疑團案自有人類以來何嘗一日有訛一事有誣矣蓋量有大小故官有豐嗇作有先後故受有

早遲彼爲惡而受樂如敲石火雖猶星星也而焚燔之勢必烈此爲善而得苦如濬泉源雖尚涓涓也而江河之決將來勿泥目前以報應之或爽讀書至彭生覿面申生語亟可見天道非憒憒矣

某令性不慧所用司閽人尤貪鄙方令接印之次日適值上丁釋奠吏豫以拜跪儀注呈司閽閽索規禮吏曰此循例向無規禮閽曰予豈爲爾供奔走耶擲地還之鄰封會哨期滿役繳牌請更替閽索繳牌費役曰詞訟兩造出費會哨牌乃鄰封易來非詞訟票可比如何有費

耶閽怒曰我但知有牌票即應有費不知何者爲會哨
牌何者爲詞訟票爾從中乾沒必革之役退與衆私語
曰凡事必需索吾等假竊虎威恣情鷹擊有辭矣不然
何以供役烏呼吏胥謂之衙蠹顧蠹之毒物也期於糜
爛而已乃閽之昏昏更甚於蠹而令倚爲心腹吾烏知
心腹之毒其禍將何所終極歟

道光間某令性憒憒有嫠婦具狀未問顛末責四十婦詰
之令曰男子不上堂何以使婦人上堂耶婦大詬之令
退而查券謂幕曰吾鄉無夫者稱寡婦此地多夷俗而

稱嫠婦幕曰彼狀係嫠非嫠也嫠星名嫠乃無夫者令曰古人造字多牽混不及吾鄉稱寡婦尙明晰幕啞然而笑嘗書汲桑於盛暑而垂重裘累茵使十餘人扇不得清涼斬扇者時有謠曰六月重茵披狐裘不識寒暑斬人頭北史庫狄伏連患蠅蟲室有此物杖門者何故聽入此輩惛濁至此豈復可與爲語者乎

某令善勾稽有如王伾聚財入之者使無出之之時鄭義納餽受之者別有沽之之地其句股求弦可謂不漏絲毫者也但往往得於此者失於彼利於始者害於終甚

至得不償失利不勝害可見持籌握算者何能操其權耶

某令性貪酷穠眉瞋目旁頰皆生短鬚鬑面且頳頳然不惟心有殺人之心而貌亦有殺人之貌也士庶以劉洪目之（劇演水賊劉洪極凶像）同治壬戌赴鄉驗尸沿村需索夫馬得錢四百餘緡衆農氓嗾使健婦共有二百餘人各持糞罐溺器淋其輿潑其衣鬨然而聚鬨然而散約保並不知情某令以其不阻遏釘約之手足於木板諺稱活門神越日斃命保受鉆鑽始釋放殘忍慘刻不異羅鉗

吉綱也有三子莫不傾巧出其藏鏹皆捐知縣案樂山缺每年除用催臏銀三千有奇某令署十一月積財二萬三千有奇非最貪異惡何得如是纍纍乙丑其次子攜眷赴滇過昭通突遇回匪被殺媳擄去爲繡旂女將錦織夫人矣庚午其季子出差暴亡某令悒悵恆蹙蹙有憂色次年脛頭生異瘡俗稱人面瘡刀圭罔效痛苦非常大喊阿瘠瘠而死死後有俊僕誘其愛女鶉之奔奔鵲之彊彊不知南胡北越之何之也而長子在閩服官又叅革蒼天報施於此益見昭昭矣備錄之以告後來諸君子倘其有警於斯

謝朏爲吳興郡以鷄卵賦人收鷄數千爲清談所少朏名門佳士也事載宋書乃爾又夏侯彪爲新昌縣令初下車問里正鷄子一錢幾顆曰三顆乃遣十千錢令買三萬顆謂里正曰吾未要且寄鷄母抱之遂成三萬頭鷄經數月長成令便與我賣欲一鷄三十文半年之間成九十萬又問竹筍一錢幾莖曰一錢五莖又取十千付之買得五萬莖又謂吾未要寄林中養之至秋成竹一莖十錢遂至五十萬其貪猥不道皆此類見朝野僉載友人問予曰今居官者亦有此類其人乎答曰近日巧

宦不似夏侯彪構費本錢假設津梁工填慾壑即廟中死丐路傍僵尸皆奇貨矣以視夏侯彪費本而漁利尚是笨伯耳

同治間某令署新繁下車日傚造部尺詢訪富室祖墓親臨履勘以部尺量之凡與則例厓厚者悉書於冊某墓高過若干某墓長過若干嚴飭改築以符律令富室不知則例爲何物弗敢牒訴又慮祖墓改築室礙風水惟賄饋暮金希圖中寢否則今日火票明日雷籤不得高枕而臥也案貪汚者固多搜括者亦夥從未見有如此

非非異想簇簇生新者備錄之以廣見聞而資嘔噱爾

嘉人某家貲殷實性吝嗇不妄用銖錙每買鷄卵入天平稱量輕重賣鷄卵者笑曰吾販鬻三十年買者惟揀擇大小則有之從無有用天平稱者前十年某鄉某村遇一人如此詫爲獨絶不謂今得其偶家僮在旁微語曰毋多言老太爺郎某鄉某村來城購物者也聞者噱之

案此翁殁後其子孫驕奢田園傾蕩臥被方作牛衣之泣縕袍亦貽鳳尾之譏也管子曰釜鼓滿者人槩之人滿者天槩之噫可不懼哉

晉書鄧攸守吳載米之郡俸祿無所受惟飲吳水品雖清而過者也後漢書范丹嘗看姊病設食丹出門留錢而去性雖介而過者也又朱沖鄰人失犢認沖犢以歸後得犢於林下大慚以犢歸沖沖竟不受量雖宏而過者也案沖生於晉中葉風氣渾璞尚有人將犢送還若處今世不當予而予之則誣失布帛者並肩而來誣失金錢者接踵而至是自開其漸而啟訛詐辱詈之媒矣故孔子貴中行前賢矯枉過正不足以爲程式焉

人性宜率眞不宜行怪好奇譬如處士申屠蟠管甯陶潛

清風高節孰敢得而論之若盧藏用晚年驕縱爲司馬禎所譏种放恃恩踞拔爲王嗣宗所劾李渤石洪温造純盗虛聲爲韓昌黎所鄙緣諸人不率眞故因僞態而敗露然未有如陳烈之行怪好奇也烈與李覯同赴蔡君謨飲蔡命營妓佐酒趣而避之足矣乃擲杯於案踰垣而逃又投牒公府詆毁李覯不自重及蔡母死烈往弔之直自其家造道匍匐入喪次人問其故烈曰凡民有喪匍匐救之讀書至此未有不喔咿嚅唲者處世接物於禮義中必求當而已倘效其擲杯人必目爲鹵莽

效其踰垣人必自爲病狂效其投牒人必自爲乖角效其沿道匍匐人不曰偏曰僻必曰禰衡子史列烈於處士似此行怪好奇沽名釣譽則何貴於處士哉

禮有可受有不可受義有可與有不可與惟當於禮義之中而已魏沈玠行舟遇風絕糧從姚彪貸百斛鹽以易粟彪命覆鹽百斛於江中謂使者曰明吾不惜惜所與耳彼以急來告勿與則已矣而惡聲以辱之是爲絕物不近人情甚矣晉王修齡在東山貧乏陶範載米一船遺之卻去曰王修齡若飢自當就謝仁祖索食不須陶

胡奴米彼以善意來勿受則已矣而戾氣以乘之是爲
傲物亦不盡人情甚矣二者皆不當於禮義之中似此
乖僻怪異無論居鄉立朝則一身爲萬弩之的矣
古有懿行淑德而不能學亦不宜學者案黃帝分疆畫野
使黎民擇里而處列屋而居各守祖宗之業不相假借
不相凌奪而已未聞東人之子益地於西西人之子益
地於東彼推此讓以成矯僞之風也陳囂與紀伯爲鄰
伯夜竊藩以寬囂地自益付之不問足矣囂乃密拔其藩
所侵之外更益一丈此何理耶時周太守既知其事但

當示伯以法導嚚以理各保其所有固不當侵亦不當
益也又何必刻石旌門號曰義里以長嬌僞之風矣

不相殺奪而已未聞東人之子盡職於西西人之子益
使黎民擇里而處列屋而居各分軍宗之業不相假借
古有識行敦篤而不能學亦不宜學者業其分之書習
非僻性習無論居鄉立朝但一身爲善於
微物亦不盡入將益矣三者皆不當於義
但文未改以善者求乃安則已矣而求益以

憑花館瑣筆卷五

嘉州 鍾[illegible]農

國朝權臣無唐宋元明之大奸巨猾者惟鼇拜輔政時專恣妄爲毁棄國典甚至攘臂強奏擅殺 御馬羣特長 仁皇帝冲齡踐阼洞燭其奸命小內侍習布庫以爲戲一日鼇拜入內忽爲布庫所擒立付勘審凡結黨不法欵蹟情罪俱實王大臣槩請立誅以肅綱紀而杜僉邪 仁皇帝令其拘禁迨鼇拜死後念其舊勳追賜一等男足見 國朝深仁厚德案譯國語布庫乃撩脚選

健童徒手相搏而專賭腳力勝敗以作拋爲定至今宮

中年節必習演之以勢燄熏灼之權臣乃敗於小兒之

手不動聲色卒然而除大害非 神武天授其孰能如

此。

隆科多歷官太保後以四十一款重罪應誅雍正五年奉

旨免其正法於暢春園外造屋三間禁錮之年羹堯

歷官川陝總督封三等公後以九十二款重罪奉 旨

寬其磔死惟令自裁又委曲矜全其父兄子孫伯叔我

 朝之恩禮故舊仁至義盡以視前明之澤吻磨牙藉

轢功勳者直不啻雲泥懸殊也以國初而論前明臣工投誠效死仍還以顯秩保其初終如錢謙益有才無行爲我朝所深惡痛絶者惟令其銷燬所著初學集有學集秖欲斥禁其書而不追究其事至於陳名夏作奸犯科皆處以寛大

趙恭毅公申喬宰商邱日忽召快胥某以牒授之曰爾持此赴水池舖遇有肩負褡褳疾足如公差狀投之聽其作何言語速來告予胥如命俟至旁午果有蹤跡而至者胥呈牒其人笑曰是矣歸語爾主雖然我終要饒他

一頓飯肖歸致稟公飭富戶造飯千百甑投竹筐內陳設街心中甫訖飛蝗蔽天而來餐飯聲風馳雨驟頃刻俱空遂飛去禾黍並無所傷公一代循吏爲令時神異事類如唐賈耽恭精通太乙數耳

同治間疆臣左侯相宗棠李傅相鴻章丁宫保寶楨奏請召洋匠鑄礮造舟以固吾圉有四五翰林應詔上疏謂中華向遵周孔治國平天下之大道不宜學外夷之奇技有傷國體而變祖法云云當此師旅倥偬尚不籌畫防守而以尊攘爲藉口譚談殊屬不識世務者也噫

咸豐辛酉予在營司餉有某主政某太史求崇制軍薦書月給薪水五十金伴食中書而已在營司書啟嘗誇其所讀周孔之詩書所習程朱之箋註謂諸子百家乃周孔程朱之糟粕不必閱亦不宜閱矣予暗察之是猶醯雞甕中蠛蠓井裏襲道學之美名以濟其饕餮窮奇之慾勦聖賢之格言以文其膚淺訛謬之論惟借魑科顯秩仰人鼻息耳忽賊酋卯德新突竄灰山井距營百十武上下礮交發天地震慴該輩氣喘汗流一越越然避匿巖穴一蹤蹤然遠颺鄉村館閣諸君子大率類此

乾隆二十一年二月江蘇巡撫莊有恭題奏謂有不肖子孫私賣祀產義田者一畝至十畝請定例杖一百枷號三箇月十畝已上即行充發但無私買之人雖有不肖子孫又從何處覓售緣富室强宗圖誘謀串以同鄉共井之人於他族祀產義田並非不知乃忍心貪利陰買其罪應與私賣同田產仍交原族收回賣價照追入官奉 旨允行此奏於敦孝興仁維風厚俗之道大有裨益故錄之

洪稚存太史亮吉少狂放里有完婚者是夕闈房先生竊

負新人馬通而逸適陽湖令巡夜猝與相值先生乃坐馬通作便遺狀役猝先生以見並獻馬通令詰之對以腹利令曰利應在家不應在巷況馬通乃新非盜而何有吏蜜白令曰此洪秀才也令釋之同輩以是戲呼爲洪馬通劉金門侍郎與同館閣謂先生曰我名劉鳳誥汝試以何人名而對之先生笑曰天生絕對非我不足以爲媲配侍郎徵其對偶先生笑而不言孫淵如先生答曰汝尙不知彼爲洪馬通耶案騷人墨客往往曠達非禮法所能繩束故漁陽三撾鼓正平罵也青白眼嗣

宗狂也負鍤頌酒伯倫醉也歌詩達旦凱之癡也我醉欲眠泉明簡也看竹逕去子猷疎也盲軍不樂唐衢哭也開口便俗雲林傲也秀才而狂放稚存本色也然後生小子不得其學問而涉其迹不得其令望而師其事未有不身敗名裂矣

武進管緘若先生一日在公讌處中席而嘆曰近日有人所不敢說之話我不得不有以言矣聲未終先生傾跌倒地咸曰侍御病掖扶升車行不半塗而絕蓋鴆也言語漏洩遂致殺身其同鄉洪稚存先生上成親王與祭

文正公書時以管爲鑒起藁繕寫咸以閉戶獨居雨夜而成書既上長君孟慈輩皆不得知先生語家人曰爲我急速裝我將遠游未幾發遣伊犁

嘉慶初稚存先生以上成親王與朱文正公書獲譴收西臺獄崔禮卿比部問之泣曰親家此舉負罪深重恐其九死一生耳儻有遺囑可先告余以免含恨先生嘻曰我視死如竹虛水淡何恨之有惟記錢文敏公於某月某日招我賜麵食不爲我着醋此事眞終身所大恨也

宜興陳于泰殿撰于廷少保之弟當崇禎時以言事獲譴

收繫霜臺獄李自成既入燕京因徒禁卒逃竄殆盡而陳適眠熟未知也比醒張皇無人遂走至獄門門已閉大呼司監者賊酋忽聞而詫曰獄中尚有人耶無論誰何髡殺之烏虖死於諫以諍名死於賊以節名若殿撰者雖死於諫非以諍死雖死於賊非以節死一轉移間有泰山鴻毛之殊死出無名眞乃不値

道光十六年廣東舉人陸雲從年百二歲來京應會試恩賜國子監司業銜黃勤敏公鉞贈詩云何肉周妻首得仙醫方不用集甄權中朝我已頹唐甚尚少先生三

十年可稱佳話

桐鄉皇甫竹泉樞以進士宰竹山縣時有無行孝廉自幼締姻小家既因發解欲退婚女父弗允遂誣以私孕告官先生最重文士堂訊即斷離女父不服先生拍案曰爾雖薄不修欲污人耶明日再審女挺身上堂曰謂我有私憑何確證天地鬼神昭布森立屈殺人至此耶先生以女言觥觥大拍案曰長舌即是厲階必覓確證世無桑濮行矣女色益厲時夏間身衣單衫懷利刃向腹直劃曰不剖不雪血流滿地頃刻氣絕目尚炯炯然先

生自擒大禍立至幸上司蔭庇僅離任未幾而誣告之孝廉死先生之長子孝廉亦死家本瘠薄坐食十餘年不能舉火縣令蘇正棠請其掌教松陵書院待先生最恭敬蘇去繼者某公不承權輿出納之令謂之有司修俸坐索而不得各逞嘐言詩辭館旋家厥後其孫茂才亦卒遂爲若敖氏田根屋腳早售於鄰里寄居蕭寺中惡緒縈懷而苦況不堪至矣歿後親友斂貲草草葬義塚棻先生青年黃榜玉樹蘭孫一時佳話三樂奚疑乃以書生拘執之見爲科甲偏袒之情雖免奇禍不免奇

窮以至於斬其宗絕其嗣所報亦慘矣

馬午橋館於金姓其徒某尚幼讀左傳至其仲通於哀姜問通字作何解午橋曉以私通之義卒不晤因復說曰有如男女同榻並臥是之謂通其徒點首時金有婢與僕朱某有私情夏日其徒見婢入僕朱某房久不出潛至帳後窺之二人並臥不覺也其徒至堂中大呼其名曰勿再通了勿再通了聞者無不絕倒又有塾師講書至淫字曰淫者女人之大病一蒙童聽而志之後以母病數日不至師問其故輒對以其母方淫也師駭然細

詢其狀始知其母方病大怒曰然則何以說淫將笞之童泣而對以前日所聞其師笑而止午橋之徒其善悟亦復如是

豫省某貢生少有文名娶富翁女爲婦性勃谿有婢名紅豆容亦楚楚且溫良生屢挑之其心如堅石一日折花生拉至書齋紅豆侃侃而言曰婢妾尋常事耳但乾剛必坤順方好倘威逼于目前摧殘於日後開其禍端者明神鑒之生指天誓曰强從焉未幾爲婦所覺肆行凌辱婢服阿芙蓉而亡生形神惘惘惟有暗中灑淚而已

嗣後入闈輒病恍惚有所見遂不再試其婦死家業大落常虛爨火幸選某縣訓導其意可以慰晚景遂詣大憲具呈大憲懸牌示期考藝給憑甫接卷落筆如風轟書如夢令一闋云八字眉兒微皺心字香兒參透簾外月空明那有人兒咳嗽紅豆紅豆不信守宮依舊大憲見卷憮然曰異哉神明可畏少年傷陰騭老大始昭彰飭令回家閉門思過生歸未久悒悒窮困而終夫長椾短牘晉人清話耳究之性命不可兒戲也少年能致大窮困者吾知其胸中鈔得出一闋如夢令矣

劉公華東以名孝廉出宰香山縣才情跌蕩詩文麗藻有門生某以病殁家貧公出貲備棺衾而殮之其子爲僧踰年與某庵尼有私經里鄰具禀公見其子聰頴命還俗配爲夫婦援筆而書曰判得禪院本爲法地比邱宜守清規未淨六根虛談經典若違五戒枉念彌陀當剃髮以除煩惱豈借花而獻佛何乃即空即色居然無情有情今如某寺僧與某庵尼者式相好矣惟願觀音阿姆做和事老人於女安乎竟將方丈蒲團爲極樂世界那管金剛努目敢欺菩薩低眉色膽包天迷魂入陣蕩[illegible]

二十痛替三千然既已在家出家又何妨將錯就錯披袈裟而交拜文殊暗度金針擊鐘鼓以合權彌勒笑歸趙璧無根芝草栽來卽並蒂之蓮有意曇花拈着亦同心之結回頭是岸誰非善男子善女人與佛有因從此難離身身離難自有本來眞面自聊且共發慈悲今成一對好夫妻定能皆大歡喜此判公命奴子陰給銀五十兩令其族人佽助讀書後列膠庠

黃帝妊二十四月而生生而神靈見論衡漢武帝妊十四月而生見武帝內傳劉淵妊十三月劉聰妊十五月見

晉書載記予妊十二月而生碌碌庸庸但自襁褓至八十三歲並無疾病

儒林公議張詠在白土間意槩不凡案白土二字見晉書羊祜傳白土猶言寒士也

劉肅大唐新語狄梁公授汴州判佐時閻立本爲黜陟使梁公遭吏誣告立本驚謝曰公乃海曲明珠東南遺寶特薦爲并州法曹此猶張堪之識朱暉度尚之識朱儁宗汝霖之識岳武穆識英賢於未遇乃爲眞識賢矣哉立本也

後漢書傅燮傳出爲漢陽太守初郡將范津舉燮孝廉及津爲漢陽與燮交代合符而去鄉邦榮之今前任付後任曰交代本此

史記司馬相如傳委瑣握齪正韻作齷齪注急促褊陋貌又作齷齪案今人謂污穢不潔者爲齷齪與古大異

明紀綱鑑補天啟二年四月三法司會審熊廷弼王化貞獄成奏言化貞有謀國之心而無謀國之智有吞敵之志而無滅敵之才是天下熱心人亦天下癡心人也案熱心人三字出此

黃堂太守所居案天子曰黃闥三公曰黃閣給事舍人曰黃扉見緗素雜記太守曰黃堂見姑蘇志或謂黃堂即吳郡廳事乃春申君之假殿後太守居之因屢有火警塗以雌黃遂名焉又謂以黃歇之姓名堂者二說皆非黃堂猶三公之黃閣給事舍人之黃扉見椒生隨筆

嘲典史者有十得焉眞堪捧腹然所指乃南方典史若北方不能有此威福也其語曰一命之榮算得兩根竹板拖得三十俸銀領得四方約保傳得五下嘴巴打得六年俸滿報得七品堂翁算得八十養廉借得九品補服

僭得十分高興不得

潘昂霄金石例古人書皇考皇妣韓魏公易以顯字

婦人有謚自周景王之穆后始匹夫有謚自東漢之隱者始宦官有謚自東漢孫程始蠻夷有謚自東漢莎車始見蘇洵謚法考

王貽孫云武后時婦人始拜而不跪張建章渤海記言之

史記商君傳民有二男以上不分家者倍其賦是父子分家始于秦也

周禮胥徒注民給徭役者若今衛士矣時尚未給工食至

明始稱民壯明史兵志正統二年人給布二匹月糧五斗

禹治水人數案正義云二千五百人爲師每州十有二師通計之一州用三萬人九州共用二十七萬人

武王代紂兵數案書疏車有七十二人革車三百兩計用二萬一千六百人

上古陶器詳于虞而備于周均皆質樸至晉則有瓷器潘岳賦傾縹瓷以酌醽說文縹清白色也後世峯翠天青已開其先案窯名雖多其閞皆不長惟饒州浮梁縣景

德鎮自宋景德年因名至今沿用

文信國公有黃冠故鄉之言王積翁欲合宋臣等十人請釋爲道士留夢炎不可云天祥出復號召東南置吾輩於何地事遂已而公終有柴市之殉孔天亂曰浙有留夢炎浙之羞也夢炎衢州人與信國俱宋狀元而不同如此自元歷明三百七十年官紳不許留氏子孫赴考凡廩生結曰並非留氏子孫方許入場見彙書似此則留夢炎可入無雙譜也

許文穆公典己丑試聚登榜者爾大言曰中後索賞賜者

分毫皆不可與即我與夫門子槩拒之從我言者爲好門生不從者反是我密行體訪定人品高下見湧幢小品

宋俞汝尚致仕歸謂其妻曰吾與夫人年逾七十可以行矣妻應曰然則我先去後三日卒汝尚撫其喪爲作銘召諸子曰吾亦從此逝矣隱几而終劉義叟未病嘗曰吾及秋必死自擇地於父塚旁占庚穴以語其妻如言葬之陸九淵無疾忽謂家人曰吾將死矣後二日端坐而殁蔡元定一日謂其子沈曰可謝客吾欲安靜以還

造化閱三日卒魏了翁門生問疾者猶衣冠相與酬答語及蜀亂事蹙額久之口授遺奏畢拱手而逝夫善吾生所以善吾死也予於先正諸公見之矣又李衡臨歿沐浴冠櫛翛然而逝周必大聞之曰世謂潛心佛氏乃能達死生衡非逃儒入釋者而臨終超然如此殆孔門所謂聞道者歟

儒者不言輪迴然經傳所載鮌為黃熊杜宇為鶗鴂褒君為龍牛哀為虎君子為鵠小人為猿彭生為豕如意為犬黃母為黿宣武為鱉鄧艾為牛徐伯為魚諸如此類

未可以全非爲耻芒也

腐草爲螢陳麥爲蝶無情者能變而爲有情也婦人爲堅石蚯蚓爲百合有情者或變而爲無情也

夏之日而泉汲之涼冬之風而火負之熱火水有恆性而人可無恆德耶

西京雜記霍光妻遺淳于衍妻散花綾其綾出鉅鹿陳寶光家寶光妻傳其法霍召入其第使作之原始謂花綾始于褚遂良之裔孫者非也相如子虛賦離纖羅而垂霧縠洞冥記漢武帝時西域貢蝴蝶羅按名義考縠即

今之綢則羅與綢皆始于漢也拾遺記員嶠山有五柔繭唐堯時海人織錦以獻後世效焉路史伏羲作布是以神農有不布之令秦當時乃麻布非綿布也

孟子鷄豚狗彘之畜豚彘一物分而爲二漢書絲竹筦絃王右軍亦襲用之其實絃即絲筦即竹也讀者不可以詞害意可也千字文梁周興嗣一夕撰次集字爲文無一重出遂致鬢髮皆白然其中有女慕貞潔又有紈扇圓潔重兩潔字宜齋野乘云貞潔改貞烈庶不重複

朱子語錄曰今人以姪爲猶子亦可以先生爲猶父矣漢

人謂之從子卻得其正云云竊謂視予猶父論語載矣猶子之稱本於六經亦不自今始禮記兄弟之子猶子也蓋引而進之是也又漢書疏廣謂疏受曰仕宦至二千石不去懼有後悔豈如父子相隨出關歸老故鄉乎又唐書韓公武亦稱其叔爲父不獨漢唐爲然公羊傳季札曰爾殺我兄我又殺爾是父子兄弟相殺終身無已時也叔姪稱父子又在漢唐已前

漢高於其臣無一不侮慢者獨淮陰登壇受殊禮感激最深故高祖雖疊奪其軍而不疑蒯通雖屢勸其反而不

聽其意秪欲南面稱王後世血食耳而其禍在于稱王
欲速當是時張良徒知躡足而不諒其心然蕭何徒
知保身而不白其寃於後遂使三代下第一之將材死
於婦人女子手幸司馬遷爲列傳精奇雄健使千載讀
之猶如生

漢人最尊黄老遷父談亦然遷則紀黄帝而不採其書雖
稱老子隱君子而以申韓與之同傳後人讀太史公自
序誤以談論六家之要旨爲遷之論說遂謂遷先黄老
而後六經豈非一邱之貉

周勃以被甲持兵見守尉致人告變猶爲自取然輒薄太后而生亞夫子多買葬器畀其子可也何忍致亞夫於死地景帝天姿刻薄於殺亞夫與殺晁錯見之

欒布爲燕相市人皆爲布立社號曰欒公社此爲官立生祠之始也

王通中說謂諸葛亮不死禮樂其興高似孫子畧以爲知亮者通蓋亮爲政嚴明忠愛風化肅然已幾於三代之盛所未逮者禮樂耳使天假以年何難復一統之基與百年之化哉程子謂禮樂未敢望他殆以其爲後主寫

申韓耶不知此特因後主仁柔欲開益其志意且葉夢得有言申韓而不流於刻也又案邵伯温聞見前錄伯温謂亮霸者之佐恐於禮樂未能與其父雍見其論怒曰以亮之賢安知不能興禮樂也程子與雍同居洛何未聞雍之語乎

位處高則易顛此張華之所以居危地也財過聚則召禍此石崇之所以有怨府也皆屈於收者之所詰一曰位何不早去一曰財何不早散益見其無遠慮之心遂不免有近憂之患夫慮不遠尚有憂莫之慮者又當如何

耶

後漢書曹丕既篡漢曰舜禹之事吾知之矣此乃以已意窺聖人謂舜禹亦秖是篡而文之以遜讓耳丁謂不信古有忠臣孝子意正如此王文正公筆錄丁謂嘗言古今所謂忠臣孝子皆不足信乃史筆緣飾欲爲後代美談者也觀此自可知丁謂之天理良心澌滅盡矣

朱文正公恆閉目攝陰司事喜爲人說因果嘗言某某前生爲其姑某某爲其妾某某爲其子前世有緣故所以結今世緣也卒之日臥處一布被布褥而已歷官至太學士如此

儉約暴殄者覵之必赧然汗下上親賜奠甫至門即放聲哭且賜以詩
有半生惟獨宿一世不談錢之句公得此亦可以慰矣
晉書明帝問王導晉所以得天下導為陳宣帝創業之始
及文帝弒高貴鄉公事明帝以面覆牀曰若如公言晉
祚復安得長齊明帝遣人殺巴陵王子倫子倫曰積不
善之家必有餘殃昔高皇蕭道成殘害劉氏今日理當固
然嗟乎不仁而得天下雖其子孫不能無憾於好還也
世之姦雄亦何樂以此遺後人哉
洪武間日照縣民汪伯兒者母病刲股肉以食不愈禱於

岱嶽願母病愈則殺子以祭已而母病愈竟殺其三歲子祭之事聞太祖怒曰父子天倫至重禮父爲長子三年服今殺其子絶滅倫理遂逮伯兒杖百謫戍命禮部詳議凡臥氷割股驚俗駭世者不得請旌表所以立教於天下逈乎高矣

正德初劉僅擅政禁臣民不得用天字爲名如郎中方天雨但令名雨參議倪天民但令名民有識者憂之明年瑾以逆誅無天之罪其兆於是乎

唐明皇聞潼關敗績遽起幸蜀是自撼根本以示其拔也

不至於僕幾希矣盜方欲入我室爲主人者不思率家奴而拒之乃委棄遁颺則室中之財物皆爲盜所有彼家奴者尚誰爲守而我何可以復歸乎明皇幸蜀事大率類此楊國忠請焚左藏明皇愀然曰賊來不得必斂於百姓不如與之無重困吾赤子國忠又使人焚橋明皇曰士庶求生奈何絕其歸路卽命撲滅之當其奔播而德尚不絕於民故根本雖搖不至於仆也

北周有臣叱列伏龜北齊有臣叱列殺鬼姓名皆奇

封爵之最可諤者元魏苻承祖孝文時禁錮投悖義將軍

倭濁子

以龜命名古人甚多不可枚舉若張龜齡陸龜蒙等是也

其以龜 字者爲名者北史李士謙傳李龜字神龜位

州主簿後漢書度遼將軍陳龜字叔珍明張居正初亦

名龜後易居正其以馬一字爲名者古所希有惟明永

樂十六年狀元李馬特賜名騏

南史孝義傳載趙拔扈斫樹一事拔扈因兄震動兄弟名皆怪異

爲太守樊文茂所誅遂亡命聚黨呪社樹曰若事克斫

樹處更生不克即死果生三株長十餘丈人以爲神樹

者十餘萬既殺文茂轉攻旁邑退保新城乞降夫聚黨報怨已非君子轉攻旁邑則爲亂民戰敗乞降更非烈士謂之孝義可乎此不當立傳者也又杜京產世傳五斗米道亦不當入之隱逸傳

劉宋時譙縱亂蜀後又有程道養而本紀未詳案劉粹傳弟道濟爲益州刺史有司馬飛龍者自稱晉宗室元嘉九年自仇池破巴興縣進攻陰平道濟擊斬之餘黨趙廣張尋等據涪城以陽泉寺道人程道養詐爲飛龍稱蜀王備置百官衆十餘萬建號泰始陷沒郡邑至十四

年四月始伏誅凡亂五載而宋書文帝本紀元嘉九年但言妖賊趙廣寇益州討平之十四年四月但書以周籍之爲益州刺史此關係治亂之大者何可闕乎

鼠目寸光俗語也葉雲素先生用之有句云寸光鼠目微六跪蟹心躁轉覺典雅諸葛祭風俗語也張詩舲大司空用之其詩曰神鳥集桅來江清曉色開舟人勞指點諸葛祭風臺轉覺生動

淮南子顏淵夭死季路葅于衛子夏失明冉伯牛爲厲伯牛有疾則有之何嘗爲厲或者癘字訛書爲厲耳

考試之功令當使其進取難則眞才出而國強不當使其進取易則僞士多而國弱也近因派捐纍纍學額饋饋而屠沽市儈亦懷僥幸之想豈知地方多一不明白之秀才則多一不循理之惡衿有刁唆姦猾恃強淩弱者有援引朋類結社聯盟者有蜚語嗖言挾制官府者有網利營私武斷鄉曲者名教中人居然蛇鬼面目矣但該輩顯明處官得而刑之幽暗處鬼得而誅之

唐僖宗幸蜀回京改元光啓諺云軍中名血爲光又字體戶口負戈爲啓其未甯平俄而長安復陷見唐語林此

歷代建元考所未引也

大唐傳載韓太保臯常言洪範五福獨不言貴者貴近于高危也

峨眉山有木皮殿指月錄云宋政和三年嘉州風折大樹中有定僧鬚髮被體有司以聞輿至汴京上問何代僧曰我東林遠師之弟惠持也葢七百年矣問欲何爲曰欲往陳留上製詩送之曰七百年來老古錐定中消者有誰知行將隻履西歸去生死何勞木作皮案道君時妖異疊見斯或方士所爲豈有大樹中宴坐七百年之

理
宋制銀一笏重五十兩張氏可書云徽宗召米元章書屏風四扇賜銀十八笏九百兩可以爲證
明世公移已用查字弔字菽園雜記云查與槎同水中浮木也今云查理查勘有稽考之義弔本傷也愍也今云弔卷弔冊有索取之義此承訛踵謬而未能正者也
京師廣渠門外肅親王豪格墓有巨松俗呼架松樛枝詰屈支以朱漆柱九十七枚
梁書太清二年六月天裂於西北長十丈濶二丈案清輕

之氣上浮爲天安得有裂之理此蓋祖女媧煉石補天之奇說修史秉筆者不刪除乃無識之過也

周頃王三年冬十月魯叔孫得臣敗狄於鹹獲長狄僑如左傳僑如身長三丈所說已荒誕穀梁傳身橫九畝范甯解九畝五丈四尺尤見其誕謬似此愈出愈奇愈奇而愈滋後人之疑實矣

晉書南陽王保體肥大重八百斤蓋防風專車不經之談好奇之過自古已然矣

蜀江之水非一岷瀘雒巴爲四大川故名四川見輿地略

一云宋南渡後分益利夔梓爲四路故曰四川所說皆牽強按江沱潛漢發源皆在蜀地由此取名不必扯東移西也

嘉州麗正門樓上鑄有大鐵牛俗稱鐵牛門古人厭勝多以鐵器太室鐵梁峽其底有鐵匜鐵戈矛大而無用見景曰昣說嵩巴陵江水中有鐵枷杻凡五具岳陽樓左有鐵牛蹲踞向西若有吞湖之意見巴陵志許眞君鐵柱高三尺許槎牙如枯枿鎖怪孽於下見驂鸞錄蒲州府城外黃河岸上有唐開元所鑄鐵牛見山西通志今

牛在麥田中去河壖二十餘里見黃左田詩注蜀離堆亦有二鐵牛各長丈餘首合尾分如八字狀銘云二丑崢嶸天一迸裂馮夷驚駭蛟龍怒咽見蜀都碎事清江浦惠濟祠有鐵鐘鼓龜山寺道光中重修酒得鐵佛四鐵羅漢二十鐵獅一大鐵鑊一見鴻雪圖記揚州北門外鐵鑊六口南門外四口各高四尺厚四寸周圍一丈七尺受三十石相傳元鎮南王所鑄見涌幢小品宣城有鐵牛門以郡無丑山故象大武以厭之諺曰丑上無山買鐵牛見王象之輿地紀勝嘉州灑匝門鑄鐵牛亦

仿其意也

論語公山不狃以費叛召孔子史記在定公九年孔子未爲中都宰前春秋不書者以費叛孟氏非叛魯也十二年季孫斯仲孫何忌從孔子墮費時豈有費叛如家語所云事是年孔子既尊用於定公尤見信於季氏三家聽其行事如此乃欲舍魯背季而赴費人之召豈人情哉不狃召孔子事無之則已若有之則史記九年爲得其實而家語所云與左氏所載妄矣見餘冬錄

論語佛肸召子欲往按史記佛肸爲中牟宰中牟晉大夫趙氏之邑

趙簡子攻范中氏而佛肸畔使人召孔子乃魯哀公初年事孔子在陳蔡時也史記載簡子圍朝歌圍邯鄲齊伐晉與左傳年月先後異要之佛肸之畔其時也孔子年已老哀公十二年自衛反魯魯終不能用孔子孔子亦不求仕矣見餘冬錄

幼讀孔子見南子一章不無疑意其後見宋孫奕云致家語孔子適衛子驕爲僕靈公與夫人南子同車出令宦者雍渠驂乘使孔子爲次乘過市孔子恥之且聖人方以季桓子受齊女樂而去魯適衛至衛又恥爲靈公南

子次乘豈肯輕身而見匹婦哉又六經以至魯論家語
皆無見南子之事不知史記何所本而云然則南子爲
誰是必魯之南蒯也何以知之以佛肸召子欲往而知
之佛肸以中牟畔子路不欲其往南蒯以費畔子路亦
不欲其見葢昭公十四年南蒯奔齊侍飲於景公公曰
畔夫對曰臣欲張公室耳南蒯欲弱季氏而强魯此夫
子所以見之也與佛肸事不約而同故知非見衛之南
子而見魯之南子昭昭矣明何子元亦以孫奕所引爲
然雖與朱子所註不符然較朱子所註更明晰又夫子

矢之曰前人以矢作誓此解別無引證況不免支離惟盤庚有出矢言句是直言非誓言也論語稽求篇論語筆解皆如是說

嘉州西南城脚爲水衝撼恐有淪胥之患案昔年銅雅二河至鶯嘴崖直抵烏尤山是以烏尤山石壁鐫有中流砥柱四字李氷鑿離堆卽此因對岸沙洲日淤日高將水道隔塞今水道猶存俗呼小河是也夏秋通舟楫春冬水涸爲旱路銅雅二河旣爲沙洲隔塞無從泄洩折而至觀音灘歷麗正門滙入錦江乾隆間重修城時壓

正門外有白水街以護城腳不然城何能築耶自城成後白水街爲銅錐二河齧石嚙沙地土傾陷而城腳遂淹沒矣當夏秋河泛水漲洶湧澎湃兼以淩雲山雄踞江口水不能敺山以行故與城爲難而城腳漸虛漸鬆是吾無止水之防而非水自潰其防也吾無容水之地而非水據吾之地也相度地形惟從斑竹灣下築石臺以殺上游之勢又甃亂岸以衛基址並將沙洲剷開疏瀉小河其水道深八九尺寬六七丈長三四里於地方亦無窒礙核算工費不過三四千金如此則陽侯不得

憑汎濫之威城垣可免淪胥之患矣有請買石投江邊以護城脚者雖沉百萬石不敵水勢一衝決况石擲至灘處尤噴沫跳珠古人云計利害者當權其輕重決成敗者必謀其久遠害多而利少與成始而終敗者不可不戀戀過慮矣

凴花館瑣筆卷六

嘉州　鍾琦　泊農

同治間李少荃傅相以論江蘇捐釐事具疏有云士大夫習爲章句帖括輒囂囂然以經術自鳴攻訐相尚尊君庇民一切實政漠下深究誤訾理財之道爲朘削妄擬治兵之人皆怙勢顛倒是非混淆名實論事則好從苛刻任事則競趨巧僞此語尤切中腐儒病源倘遇警變張皇失措腐儒之流弊人材敗壞因之此最可憂云云案當今士大夫往往俗情染墨浮說雌黃究之坐而言者不能起

而行傅相所奏非過激也以予所見京外官十有七八皆衣冠之優孟耳袍笏端嚴而奏伎筌籥闃寂而下場且習爲無關得失之儀節發爲無關痛癢之語言至於講國計民生則茫無頭緒予嘗訓兒輩勿與之往來酬酢恐化作梨園子弟有失廬山真面目矣

栢靜濤相國葰清廉端正不阿肅順故肅銜之咸豐戊午典京兆試以失察家丁靳祥舞弊科試自道光以來莫不舞弊相國失察固不能辭咎但肅以私憾殺之故人痛恨肅竭力搆陷己未二月十三日特宣情有可原法難寬宥言及於此不禁垂淚之諭遂

與羅鴻繹等同棄市監刑者肅順趙光滿漢刑部尚書定例如此趙則悲泣肅則揚揚得意都人恨肅始此同治元年肅因他事伏法任侍御兆堅以相國情罪未明奏請昭雪有永建嗣統先明楊震之忠隆慶改元即贈夏言之謚又云爾時承審之載垣等意在攬權多方羅織斬祥之口供未吐交關之實跡毫無附會科場妄議定案云云

漳州蔡文恭公乃文勤公之猶子致仕家居時每遇巡檢典史亦謙恭或以謂過公曰欲使鄉民知宰相亦欲敬父母官庶幾無藐視心而犯上作亂者鮮矣故終公之

世漳人無滋事者自公歿後有某典史往鄉捕盜爲公族衆擁至宗祠局戸押跪笞四十而逐之典史憤懣求太守伸寃守曰此寃必應伸但汝以官爲重乎抑以寃爲急乎如肯以一官拚之則我據情轉詳以憑究治若捨不得此一官請再斟酌典史不言而罷嗚呼足見其世家大族之惡習刁風也蓋子弟恃其鼎門而驕侈暴戾如此不思富貴無常興衰轉轂魯之三家齊之四族晉之六卿鄭之七穆曾日月幾何而衣冠歌舞之場化爲榛蕪荆棘矣故世宦子弟見鄉閭父老宜自謙不宜

自大若倚勢淩人招尤取怨當效薛簡肅敬賢步行趨
入府中徐丞之延客懽容送臨門外也
漢相如蕭曹唐相如房杜姚宋宋相如三李文正公昉文
靖公沆文定公迪皆身佐英主手造王圖者也案蕭五
世絕世曹至子削封房杜姚諸子皆被誅宋璟六子俱
以賄賂敗三李後世亦復蕭條無一人在仕版者又狄
梁公曾孫飄泊岷漢以餬口郭汾陽三傳後而墳墓坍
塌亦無力培修僅一元孫爲校官昔汾陽治第謂工人
曰築牆宜牢工人對曰數十年來達官顯宦皆我所築

令某死某逃某敗某蹶人叠更幻牆仍然無恙公聞之卽請告老案工人所云實係至理要言以近世而論不過七八年遂變態莫測所見沿街乞食卽曩者之玉饌金尊窮巷絣纑卽前此之繡簾珠箔矣言之歎然

松江某相國之孫某貧乏其故僕有富於財者往而乞憐適舂米以五斗令傭負之以隨傭不能勝息於途某問傭曰何無力至此傭歎息曰吾非傭工者先祖曾爲大學士某驚曰如此則親戚矣然兩人俱弗克負荷乃相對而泣曰哀哀父母生我劬勞市人聚觀之有長者與

以竹榻共舉以歸兩人祖皆崇禎故榻也時人爲之語曰五斗米兩公子扛不起枉讀詩經怨劬勞乃祖詒謀豈料此

國朝詩人推新城王漁洋向書爲宗工其子孫後先競爽莫不登巍科而仕要路可謂門第清華家風突兀也持雅堂集所載嘉慶間其後嗣有爲皂隸者自尙書歿後僅閱七十年遂式微至此富貴家子弟讀之足以警矣予詩有名盛久如明七子孫微今似魯三桓句以弔之云

某孝廉嘗誇其祖父是科甲為京官顏以文獻世家一夕人以紙糊其兩頭字曰獻世孝廉怒命僕罵於市又一夕糊其文字上一點曰又獻世孝廉怒罵如前則再糊其家字上一點曰獻世冢見噴飯錄

州牧子某以廩生入貲為廣文有歌者玉齡游倡也廣文見而悅之為築遂香製舞衣費纏頭日給銀以供旅飧苟有當意者咄嗟立辦產業歲進穀數千石不幾年蕩然盡玉齡遂他適翟公之門館亦變為他姓然家本閥閱巨族巳雖落其家豪富鳴里中為顯宦者尚十餘房

向之活冏者亦有人窘且極投剌貸千錢謝弗通也日食不再繼困甚有不忍言而廣文尚襛衣獻布素有故家態俗謂淚子廣文逝之矣方廣文盛時門庭赫奕干進者趦趄不敢前其後蕭條弱狗猶笑之何論桃梗烏呼人生富厚盍可忽乎哉夫財物聚散盛衰若循環惜乎其不知所用也家業蕩然盡而無一人感其恩者其所設施可知矣諺云千金之子死於盜賊若廣文者千金云乎哉盜賊云乎哉

漢陰豐不遵其世父陰興之訓尚酈邑公主公主驕妬豐

殺之被誅父母皆自殺與之言驗矣樊鮪不聽其兄樊儵之語爲子賞求楚王英女及楚王謀逆坐罪儵之言驗矣嗚呼愚子弟家有藥石而不能受之於父兄賢父兄身爲刀圭而不能自療其子弟似此豈不深惡而痛恨者哉

胡文忠公致曾文正公云予嘗笑崑臣爲督（葉名琛督兩廣）而不知粵西爲何人所轄根雲爲督（何桂清督兩江）而割皖南皖北其失機在推諉不肯任事福元修（濟）以皖北之撫而割南岸以予浙江又割淮北以予公路宜其地方日蹙而

軍政日非挫葉何名節以至於敗壞決裂福則再起爲
定邊將軍論得坐病之本受害之源並非刻以繩人也
耆介春相國英有滿洲才子之目然頗自負 宣廟優遇
之嘗褒爲有膽有識迨 文宗嗣統恩禮寖衰屢奉
嚴斥有無恥無能之 論耆搦一聯於楹云 先帝隆
褒有膽有識 時皇罪過無恥無能頗爲 上聞非自
召以殺其軀乎
光緒二十五年十月 上諭川省武舉劉肇龍同已革典
史范作霖借端糾眾將刑部主事胡安銓毆傷具控巡

街御史審訊猶復肆行咆哮武舉劉肇龍已革典史范作霖交刑部按律治罪以儆刁風案此輩恃符逞欲今寓京城尚敢如此凶暴昔在偏州小縣是猶勺水而養一飢蛟荒谷而添一餓虎欲求魚蝦得活麋鹿偷生不可得矣

奚慕玄明末進士婁東人也國變後隱居養志恬淡寡欲福王時屢徵不起本　朝豫王下江南備禮致之見王長揖薦爲國子監祭酒不就王重其志操厚禮而遣歸其後金聲桓至浙西已有逆謀召掌書記玄見恭過禮

叩頭至數十聲桓大怒曰吾以國士待汝汝奈何以非類處我汝昔不拜豫王今獨何爲拜我非以我爲不能容物而玩我耶遂殺之案巧言令色足恭孔子恥之又曰不有祝鮀之佞而有宋朝之美難乎免於今之世矣千古一狐媚世界也然亦有傲不必禍諂不必福者如慕玄之至恭攖怒其視殷浩之以空函獲罪抑又慘矣嗚呼士之生逢離亂以不能屈節僞朝而得禍者多矣況如聲桓之殺人如土芥者哉慕玄則不死於不屈之時而死於見屈之日其死豈不可惜顧其見禮也惟不

畏死也其見殺也惟畏死太過也所以君子見幾而作當自有其道矣慕玄不足以語此

陳眉公負高尚名湯公若士知其人素輕之不與浹洽太倉王相國喪湯往弔陳代陪賓湯大聲曰吾以爲陳山人當在山之巔水之涯名可聞而面不可見者乃今在此會耶陳慚赧無地見懷秋集

明神宗乙巳考察京官給事錢夢皐當外補因出入閹臣沈一貫門下特旨留用時論囂囂適吳中有布衣在一貫坐夢皐以其布衣而戲曰昔之山人爲山中閒人今

老山人爲山外游人布衣答云昔之給事乃給黃門事今之給事乃給宰相事滿坐皆大噱

宸濠既就擒拘宿公館以銅盆與盥洗怒曰縱之金盆獨無銀者耶其習於奢侈如此見笑史

凡亡國之主其愚不可及蕭道成受禪日宋主自宮中出猶謂左右今日何不奏鼓吹梁兵已圍建康宮中有數百具大木左右請爲城防東昏猶欲留作殿不肯與之宏光時大兵已至猶下詔求美女眞是千古一律見座右編

梁蕭子顯謚曰驕蕭機謚曰煬唐蕭瑀謚曰褊何蕭氏之多醜謚也

古之謚煬者無幾人帝王惟陳叔寶楊廣及金亮耳

明武宗於西華門作豹房朝夕處其中習韃靼語自名忽必烈習回回語自名妙吉敖爛習番僧語自名領占班丹

古人最講水利管仲李冰尤汲汲於此後如孫叔敖決期思之水而灌雩婁之野史起決漳水灌鄴田何敞穿鮦陽渠張[illegible]穿偃月渠嚴熊穿龍骨渠兒寬穿六輔渠

盧賁穿溫潤渠竇琰穿營壯渠郭子儀穿御史渠趙彲
穿翟王渠鄧晨治鴻隙流衍他郡鮑昱作汝南方梁石
洫杜預修召信臣遺跡虞潭修滬瀆壘謝安築新城堰
薛大鼎治無棣河劉靖開車箱渠溫造開右史渠李聽
開光祿渠魚思賢開通利渠賈逵有新陂孔愉復舊陂
李渤瀹灘水李適之修三大防楊椿築白渠隄吳芾築
鑑湖隄韋丹築捍江長隄陳堯佐築滑州長隄東坡有
蘇公隄香山有白公隄以及　國朝名臣如朱文端軾
林文忠則徐倭文端仁丁文誠寶楨程月峯中丞含章

皆以陂湖爲急務蓋國家大政莫重乎財賦而財賦出
於農田農田出於水利自軍興以來守令於此道不問
悉聽其塞以致旱澇無所資蓄洩無所備而膏腴化爲
斥鹵沃壤變爲污藪也國無餘糧民無餘利爲有司者
秪以箠楚爲能而箠楚之外一無留心於畎畝秪以移
夾爲才而移夾之外一無盡力於圳塘即使五風十雨
猶然十室九空倘陰陽舛候稼穡卒痒疲罷空於杼柚
暴命峻於誅求離去鄉閭轉死溝壑竊恐鳥窮則攫獸
窮則嚙奈何有司而不從根本培植矣

秦并天下舍地稅人井田蕩然無存然管子作內政井田已漸廢矣至秦乃盡壞耳元陳孚題管子井田詩畫野分民亂井田百王禮樂散寒煙平生一勺橫汙水不信東溟浪接天可謂闡幽之論也

漢高祖約法省費田租什五而取一文帝二年賜天下民租之半十二年詔除田租稅後儒疑除田租稅國用從何出耶不知所免乃一年也漢儀注民年十五以上至五十六當出算賦算賦如今之丁錢田租如今之糧漕免一年田租倘有算賦何嘗不可供國用李奇謂田租

意似永除者自唐虞以來決無此理且嗣後孝景令有年者半出田租以此印證非永除也

北魏太和中行均田法有桑田麻田露田之分別觀其制度所授者露田諸桑田麻田不在內意桑田麻田必是人戶世業故栽樹其上而不栽樹者名曰露田似所授者皆荒閒無主之地固非奪富室之地以予貧人如王莽所行者也

說者謂天下費財之大端惟兵而天下生財之大本惟農使兵農合爲一家戰守不分兩局可省度支而清氣沴

蓋莫善於井田也按廢井田開阡陌將二千年矣自漢
晉以來英主賢相因其時異而勢殊地少而人衆故卒
不能復卽有變者始而紕戾繼而隨廢　聖祖仁皇帝
云後世有欲倣古行井田者不惟無益而且多擾國家
興一利不如去一弊之爲愈增一事不如省一事之爲
得也大哉　王言可謂迂儒陋識者頂門下一針所以
章皇帝因明制而損益之田不必井而井之法存田
不必均而均之法寓矣
漢張蒼有子百人趙王彭祖子七十二人唐棣王琰子五

十五人榮王琬子五十八人延王賓子三十六人皆元宗之孫而元宗亦有子三十人宋徽宗子三十八人張耆子四十二人杜子徽子一百四十人馮益子三十人見湧幢小品又案漢中山王子百二十人陳宣帝子四十二人

彭祖年八百歲喪四十九妻五十四子似此亦何用多壽爲南史梁蕭映見鍾離人顧思遠在部伍中甚老問之對曰年一百一十二歲凡七娶有子十二人死亡略盡今唯小者年已六十又無孫息且闕衣食是以行役耳

案洪範五福一曰壽二曰富思遠壽而不富故充行役嘗淩風飈夜冒霜霰若人者其情甚苦不如速死之爲愈也

清波雜志宋張耆歷官侍中太子太師致仕福備富貴其壽亦七十五子四十二人女三十一人第八子知貝州王則反不能死節又爲之制定儀注伏誅其父抑鬱而終一子不肖遂墮家聲是亦多育之累也按述異編三虎生一彪三鳩生一鷂齊民要術種梨法一梨十子惟二子生梨餘皆爲杜南海記鱺生子百數爲鱺者纔十

二餘皆隨氣而化為鼈為黿以此推之子孫繁衍者未
有不出敗轅之狂犢矣
人以食為天軛之鏵之耰車之糞灰之莯鋤之灌溉之穫
蔉之箙懸之打拂之簸揚之曬槃之槃柁之費盡血汗
始入倉廪及其治米也又抗之珏之礱之舂之導擇之
賜嗟之然後麤糲去而晶粹全唐人詩粒粒皆辛苦良
不誣耳若恣其狼戾肆其暴殄神鬼不容稼穡弗稔非
塡於溝壑卽困於餓殍矣
唐詩遍身羅綺者不是養蠶人嘗思農婦養蠶治繭摍植

擷桑飼蠶蒸汁繅之勤苦始纏成絲又湅之盝之沃之宿之篗之緯之杼柚之組織之績繡之染練之縷縷而紉之密密而纖之然後衽服告竣視無衣無褐者觸目警心彌深愛惜毋得暴殄天物矣

凡思衣服華麗意欲蜀錦齊紈吳綾越羅者當迴念機匠女工衣砧繭館中絡緯刀尺之勤苦也凡思飲食珍錯意欲山膚水豢泉液露英者當迴念虞人釣叟荒烟蔓草中櫛沐風雨之勞瘁也凡思器具古雅意欲唐鼎宋甆者當迴念竹頭木屑役夫胼手胝足之艱辛也凡思

房樓精美意欲連甍廣廈者當迴念蔀屋茅簷農人塞向蓬戶之光景也種種迴念雖緼袍糲飯瓦缶草舍無不欣欣然矣

唐元宗時諸貴戚競以進食相尚上命宦官姚思儀爲撿校進食使水陸珍羞數百盤一盤費中人十家之產未幾失國出奔至咸陽日中猶未食楊國忠市胡餅以獻鄉民始陳糲飯麥豆皇孫以手掬食猶未能飽相視而泣貴富之不可保如此前日進食使何在耶天子暴殄尚受其報何況於人豈能免困苦饑餓乎

王璡窮時曾啖草根其後服官而魚羹不用裴珍仕日惟餐蔬食至老入朝而騶仗不施貧賤富貴不失廬山眞面目此孟子所稱大丈夫者近有寒鄉凡裔偶然膺魏科歷亨衢庖子紛紜姬人錯雜巵浮赤玉帳設紫綃倘讀明史唐書至王璡裴珍傳不知其顏有泚否

韓滉衣裘茵褥十年一易吳隱之常食不過菜與乾魚凡人衣食盡如是甯復有飢寒之患乎寇準歷富貴四十年無田園邸舍杜華老出蜀攜紙帳蒲團如僧然凡人操履盡如是甯復有貪饕之恥乎

梁書南康簡王績寡嗜慾居無僕妾五代史吳越王俶常服帛衣宋司馬光作宰眞會彼此有約酒不過五盞食不過五味杜衍爲相所食惟一麪一飯而已王沂公曾賈同年孫沖子京與食飭家人安排饅頭爾時以饅頭爲盛饌也明翰林陳師召所乘盲馬售錢六百文李西涯詩云詞林馬價知多少爲師道所作時刑部李若虛賣破屋僅得銀四兩古人衣服飲食居處乘騎如此今士子忽登仕版肆行奢侈視古人所費何啻千百噫可以觀世變矣獨不念家本農桑他年罷官歸田依然是

窮措大又將何以自奉養耶

尚儉者開福之源過奢者折福之兆王廣津井闐玉匱尤投寶玉以及清泉嚴世蕃帳幔金絲並鍊精金以爲溺器一則終取奇禍一則自貽殺身古謂天人忌滿鬼神惡盈信而有徵矣

樊重貸錢鄰友而遺授子言焚其文契祖遜篤念宗親而輒稱兄意散其家貲伏湛謂千人飢豈忍一人獨飽故割俸以給鄉閭雋雄謂今日富安知後日不貧故出金以施井里後人雖不能效法前賢然當歲歉穀貴時酌

量而賑濟之勿學自了漢利己之念重利人之念輕也
郡守至六朝體制已卑不能皆有鼓吹宋書謝尚爲江夏
太守詣安西將軍庾翼於武昌翼與尚射曰卿若破的
當以鼓吹相賞尚射破的遂以副鼓吹給之是其證也
至唐刺史尤甚初謁觀察使必戎服趨庭矣

晏子春秋晏子長不滿六尺而史記仲尼弟子列傳子羔
長不盈五尺則子羔尤短宋書臧質傳質鼇面露口禿頂
拳髮史記蔡澤傳曷鼻巨肩魋顏蹙齃又荀子衛靈公
之臣公孫呂身長七尺面長三尺廣三寸質澤不過歷

耳呂狀尤怪

明時北京解元不必北直隸人自萬歷壬子宋鳳翔後始皆北直隸人居首南京解元其初亦不必南直隸人見兩京求舊錄

明制虎賁將軍俸豢食指揮俸見留青日札

吏部古藤乃吳寬文定公所植

翰林院有劉井柯亭劉井者明學士劉定之所浚柯亭者明學士柯潛所建又翰林院所祀土神乃韓昌黎見西神脞說

京師天甯寺塔高二十七丈五尺五寸見艮齋筆記

商紂爲傾宮隋煬爲迷樓曰傾曰迷此天命之欲不敗亡得乎吳人自稱曰儂陳後主喜稱儂隋煬亦自稱儂昔人有自稱爲瞞者非美名也唐明皇自稱阿瞞亦近於言妖矣

人主壽者漢武帝年七十餘梁武帝宋高宗八十餘漢武嘗言服藥節食可少病梁武敕賀琛曰朕絕房室三十餘年不與女人同室而寢亦三十餘年此致壽之道不繫其好仙佛也高宗之壽亦由稟厚而寡欲然爾

月令養衰老授几杖行糜粥飲食其典未詳史記漢文帝紀年八十以上人賜米月一石肉二十斤酒五斗九十以上歲賜帛二匹絮三斤北魏及唐亦如之不及漢文之優厚自宋元以後所頒恩詔有名無實矣

宴耆老始于舜禮記養老有虞氏以燕禮夏以饗禮殷以食禮周兼用之漢明帝勞饗三老北魏孝文帝宴國老庶老於華林園唐太宗宴士女於慶善宮宴洛州父老於儀鸞殿又宴雍州父老一千一百人於上林苑 國

朝純皇帝千秋宴倣此

東山劉公爲廣東方伯時官庫有羨餘錢向不上簿舊任者皆取去以充囊橐相襲爲固然公初至庫吏以故事白公沉吟久之乃大聲呼曰劉大夏平日讀書如何遇陋規而遂沉吟誠愧古人乃命吏悉作正供終任毫無取見玉堂叢語

萬公士和知饒州友人贈以雙瓷罌曰夫饒產瓷而吾以瓷贈知君不取瓷於饒也公服其言仝上

海忠介公瑞晉南冢宰凡賀幣物俱不受報名紙用鮮紅者亦惡爲侈鄒公元標以青蚨三十文出諸袖爲賀禮

海公喜而受之越三日置酒酬鄰雉餚四盂餅一盤酒數巡而已見迪吉錄

湯公蕭有厚德歷官宮僚在京乘一驢鄰翁老而得子聞驢鳴輒驚公遂售驢徒行天久雨鄰垣溝水入公舍家人欲與競公曰雨日少晴日多何必競之金水河橋成詔簡有德者試涉廷臣首推公焉見玉堂叢語

羅洪先得鼎元時外舅曾太僕趨賀曰喜吾婿幹此大事羅面發赤徐對曰丈夫事業更大者尤多似此三年一人奚足大事也是日猶袖米借何黃二公聯榻蕭寺中

講學見澄心小錄

宋粟菴升吏部尚書至長安街有老婦乘驢不下從者誤爲男子呵之老婦大詬曰我在京五十八年見了千千萬萬大員希罕你這蟻子官兒宋至部語同寅笑曰官亦非蟻子此婦眼孔大所謂見慣渾閒事也若深山窮谷人見一頂紗帽便戰慄失措矣見座右編

道光間吏部銓選授官秪有內選外補兩項而已分正途勞績試用三項而已自軍興以來或因正途擁擠而變通捐納或因招徠捐納而變通正途以缺作輪次則有

升調遣病故休各名目以人作班次則有科甲大挑截取保舉議敘蔭襲餉常捐海防河工以及分缺先分缺間小四成大入成各名目其花樣如夏雲奇峯變幻多端並有輪用插用接算補算無法不備至繁且冗以致部書動筆即索因緣爲奸故其術則障目蔽天論其贓則盈千踰萬也蓋頭緒多則清問難清問難該蠧遂可以逞其湯心輕重舉手上下矣

胡文忠公云 大清律易遵而例難盡悉刑律易悉而吏部處分律難盡悉此不過爲吏部生財耳於實政無絲

毫之益夫疆臣殫竭血誠以治國而部吏得持其短長豈不令英雄短氣乎又云六部之胥無異宰相之柄綮此由於功令日雜條例日繁該輩篤為福為禍隨其力所能操故畏法之心不勝其嗜利之心奉公之事皆化為害人之事矣文忠公論部吏蓋深有慨耳

國朝考察錢糧最嚴每年各省督撫造撥冊兩次分數冊兩次考成冊兩次盤查冊兩次六分減平冊四次四分減平冊四次二分減平冊四次兩澤糧價已造月冊十二次例造季冊四次每月官員有無交代造冊十二次

而最重之估銷奏銷尚不在內州縣每有交代皆須查造細冊而最繁最重者如奏銷而每一分百千本部院科道須各送一分其中收款名目支款名目至爲繁多又加減平藏成小建小折之款以及給發官兵廩俸吏役因退斷支月日接支月日種種冊籍必詳細開載散碎糾紛牽扯交互務使鍼孔相對部書方不挑剔其實各省應支之款皆有額定荒災賑撫業已隨時具奏但有總冊清單足資考察何必用此層見疊出之冊致令外官不能自辦京官不能自核將京外理財之權柄槩

屬於部書夫倚部書而辦事即不得不聽彼張其吻而飽其橐也竊思國政之煩簡當隨其時時病在太簡者宜濟之以煩時病在太煩者宜濟之以簡近來功令過於冗雜崇切實而歸中正是所望於軍機大臣之諸君子

國初曾觀菴竹枝詞云火樹燒殘雪已消春盤雜會互相招市酤價重南和縣小瓮紅箋盡姓刁天爵堂筆餘清豐呂氏所釀北酒之最上南和刁氏次之今南和猶產酒然釀家已非刁姓清豐則更無復名酒矣紹興入以

酒壜外塗紅繪彩曰花刁轉販他省甚假託刁姓之酒惟年稍久較尋常味稍醋耳郡人潘虛齋善釀稱倣紹若藏三四年與眞紹酒無異有嫌其色微紅者案李賀詩小槽酒滴珍珠紅則酒亦有以紅爲貴者又酉陽雜俎蔣鏘家蒼頭嘗乘小艇於黃河中以瓠接河源水釀酒經宿色如絳名曰崑崙觴是紅酒之尤者也

崑山葉文敏公方靄順治已亥探花辛丑遭賦獄起士紳日除名者萬有餘人葉適欠折銀一釐亦被左遷因具疏云所欠一釐準今制錢一文也時有探花不值一文

錢之謠見柳南隨筆案此由蘇州巡撫朱國治過於刻
薄處但任土作貢自古及今皆然應納錢糧無論多寡
不宜拖延蓋完一分急一分之公輸一錢少一錢之累
也

乾隆四十二年六飛過燕郊鎮見古寺有香爐燭檠甚偉
試其聲曰非鐵也令羽林碎之乃黄金所範外髹以漆
其寺爲明世宗內璫李璵家廟璵名不著非權奄而已
豪侈若是矣

李德裕初得微官時有善相者謂公當爲相但厄在白馬

耳及登相位雖族親亦未嘗有畜白馬者後爲白敏中
所構宣宗又使馬植鞫之是厄在白馬也見賈氏談錄
玉壺野史盧多遜幼時於廢壇上抽得一籤歸見其父詞
曰身出中書堂須因天水白登仙五十二終爲蓬萊客
父喜以爲吉後拜相因遣堂吏趙白與廷美連謀事露
遂竄朱厓五十二卒一字不差與李德裕相同奇驗
十六國春秋杜育少時嘗爲賊母笞之育曰天下將亂且
以習膽如意望封侯弗如意但不使他人斫頭耳爲賊
被甲三重持一戟而出入陣壘中五代史王俊以走及

奔馬得官嗚呼此皆草澤英雄也當師旅倥偬時建非常之功者多出自此輩中也

唐元宗末年累增美謚加至十一字顏眞卿上疏周之文武言文不稱武言武不稱文豈盛德所不優蓋羣臣稱其至者故也凡謚多不爲褒少不爲貶云云按後世謚號益衍而廣皆準唐爲例於古制不合迨晚唐羣臣請君又有請上尊號之舉乃近於生謚非禮矣

周書湯放桀而歸亳三年諸侯大會湯曰天子之位有道者處之三讓於諸侯諸侯莫敢當湯然後即位夫天下

之人不可一日無君豈有三年而無所立之理周書不
免荒畧鮮實也
湯大旱七年自責六事聖人以至誠對天原本如此其致
雨不致雨非湯所能逆料也大紀所載湯禱於桑林身
爲犧牲翦髮斷爪此乃闇德隱所爲以諂諛唐武后者
聖人應天以實不以文豈作如此僞態耶大紀所引荒
渺是猶畫蛇添足矣
逸史湯欲伐桀伊尹請阻貢職以觀其動桀怒將起九夷
之師伊尹曰不可彼尚能起九夷之師湯乃謝罪請復

入貢職明年又不貢職桀起九夷之師不至伊尹曰可矣乃興師此乃野人語夫湯伐桀非有心也桀自絕於天天下去之而後湯不得已而伐之耳豈有先不入貢職欲觀其動之理乎豈有不入貢職因其能起九夷之師而始謝罪乎豈有謝罪而閃爍支吾乎又豈有因其不能起九夷之師而批亢擣虛乎其謀如此則湯伐桀之事未行之前已有不臣之心何足以爲湯乎伊尹又陷其君爲跋扈之臣而使之懷姦以事其君何足以爲伊尹乎此種書爲梨棗稱冤秦始皇可謂大英雄惜乎

不生於今日嬴秦以前可焚之書尚少此時再出一始皇其功當百倍秦一世耳

散金收書最爲韻事然一再傳後子孫式微當年之古帙奇笈皆賤價售出甚至以米董手卷兒童私賣以易餅餌者予曾目擊之孫詩橋在京買宋槧昌黎集末帙有詩云黃金散盡爲收書插架琳瑯百不如爲望後來佳子弟辛勤莫遣飽蟫魚旁有子孫永保董氏珍藏諸印章夫詩書遺子可謂厚矣辛勤訓後可謂誠矣而仍賤價售出者皆由子孫頑而弗靈困而不學是猶斛將軍

惟自識姓名之字盧秀才並不知周孔之人所以將詩
書覩爲無足輕重之物矣言之歉然

憑花館瑣筆卷七

嘉州　鍾琦　泊農

川省鹺務積滯引張之多積欠羨截之鉅亦屬絕無僅有自咸豐九年至同治十年止共積欠羨截銀九十七萬六千有奇爾時滇黔有警商人得以藉口惟自同治十一年至光緒三年邊岸肅清運道暢銷何以又加積欠羨截銀四十二萬六千有奇揆厥所由前當道變更定章在商人應完釐銀內准其每引劃撥二兩以抵應完羨截頭緒紛紜易滋弊竇故頻年徵收愈趨愈下查此

槩名爲緝蘆暗係挪釐名爲塡羨暗係減羨巧設津梁
徒飽谿壑然貽誤國計軍儲不淺也所以光緒三年十
月丁稚璜宫保寶楨督蜀奏改官運定章先税後鹽遂
無絲毫拖欠從前拖欠者由於先引後稅凡課釐羨截處處認眞滴
滴歸公劃除扯甲移乙之弊酌定正本清源之法且裁
汰陋規體恤貧竈銷路暢而本底輕食價平而民情順、
諺所謂藤根既斷藤蔓不生是也惟創辦官運時而脊
公營私影射夾帶者忿形謗讟醜肆謳謠是役也予奉檄從中奔走
因商竈并戚朋友於其間爲患爲毒不能不開導之而
語言詬誶從此不往來予繼辦票釐該輩慫恿孫大使

與予牴牾又嗾令私梟勿受盤詰兼以各官吏因陋規
裁汰浮言謾語予見人心如此俟票釐告竣遂藉病乞
退耳欽差一味挑剔明分左右之袒鹽道百般動搖激成
水火之形而宮保心益堅志益固具奏鹺務惡習非辦
官運不能挽回我　太后　皇帝聰明天亶奉　旨准
允在案從此虞代濬池世有阜財之樂齊封表海國傳
饒利之風矣案官運創辦維艱幸得各員同心且矢念
無欺弱誠匪懈始得戴其事主政者唐公
粵生襄勞者華公煙鳴毛公季彤華公健菴劉公一六
蹇公子振藎公鳳棲陳公洛君廖公益生韓公午山阮
公欽九張公春丞王公漢岷呂公敬甫張公鼎臣胡公
伯厚等予恐諸君子勞績湮沒故附錄於下俾後人有
所徵
耳

査官運自光緒三年十月開辦前後撥借藩庫銀四十二萬三千兩及山東解到銀八萬兩共五十萬三千兩此欵原奏八年歸還詎意從四年起凡有存留絡續解交藩庫至七年核算並挪用山東之八萬均已悉數償清又自光緒三年至十六年徵收稅釐羨截除每年撥解滇黔協餉及海驪銕甲船價共去銀八十六萬四千有奇外尚存銀一百八十九萬四千有奇具奏永遠存留局中以資運本亦奉　旨准允在案噫雲破月圓水落石出從前謗讟者化而爲反舌鳥也謳謠者變而爲縮頭

軀也鹽道亦非聚斂之蚊　欽差竟成不鳴之雁也可見丁公此舉於國有益於民無損爲朝廷收自然之利爲軍糈籌自然之款爲閭閻銷結黨成羣之風比較昔日朦上箝下剖豆分瓜堅如鋼山紛似積絲者有天淸地濁之分別矣光緒八年十二月記於憑花館初辦官運時予亦疑上有所益則下必有所損稅釐並納民或有食貴之虞乃詢諸市價均以爲平也嬴絀相形商或有偏累之苦又詢諸引號均以爲善也緣將陋規裁汰弊盡而利自生耳

按丁公督蜀不惟收回鹺務中飽之利每年一百萬有奇又除將軍總督兩司六道十三府各衙門陋規每年約

六七十萬而無名之餽贈不在此數裁撤各州縣夫馬雜派每年約一百六七十萬而無形之勒索不在此數剗革各州縣歷年官價每年約八九萬而無限之差徭不在此數統計上還之國者百萬有奇下還之民者二百萬有奇此皆官紳不願而怨謗所由起也迭干吏議蒙 太后 皇帝曲賜矜全隱弭黨援攻訐之習所以丁公殫竭血誠刻恩圖報耳以樂山而論向有官價取一物卽有一番之刁難交一物卽有一番之使費自丁公剗革後每年省銀三千有奇所以羣情欣然莫不口碑

課之來源在乎引引之去路在乎銷必有年銷年額之鹽

乃有年清年額之課自咸豐以來課已逋矣引已積矣鹽已壅矣而羨截負欠一百四十萬有奇揆厥所由官吏與商人弊端滋矣官吏之弊如何夫羨截商所樂輸也然國家所重在正供官吏所急在增耗假盤詰之名以濟其勒索之術逢正引則橫征加派遇私販則受賄縱容若商人之弊又有可得而言者定例每包鹽一百六十斤每船十六引商人乘機夾帶每包三百二十斤是一引加半也是每船溢十六引也計一商不知溢若干引也計衆商直不知溢幾何引也弊孰甚於此哉咸豐

二三年間尚未征楚又無委員凡商配一引完稅羡餘截銀七兩有奇官吏規費銀二兩若夾帶一引官吏規費銀四兩要之官吏之弊在於病商商人之弊至於病國事有相因所必然者夫商操贏貲以配運欲牟利焉耳而官吏開簽有費批驗有費奏銷有費展限有費改配有費纖殘有費衙門三節兩生及婚嫁祭葬湯餅晬盤無不有費種種科斂無異剝膚吸髓商人不得不鍾其弊於賣私鍾其弊於溢斤也然天下行鹽之地與食鹽之人有數矣溢者多消者少則鹽必壅舊鹽既壅新鹽復催則鹽必賤鹽賤而價減價減而商窮商窮而引積引

積而課逋矣自丁公奏改官運諸君子因時制宜和衷共濟所有創立新章釋其重累節其浮費故諸弊不除而自除也

歐洲諸國凡貿易皆上下調劑翼助故情通而事無不長利溥而用無不足我則異於是官自官民自民且有官不顧民民不顧官者反不如歐洲互相維持也案中國產鹽十一省若倣照歐洲章程各須國帑數十萬飭其招商集股集腋成裘凡鰥寡孤獨有一百金者槩收其中官則以清慎者而綜理民則以端愨者而分司滿年

核算案本分息官得者以養營勇民得者以資貧窮官若挪移有民扞格之民若侵蝕有官詰責之關律斯放官之聲息通可以懲治之商販偷漏民之耳目廣可以訪緝之官仗民力民仗官膽上下合為一家盤詰不分兩局豈惟疏銷正引清彌私梟且有大益於鰥寡孤獨也蓋彼輩僅此區區以靠養命貿易慮其虧折放債慮其懵憹日有柴米之耗歲無涓滴之資轉瞬囊空矣瓶罄矣鳩形鵠面矣所以文王發政施仁必先於彼輩我國家倘念及無告倣照歐洲與彼輩調劑生養則彌

壯者何至流入萑苻老弱者何至轉死溝壑歟但執柄
者秖為國計不顧民生而鰥寡孤獨如越人視秦人之
肥瘠漠不關心豈非徒治其流不治其源惟求其末不
求其本者哉產鹽地方辦理與蜀省官運大同小異惟招商集股必倣照歐洲章程始可取信於人否則趑趄不前也其實官本總共十一省不過三百萬以為蒿矢而已
蜀鹽課稅核算正雜不過三十一萬兩常有缺產之虞近
今羨釐加至二百餘萬所謂失之於東得之於西　國
家課稅以淮鹽為大宗自運道梗塞三百餘萬之正供
盡歸子虛非蜀鹽豐產不但軍糈無出而鄂湘不幾於

淡食乎天不變道地不愛寶値富榮樂犍射蓬雲大等
處鹽滷自生豐產異常乃　國家洪福所致非人力所
能爭也但井運有盛衰每數十年而一變商竈當此充
裕時必留餘貲以備他日急需若僭踰無度縻爛無節
倘井老水枯竹漏腔崩兼向平婚嫁之志未畢而艱愈
啼飢之患尤劇即思剜肉醫瘡無奈瘡多肉少悔之晚
矣
荊湘例食淮鹽自髮逆跳梁楚民淡食乃轉資川鹽接濟
今淮綱復舊禁不同有喜食川鹽者因淮商爭訟而運

司鹽道各存偏袒久未定案何妨於近淮之地準食淮
鹽近川之地準食川鹽即就課鹺而論川鹽廣銷則川
之課鹺必充淮鹽暢銷則淮之課鹺必裕充於此者絀
於彼絀於此者充於彼同是國家課鹺又何妨作總覽
也
康熙四十二年河南汝陽等縣豫撫奏請改食蘆鹽　上
諭嚴行禁止雍正四年乾隆二年道光十三年上蔡等
十四州縣前後豫撫奏請統歸蘆課皆批斥飭照舊章
辦理案節次不准者蓋兩淮每年内外正雜課銀雖經

裁減後尚有五百六十八萬又陋規浮費一二百萬有奇
不在其內況汝光潁亳乃兩淮之門戶若撤去藩籬則
蘆私層層浸灌潞私處處充斥豈惟兩淮有決裂之虞
卽三楚亦有壅潰之患是猶九仞之功虧於一簣十丈
之防穴於一蟻也所以我列 聖圖遠大之規建長久
之治節次批斥矣

定例兩湖應食淮鹽但潞鹽行陝有從湖北鄖陽經過者
川鹽行黔有從湖南辰州沅州經過者以淮綱地界而
爲鄰鹽之大道雖欲禁其私賣勢必不能嘉慶十八年

中外臣工奏請以鄖陽改食潞鹽衡州永州改食粵鹽辰州沅州改食川鹽均經奉　旨不準在案是兩湖雖屬淮綱地界暗被鄰鹽浸灌五六郡所以丁宮保唐中丞籌畫官運時始辦黔省全岸嗣復添辦滇岸並將毗連之計岸及湖北例食川鹽之各岸共計四十餘廳州縣統歸官運者有鑒於淮綱地界而鄰鹽經過得以借口浸灌耳蓋立法譬如投膠以變濁必澄其源而濁自變之愈也緝私譬如揚湯以止沸必絕其薪而沸自止之速也彼雙瞳如豆一葉迷山者不足以語此

道光九年七月御史奏淮鹽因陋規夾帶以致引積課逋
上命欽差剗除前弊創立新章欽差疑商人夾帶立
意嚴懲有運司俞公德淵而言曰此向來寃案非身履
此地未必知之查船戶獲夾帶之利商人受夾帶之名
也於是定船四百六十五艘派員專司編號裝鹽以憑
抽查至於陋規槩行禁革但陋規有在揚州爲各衙門
之供應者有在湖廣安徽江西河南各省口岸上下衙
門之費用者而在揚州尚易釐頓若各省口岸雖 欽
差裁減究屬有名無實甚至明裁於此而暗加於彼幽

減其一而暗加其二緣各省銷鹽因地制宜不惟運司之權無能禁即總督之威亦無所施且商人配運至口岸必仍借州縣秖求州縣依樣葫蘆不格外需索足矣若毫無所得則商人之魚肉更多又州縣有操履清貞者知奉 旨飭辦尚恪遵從事轉瞬量移他處而後任又視鹺務爲腥羶窮睛旁睨饞涎若炙則陋規仍然如故矣若倣照歐洲章程招商集股協力同心上即有破觚斲雕之吏下即有駭弩含沙之梟亦不敢憑威易假惟利是圖逞狐鼠之奸肆饕餮之技矣

弈圍棋也俗作奕誤說文弈奕二字音同義異正韻奕大
也詩經奕奕梁山亦作大解
朕說文我也爾雅釋詁古者貧賤皆自稱朕書經朕宅帝
位又曰朕德罔克屈原亦云朕皇考曰伯庸自秦始皇
二十六年定爲至尊之稱漢因之以迄於今
楊雄傳人皆曶之註曶與忽同輕也司馬相如傳曶爽闇
昧註曶爽早朝也上傳从曰下傳从日
天香樓偶得云唐虞夏中夏大夏皆音遐上聲至於春夏
之夏與夏姓夏侯複姓皆音遐去聲今人呼唐虞夏中

夏大夏皆爲遐去聲而夏姓反爲遐上聲殊屬顚倒又
云射覆字始見於東方朔傳考字書射字凡泛言射讀
去聲以射其物而言則讀入聲也覆字反覆讀入聲覆
蓋則讀去聲射覆者謂覆器之下置物令闇射之則此
二字皆當從入聲今俗皆讀從去聲謬矣
詩經庶民弗信信音新按史記韓王信與淮陰侯同名恐
其誤故讀信爲新是信本有平去兩音其讀平者亦音
而非叶矣
驛傳之傳平去二音可以互讀至傳道傳聞傳授之傳乃

一定之平聲紀載之傳一定之去聲此音之分動靜不
可易者也
俗以彼此誑惑曰兩邊傜音姚
侯漢書多作矦从矢取射義古者以射選賢射中者獲封
爵故因稱諸侯又屈侯柏侯夏侯及侯剛俱覆姓北史
侯莫陳三字姓也
城下池曰壕柳宗元詩[illegible][illegible]鳴寒雨下空壕俗作濠非濠水
名墳曰冢通作塚俗作冡非冡音蒙以礦實石曰夯讀
杭上聲堵水曰壩俗作垻誤垻音具山岡內有山字俗

作嵞非禹合諸侯於會山今人假借作塗
乾彖曰燥音蒿俗作烤無此字又曰熹說文玉篇無熹字
惟類篇始收熹字經傳本作亨今俗皆作烹矣
乾有干虔二音又讀居寒切韻書曰燥也故借爲乾溼字俗
以乾音虔以乹音干者非
會稽鄭遵謙字履泰少任俠輕財結客名娼金氏一見喜
曰豪傑也遂耦焉遵謙挑其侍婢金氏殺之諸不逞於
遵謙者屬婢家訟於官繫金氏獄辭連遵謙遵謙不出
對簿而散千金與金氏日酣飲犴狴中時松江陳子龍

司理紹興有東陽許都者與遵謙爲死友謂子龍曰天下多故奈何困豪傑遂出之福王出奔乃召少年及部將舉兵其父官按察司僉事令毋妄動遵謙弗聽會魯王監國命挂義興將軍印恢復數州縣以功封義興伯明年師潰乃依鄭彩以居後因忤彩赴海死時金氏在軍束草象彩每饋食輒草以侑彩聞之沉諸江中案遵謙□豪傑矣逸史謂其雖非忠孝而卒以是傳名與夫華衣美食酣豢聲色而名不傳者有異諒哉惜其志大才疏如楊展公之不能慮患以致殞身於逆臣若金氏者

故媢也獨能識豪傑於風塵其卒也更能致其死以殉
夫此眞奇男子之所爲其視同時顧橫波柳如是輩相
去遠矣
同治十一年三月　皇上恭謁　東陵回鑾有太監多人
在燕郊滋事仰蒙　宸衷獨斷雷霆示威將太監馬進
喜等嚴行懲責越二十日　皇上　雩壇大祀禮成還
宮文武按班侍立乂有衆太監騎馬疾馳擅走各門中
洞直行　御道甚至卑賤厮役於斗口午門外冲越儀
仗公然喧豗經御史文明參奏當飭內務府分別治罪

案宦寺自秦漢以至元明莫不肆毒逞欲惟我　朝列聖深鑒前車二百五十年以來從未假以分毫之權柄有犯必懲有過必革整紀飭綱防微杜漸法至周而意至遠也

光緒二十四年國家支絀京員某奏設昭信票與閭閻借貸按月每兩給息五釐限期十年還利再十年子母全完取名昭信者示其不爽約也各州縣奉文後老吏辦理平允不致僨事少年任性者橫索勒派甚至施鞭扑繫囹圄從中侵剝故京控纍纍越六月奉文中止已解

藩庫者飭其上稟報効往往不敢信於人故指給以虛銜有官吏又藉端 詔互設科條士庶不顧具領飲恨吞聲而已按此番藩庫雖益千百萬之款而閭閻已增千百萬泣血傷心之衆矣國家正供歲入三千二百萬有奇雍正朝每年除度支司農賸銀五百萬有奇見東華錄自咸豐以來疊加肄捐稅釐其徵至九千八百萬有奇而用且不敷夫二月賣新絲五月糶新穀唐人譬語謂其挖肉醫瘡近見閭閻朝朝賣絲時時糶穀試其蠶不則均在無何有之鄉似此瘡況非惟挖肉醫瘡直

是無肉秖有瘡耳當道諸公日坐牙籌握算中不知閭
閻疾苦也且不信閭閻疾苦竟至於斯矣以嘉州而論
道光初西南
殷實商賈城內外約計百十家近皆倒塌僅存二三號
又道光初族戚莫不席豐履厚近皆貧乏甚至其子孫
流而爲匪爲丐者惟予家稍可支持不能不分削欲助
以延殘喘按月有給一二緡者有給三四緡者然入欵
日減於前出欵日增於舊譬之負載者十人各百鈞焉
一人委而去舉而加諸九人未累也三人委而去舉而
加諸七人亦已苦矣五人委而去舉而叢諸五人之身
不蹶何待予家受族戚之累與此無異以今昔之商賈
族戚而印證則閭閻疾苦不待辯而了然相皮毛者不
知也更有一種人家本疾苦竟夏葛冬裘紅燈綠酒號
稱殷實者此欲交富室寸弟肴圖招搖
撞騙耳其情蹤可憐其心不可問矣
嘉慶時成德行刺伺　仁宗睿皇帝御朝猝放一袖箭三

侍衛見箭來不及禦輒以身覆　御座箭洞胸而死是時七額駙在旁急以兩手抱成德衆侍衛羣趨持之遂醢成德相傳成德武藝侍衛中無有敵者或於地中釘短柱一排成德騰一足埽去柱皆拔起七額駙亦能之然秖能埽七柱而成德可埽至十二柱云後　駕幸木蘭打圍羣方馳逐有一熊突至　御前連傷侍衛數人七額駙與熊手搏良久爲熊擒去坐身下不得脫額駙急屈右足竭力蹴熊仆於山足糜爛而死然其足自是跛矣見埋憂集

康熙十二年吳三桂反以書招廣西將軍孫延齡延齡卽舉兵應三桂其妻四貞乃定南王孔有德之女 上與太皇太后憫有德殉節收四貞入宮爲 太后養女封和碩格格後嫁孫延齡 命掌定南王事日夜感上恩勸延齡歸順計且決矣提督馬雄密告三桂三桂遣其侄世賨誘殺之送其頭於雄雄掀髯而笑曰爾亦有今日乎頭忽瞋目張口躍起直撲雄身雄大叫嘔血而死此與三國演義曹操見關公首問別來無恙其事相類然彼固附會無稽而延齡事則載於 國史四王

合傳者也嗚呼其果然耶雲南平四貞歸京師奉有德
祠焉
聊齋載一盜被刑數武外猶旋轉而呼曰好快刀人皆笑
其妄語明史楊繼斗傳國變後先生臨刑不屈首已墜
而聲從項出則聊齋所云非誣也又漢賈雍與敵戰喪
元猶帶弓擐甲挾馬歸營問衆將曰有頭佳乎無頭佳
乎衆將曰有頭佳雍腹語曰無頭亦佳凡此亦如醉者
墜車不死其神全也
唐花卿討段子璋平之其後出師以單騎出戰喪其元猶

臨溪沃盥有浣女見之曰無頭何以洗盥聞言遂仆此
神散之驗也
嘉慶四年官兵敗賊於香爐坪有渠魁爲勇所殺頭已落
猶手持大斧作迎敵狀頸中白氣一縷冲起徑二丈許
逾時始仆此有邪術又非尋常所可同語矣
自髮逆跳梁以來籌餉例屢見疊出予見親友有傾家而
謬捐顯秩者委署遙遙夙負纍纍徒參恩腳之禪莫救
漩渦之佛況居官談何容易譬如撫黎庶主於仁彼等
必以姑息爲仁也用刑罰主於威彼等必以忿怒爲威

也理煩劇主於靜彼等必以因循爲靜也審詞訟主於愼彼等必以遲疑爲愼也若事大僚主於敬待同寅主於和彼等又以詭隨爲敬狎肆爲和也予諄諄告誡不宜納粟筮仕者以免作沐猴之舞傳餓虎之稱耳

康熙十七年以四方多事令童生每名納銀四兩得入院試秀才每名納銀一百二十兩名曰餉生見景船齋雜記咸豐三年戶部尙書孫瑞徵奏請捐納舉人每名三千兩禮部侍郎陶樑請捐文生每名一百兩武生減半四年侍郎何彤雲請開各省舉人進士捐免停科之例

俱見邸鈔越年皆奉　旨駁斥蓋其時軍需支絀宵旰
焦勞故廷臣遂有此苟且目前之策幸聖明獨斷杜絕
權宜取士之大經不容市井販夫得操進退也
小人弄巧其報應昭彰不必待來世如釋迦馬麥袁盎人
瘡也按唐魚保家上書請鑄銅爲匭以受密奏其器爲
一室中有四隔上各有竅以受表疏可入不可出武則
天善之未幾有人投匭紛紛告保家爲徐敬業作兵器
遂伏誅其匭乃保家自造自受尚奚怪乎唐開元初突
騎施可汗守忠之弟遮弩恨所分部落少於其兄遂叛

入突厥請爲鄉導以伐守忠黙啜遣兵擊守忠虜之而還謂遮弩曰汝叛其兄何有於我遂并殺之又僕固懷恩敗歸朔方渾釋之將拒之其甥張韶以其謀告懷恩後釋之旣而曰釋之舅也彼尚負之安有忠於我哉以事杖之折其頸而死嗚呼天道好還神理難欺未有作惡孽而不報應者自後觀前天道果瞢瞢耶

婦人善書者以漢爲最許后傳善史書注史籀所作大篆又鄧后六歲能史書又梁后好史書蔡邕女文姬能學父書鍾太傅女能作小篆飛白晉有衛夫人元趙孟頫

妻所書秀骨天然

子夏序詩劉向校書每一編成即有序自序也左思三都賦成自以名不甚著求序於皇甫謐後世書成丐序本此

曹操有祭喬玄文後世祭文本此

帝王世紀禹所治四海內地東西二萬八千里南北二萬六千里

人有才貴能自擇於用世未嘗乏才貴在上者能用之耳有才而不能自擇於用小人當世方亂而在上者不能

收而用之爲敵所得則藩決隄潰何所不至昔晉張賓成石勒之事賓固小人因晉不能收而用之是以憤懣而猖獗符堅得王猛阿保機得韓延徽夏元昊得張元吳昊皆我中國不能金籠鸚鵡之過也

齊武帝夢穿孔雀羽衣王敬則夢騎五色獅子朱全忠夢白龍附兩肩若范延光夢大蛇自臍入腹術士張生曰龍入腹中王者之兆也延光遂反見殺於楊光遠則妖夢矣

南史韋鼎傳明陰陽善相術陳武帝在南徐州鼎望氣知

其當王遂寄孥焉聘周遇隋文帝謂曰觀公容貌不久必大貴貴則天下一家歲一周天老夫當委質願深自愛及陳亡驛召入京授上儀同三司文帝待之厚鼎亦不凡之士矣

釋氏智論云天帝以寶鏡照四大神洲每月一移察人善惡正五九月照南贍部洲唐高祖崇其教武德二年正月甲子詔自今正五九月禁屠宰不得行刑其後因此遂不上官赴任菽園雜記謂赴任必祭告神祇不免宰殺故忌之近年官場凡得差署者行期擇樸而夕開舟者

圖超目接篆當仲夏水勢滈湟滺泱一葉淩萬頃中雖

風擞浪吼尚不顧豈念正五九月之忌乎

靈樞經云天一日凡行九十餘萬里夫人一呼一吸謂之一息一息之間天已行八十餘里人之一晝一夜有一萬三千六百餘息是故一晝一夜而天行九十餘萬里

勸學記所載詩經三萬九千一百二十四字尚書二萬五千七百字周易二萬四千二百字禮記九萬九千二十字周禮四萬五千八百六字春秋左傳一十九萬六千八百四十五字論語一萬二千七百字孟子三萬四千

六百八十五字孝經一千九百三字大小九經合四十八萬餘字以中才爲率如日誦三百字不過四年半可畢或天姿遲鈍減中才之半日誦一百五十字亦止九年可畢總在善教者俾令熟讀而温習之使之入耳著心久不至於忘失全在平日積之功耳故小學生讀書不在求多總在求熟不在速完總在無間也其說簡要足爲世勸因錄之

光州劉嘯臺孝廉性詼諧不拘繩尺趣語從心弗假思索有故人欲貸先生物遣價致書價固昧昧乃名先生於

門而叩先生之居先生笑應曰卽我是也爾主人所貸是石曰速負歸以應急用傭遵其言盡力至家主人駭而大笑是物奚宜至哉傭怒捽曰於地答曰壓肩幾折反以爲戲耶他日見先生白其故相與一噱

洪稚存太史飛騰日夢登樓將窮其巔忽巨石壓頂怯不能勝驚怖而寤明日臚傳榜眼及第其第一人則石琢堂先生也

甚矣小人之無忌憚也唐德宗修神龍寺欲求五十尺松不可得裴延齡奏同州有數千株皆八十尺上曰開元

天寶間遍求無美材今安得有如此多且大者對曰天生美材待聖君乃出開元天寶安得有之元宗乃德宗之祖而延齡敢爲此言德宗何以不之罪宋高宗相李綱顏岐言張邦昌爲金人所喜宜增其禮李綱爲金人所惡宜置閒地綱入見辭相位願歸田里至言命相於金人喜惡之間尙祈審處上曰顏岐嘗有此言朕告之以如朕之立恐亦非金人所喜者岐語塞綱乃赴堂治事甚矣小人之無忌憚如此欲誣其君則不顧其君之有祖欲黨逆而排正以誣讎國則不復知有其君狂言

謂語此而弗誅朝無復可誅之人矣
唐書稱閹官爲白者猶今京師稱此輩爲淨身人也
物理小識云蘇州范大章老而生子允隆外人多疑之范乃廣召親友酒酣出已足六指示之並予出足亦六指衆議乃息允隆已未召試博學宏詞又有處女孕者其家雖百端訊掠而卒無明驗案古有神交精交氣交者理之所無事之所有也
欒山胡麗經先生以上舍就予家塾性端愨生平無譚言閑偕陪談謂其祖無疾而逝逾時復甦諭家人曰我見

閻羅王謂予族某藉修橋工乾没四十金命我轉飭之令其繳還言訖仍磡焉又予家在富邑鑿井光緒癸巳初出火焱焱炎炎有綜理甲乙二人恣意侵蝕且勾田陳李三匪捏造僞約以索銀夥友張顯之憤懣將鏹對神殺鷄淋血以給之未幾甲之妾夢差挾銀鐺鎖甲頸趦趄而去其妾驚醒遍告族戚而甲尚無恙也越一月果亡未幾乙病見甲楚候備質發狂而絕命又未幾田與陳見甲乙匿床頭喃喃自詈皆暴卒當豆剖瓜分時李亦得銀見四人慘死甚懾懼將款退出故李巋然獨

存此衆目所共覩衆耳所共聞也儒者以地獄爲芒芴豈知愚人惟逞其兇淫殘很險毒奸貪自釋迦闡發天堂地獄之說於是慫慫然始有恇怯夫孔子作春秋質以維繫綱常名教者使人知善善惡惡有所勸戒而已但其言微其旨奧而以春秋與愚人語是猶對牛彈琴耳若地獄因果愚人所樂聞猶且怵目警心故不敢肆行無忌所以釋迦本意與孔子春秋大同小異蓋春秋褒貶予奪之法治天下之中人釋迦天堂地獄之說治天下之愚人矣

嘉州某上舍出入衙署大小訟案皆生引線穿針家忽富益肆毒作威覬覦鄉有孀婦撫孤守節歲收租三百石有奇其叔利其家產強之再醮婦堅不從其叔謀於某某畫策定計乃誣以姦訟之牢訊斷逼嫁婦投繯而死越三月其叔過黑崖船齒於石溺死又越三月生背疽發醫以刀破其患處而痛死某亦氣餒悚駭朝夕奄奄昏睡其婦召道士醮禳邀步罡踏斗某突坐壇中忽口作峩眉縣婦人聲（嫠婦峩眉縣青龍場人）曰我含忿八月矣惡黨俱齊可同往備質也於是哀號而死此道光十六年事

予師張丹崖先生有記尤詳悉足見人有黨神則無黨人可欺神則難欺陽間之屈彌甚陰間之伸彌暢陽間有漏網陰間無脫罝者矣

張建侯幕友德泰 智遠才高到處維騶居大幕二十年當其梧枝未高占時勞筋骨餓體膚處之晏如也咸豐甲寅約予同何小山尹松溪游峩避暑至清音閣有屋三楹頗雅潔予與松溪宿東箱建侯與小山宿西箱衆僧居中焉時漏三下聞外有嗚泣聲始猶在遠漸次逼近窗牖衆僧各以敗絮擁面予與松溪小山不覺也建侯以旱熱

睆睆不得眠蹶屣出窺而詈之遂寂然次晨衆僧問建侯曰吾聞鬼瞰人室鬼弄人燈人未有不畏之者師爺獨無畏焉何也建侯曰吁而烏之予所畏者在彼不在此也夫天下之可畏者孰有甚於貧哉蓋富人怕死則畏鬼予寒士視死如歸尚何鬼之足畏耶予笑曰但恐畏貧而竟不貧又未免要畏鬼耳

車岡何小山刺史家泰工書善詩尤長古文性滑稽有漬于曼倩風丙辰游峩嵋山釋子以募緣爲生涯至毘盧殿衆僧持簿環侍予給銀四兩建侯一兩松溪二兩免

其辭舌瑚啁常聒耳也又持簿覓小山入其房見小山赤身裸體且披禪衣臥胡床搖蒲葵扇高唱蔣世隆搶傘衆僧屏氣囁嚅逡巡避去詰朝又持簿至小山問曰募緣作何事曰寺爲火焚募緣以塑像小山曰佛法無邊凡天火地火神火雷火人火鬼火兵火烟火及三昧火九微火佛法皆能制惟爾輩之慾火佛法亦無可如何耳但我至此亦必留名衆僧聽留名以爲大發慈悲皆懽喜小山索筆題楹聯云後轍難忘因衆僧徒淫賤昭彰慾火竟焚三寶殿前車可鑒願各婦女恪遵語戒

深根休種五叢林衆僧告老和尚老和尚謂衆僧勿向
窮酸削針頭之銕刮錢面之銅撫今追昔令人發噱

憑花館瑣筆卷八

嘉州鍾琦[illegible]農

萊陽蓋鳳棲大令紹曾性剛直廉介與予交最篤嘗過談曾言南海人羅姓忘其名猛健絕倫人呼爲飛山虎新塘充營兵能挽六鈞弓尤善火槍槍重二十斤百發百中時承平日久飛山虎雖充營兵籍名固無事日與其徒嬉游市里間至則掉臂直前其識者見而咸避路不識者望其身七尺長凜凜然不覺逡巡而亦避也乾隆乙酉春村方賽會衆聚集忽有虎臥田中聞人聲驟起

狂呼風𩗗𩗗山木皆震動葉簌簌落其威乃如是莫不戰栗謀所以制虎者衆約飛山虎至語之故飛山虎購長鐵釘二納火槍內馳往跡虎見虎負樹旁眈眈而視飛山虎轟然一擊虎躍一丈高頓踣而斃由是飛山虎之名益噪甚然竟不得一官握一篆以目兵終老噫飛山虎之技亦神矣使得帥偏師衝鋒殪敵必有所樹立今四海太平萬里肅清奇材異能者無所用予爲飛山虎惜而尤爲世之慶幸也

石敢當者不知何神有言後漢劉智遠時之勇士所云亦

莫須有也而嘉州於橋頭河干處每立石焉且加其號曰泰山石敢當鄉愚以香燭祀之予恆因其名揣其義竊以不解解之也蓋土人以路當衝者有煞謂泰山之石尚敢當之何煞之不可當耶此名所由立義所由取歟至鄉愚祀之者其俗信神尚鬼耳昔韓文公題木居士詩云偶然題作木居士自有無窮求福人然則木與石等又何異乎

陸文裕公出入館閣四十年每抄錄國朝前輩事命子弟熟讀曰士君子有志用世非兼通今古何得言經濟今

世學者亦有務爲博洽問及國朝掌故及經制沿革恍如隔世縱才華邁衆終爲俗儒見移愚齋筆記案文裕公所言切中近世大病予有皇朝瑣屑錄首列掌故原爲訓子孫非敢言傳世也光緒二十四年朝臣以文章空疏庸陋擬改實學考取國朝掌故及經制沿革輿圖算學兵防鹽法水利農田商務礦政等策問爾時諸生不知掌故爲何物於是在書肆購買皇朝瑣屑錄共售出一千二百部書賈大獲利予亦浪得虛名言之可笑思之可赧矣

熱依木庫車回子頭目鄂對之妻也鄂對與回酋霍集占有隙及霍集占以葉爾羌叛鄂對與其子鄂斯滿弃訴於伊犁大臣霍集占至庫車悉戕其家屬欲納熱依木

不从則殺其子女三人而四之熱依木乘間逃匿及
王師平賊封鄂對爲貝勒授葉爾羌阿奇木伯克（猶內地之督撫）鄂斯滿授庫車阿奇木伯克後六年烏什回子反熱
依木在庫車慮其夫不能制伯克阿渾等於五日馳三
千里而至葉爾羌果然伯克阿渾等搖惑人心次日聚
集大衆而言曰汝輩無賴棠　大皇帝深恩得官昇平
今烏什從逆轉瞬夷滅乃欲效尤而爲不忠不義之鬼
耶且吾力尚能殺賊今日休思出此門矣衆大驚見防
守甚嚴乃跪陳無反狀惟求保全於是熱依木張筵勸

酒使大醉而陰使徧收其家藏之器械呈送大臣又將其馬驅至遠山牧放衆情既定葉爾羌遂無恙後烏什回子悉遭誅戮衆益感激熱依木不已見持雅堂集案回子行如鳥獸而熱依木乃獨以節著且以智勇扶其夫之危定其下之亂雖古賢媛亦罕其比矣

周才美爲子娶婦有賢能囑管家政付與斗斛秤尺各二器諭以出輕納重大小長短之法其婦卽拜辭舅姑願歸家才美愕然問之婦曰翁所爲有逆天道媳他日生子定不肖人謂媳所育恐被玷累才美曰汝意若何婦

問斗斛秤尺所用若干年才美曰約計二十載婦曰欲媿留此許以小斗量入大斗量出小秤短尺買物大秤長尺賣物以塡昔年欺瞞之數才美欣然許諾聽其所爲其婦後生二子皆少年登第案此婦之賢能非常今士大夫所能及其言行足以爲家範蓋小本營生者皆肩挑背負以資饔飧耳凡買物當憐其苦不當抑其價况富不富豈在較錙銖而爭斗斛秤尺乎嘗見俛拾仰取者不旋踵其子孫列於穆市雖彼祖父善勾股求弦而其間傷天害理不淺矣

南昌張烈母尙氏嫁張來譽數年家蕩於火乃居野廟烈母生子女皆殤後舉一瞽女長無問名者咸豐乙卯夏來譽病歿烈母無所依遂挈其女赴水死時風雨橫暴竟夕鄰人一無所知也比曉則見屍赫然浮於水面乃知烈母死引而出之則下附一屍乃知女亦死兩屍皆繩束堅密不露其體入其室則見燈明破壁來譽之屍殮於牀乃知來譽先死而後母女相繼死也鄰人買三棺葬之莫不目送而泣云其鄰人黃湖山爲予言顚末似此從容赴死者雖男子亦罕烏可使其無傳焉

尹松溪參軍文光性孝友與予交四十年嘗過談以貧消
遣言其戚有走無常者一日乍醒遽問其家人曰吾鄰
外科某昨已死乎家人曰然曰吾於城隍廡下見鬼卒
拘某至堂城隍怒曰汝胸無墨汁旣以醫殺人更託名
教書而誤子弟命撻下予杖某曰小人雖行醫然從無
過而問津者因飢寒訓蒙度日自問生平所讀祇一部
四書故教菜傭輿夫之子弟彼亦圖省費所取修金每
人僅二千文若四書以上小人恐誤子弟亦不敢妄教
城隍色少紓顧判官取冊檢視至某首一行注云綿蠻

（讀作變）黃鳥城隍怒曰卽此應入畜道又檢視下一行注云如惡惡（皆讀作屋）臭如好好（皆讀上聲）色城隍笑曰二字如此讀試問作何解某曰此當讀爲四句言如其爲惡須如惡臭斯爲眞惡如爲好人須如美人斯爲眞好則善惡之意皆誠矣城隍曰然則後文惡而知其美者又作何解某曰此惡字當讀去聲蓋惡之爲物天下未有以爲美者城隍曰以此教人尙謂未誤人耶命罰作犬恣其食惡以償之某叩首曰生前因飲啖兼人中多痰火每當暑熱作喘甚苦願罰變牛望大王垂諒城隍詫問曰

此又何說對曰千家詩云赤日行天午不知惟牛能不受暑熱也城隍大笑令押回里中俾爲犢示警課徒者家人皆未信次日聞比鄰畜牛生犢往覘之果然戲呼其名犢輒昂首掉尾而鳴噫此輩生前課徒弄獐之字訛書伏臘之文誤讀縱轉輪爲犢爲聾爲瘂爲牨終亦体牛而已也

城隍必求其人以實之俗說也然乞聰明正直之靈以警覺聾瞶亦神道設教之意據至元嘉禾志稱上海縣城隍祀漢霍光據曹一士城隍頌序稱秦待制然最靈蹟

案順治十年海寇再犯總兵官王燝敗績民環而訴巡撫周國佐統兵至燝恐民暴其狀誣民盡通賊國佐不察虛實欲屠之將以旦下令矣是夕神降於廨朱袍象簡直視搖手者再國佐遂止康熙間民傭揚州除夕思母泣忽遇一舟挈之歸遺其傘元旦至廟焚香獲傘於神前雍正間令傅之銓罷官僑居一孫觀燈出游項飾銀鏁賊奪而殺之捕弗得祈於神祠夢授鮮李二傅告新令曰殺子孫者李二也繫而訊之果然其他神異多類此

光緒二十五年十二月二十四日　皇帝追維入繼之初
恭奉　皇太后懿旨俟生有皇子即承繼　穆宗毅皇
帝爲嗣續之人近因　聖躬尚未康復以統系重大懇
求　皇太后以多羅端郡王載漪之子溥儁承繼爲
穆宗毅皇帝之子將來以綿統緒按多羅端郡王乃
成皇帝之孫與　今上嫡堂兄弟也聞　皇嗣此時已
播垂休之譽他日必爲有福之君矣
光緒二十六年　上命　皇嗣大阿哥於正月二十七日
入學讀書以徐桐崇綺爲總師傅大內駐蹕宏德殿西

苑駐蹕萬善殿蓋欲成爲北闕之賢君必先養其東宮之至性也

仁和嚴行之先生少從軍曾言麻圖者副將慶成家人乾隆五十四年官兵與賊匪交鋒慶成奮勇殺賊其時槍礮如雨圖恐傷主挺身直前迎敵庇護爲鉛彈所中洞胸穿背而出猶僵立不退是蓋忠肝義膽結而成鐵石心腸者也先生故爲之立傳以愧天下後世之見危而忘其主者

孟子：女子生而願爲之有家誠以飲食男女人之大欲存

爲婢亦女也天下之最窮而無告者莫如鰥寡孤獨然此四民者即不幸猶不必其相兼若婢女較四民尤更慘然何也幼而賣身于我父母不能相顧非孤而何値應嫁之年而禁錮之使不得嫁非寡而何至老不嫁則終身無生子之理非獨而何以一人之身備歷其最窮亡人君子其可寞然罔覺悍然不顧而忍心害理乎況婢女長大情竇必開倘姦淫事發亦中冓貽羞禮記女子二十而嫁有故則二十三而嫁明以二十三爲最遲也凡婢女年將二十三歲者當思自己有子女宜設身

處地而想酌給嫁奩亟爲擇配之
小孤山在大江中危峯峭拔屹立中流與彭郎磯相對故東坡詩有舟中賈客莫漫狂小姑前年嫁彭郎之句往來詞人題咏夥矣而寫景者多寄情者少南昌倘宛甫銘有句云煙波萬頃畫模糊壁立誰知有小姑絕妙淩雲一枝筆可憐淪落在江湖情景兼到當爲此題絕唱又咸豐間髮逆踞梁小姑山淪爲賊砦彭雪琴尙書玉麟克復小孤有詩紀事云書生揮指戰船來江上旌旗一色開十萬雄師齊奏凱彭郎奪得小姑回亦巧合也

山東濰縣陳偉堂協揆官俊性質直官編修時宣廟尚在藩邸極荷優眷後歷宦途屢躓屢起有詩自遣云寄語百寮休側目九重曾結布衣歡年五旬即登揆席太夫人猶在堂也有詩自壽云更無朝士稱前輩故事翰林每稱前後輩禮惟入閣則衆以中堂尊之猶有慈親喚乳名嘉州惡習有中舉者其父以號呼之笑笑可謂極一時臣子遭逢之盛

衡陽縣志回雁峯傳爲雁至此而北故楊升庵夫人詩云雁飛曾不過衡陽錦字何由寄永昌又代州雁門關傳爲雁不能過拔燕山孫詩樵曾游衡陽雁門外見雁常

出入盍峯名回雁者言山之形勢耳雁門者言山高與雁齊耳並非不能過也

蛤介類長曰蚌圓曰蛤廣南謂蝦蟇亦曰蛤近有人所繪稻涼吠蛤圖竟寫蛤蚌纍纍此物焉能吠乎緣不知蝦蟇亦稱蛤也

秋雨庵隨筆載鶴卵生鸕鷀胎生詢訪老漁答云鸕鷀實孕卵羽翼成時入水捕魚以先得鯉者爲貴乃知二者皆非胎禽

滕縣志山谷産石蛤形似蟾蜍泉石清涼處有之性智而

譎常反臥於溪邊山鷄見之誤以爲死啄之輒以四足抱鷄頭沉水中俟鷄腐蚊蟻交嘬乃伏其旁以食蟲其機狡如此

粤西柳州府志有鳥名秋風者七八月間土人以利器巡於江涘時有魚躍岸數跳即化爲鳥獲之烹食至美又岑溪產東風菜味亦佳潯梧地方又有東風鳥春時入水化魚此三物亦別處所無也

緣木求魚歎爲難得然粤西茘浦有名狗魚者巨口無鱗四足雙脊能升木食果（嘉州銅江產孩兒魚與此魚大同小異）冬煖臥樹

負暄涎出黏身每為人所獲烹食味似鰣鰱可見宇宙之大物類甚蕃不可謂必無其事也

昔六祖講經於仁化山中附近處產菇名南華茹粵西賀縣亦有之俗名蘭花菇某令宰賀縣時中丞按部過縣詢其地有土娼否某誤以為土產遽答曰有詢何名曰蘭花菇中丞正色曰曷弗逐之某始悟座客為之胡盧中丞亦笑蓋三字實似妓之美名也此可與製魚鰕鮺同一笑柄

玉堂閒話上元夜豎一丈竿於庭中候月正其影至七尺

大稔六尺八尺小稔九尺一丈有水五尺旱三尺大旱
正月一日於牛屋下驗牛俱臥則五穀不熟牛半臥半起
歲中平牛俱立則豐收見玉堂閒話春甲子日雨多旱
秋甲子日雨多水見農呧記
續述征記堯卽位至晉永嘉三年二千七百二十有一載
記於堯碑案堯卽位甲辰晉武帝泰始元年乙酉去嘉
卽位二千七百二年泰始二十年甲辰是爲二千七百
二十有一年懷帝永嘉三年己巳則二千七百四十六
年堯碑誤矣

邵氏經世書堯得天地之中數蓋堯時當乾之九五值十二萬九千六百年之中故謂中數也

河圖括地象曰八極之廣東西二億三萬三千里南北二億三萬一千五百里夏禹所治四海內地東西二十萬二千里南北二萬六千里案地理如山海經管子淮南子所云皆妄臆揣度自海禁宏開西儒至中國出其游歷所著地理考縷析條分與輿圖者奉為繩尺矣

左傳正義引世本舜姓姚氏至胡公周賜姓嬀以為賜姓自周始按史記舜居嬀汭其後因姓嬀氏胡公之為嬀

非同賜姓也

賜國姓始於漢高祖以婁敬賜姓劉其後至唐賜徐世勣姓李宋賜夏元昊姓趙一與一奪受之去之又何有爲輕重乎

歸安孫少甫太守汝鏞言同治辛未五月十二日自嘉興至青浦俱遭大風兼以冰雹小者如椀大者如鉢禾稼牲畜樹木屋廬損壞無算嘉善有兩農夫在田割草爲風吹去竟無蹤跡亦罕事也於是說者謂人事變於下天象變於上修省恐懼可以轉災沴爲休祥齊景善言

彗星退舍高宗修德雊雉無聲前事之效亦後世之師也

乾州韓午山大令養正居官操履峻潔管鹾局嘗過談言其鄉人鍾文斗性純孝回匪跳梁時鍾負母而逃至某鄉遇盜奪其囊母不與盜怒將殺之鍾泣而求代並舍之鄰失火延母寢母病方劇不能動鍾號痛呼天反風火息刲股以進弗瘳常譫語有二乞丐噭啼門外聞其互相問答曰凡譫語者皆心爲痰所迷應用鮮豬心將辰砂一錢甘遂二錢合研爲末納豬心中外用竿叢燬

熟取出藥末作兩丸再將豬心煮汁和丸吞下即愈鱷聽之了了然出戶而視無影無踪矣當依法製而服之越夜其母自下床噉飯此由純孝足以格盜而感神也

粵西南大泗鎮諸府土人多畜蠱行人中之輒死泗城山中產避蠱木其色黑製以爲箸行路攜之飲食有毒皆可避又有蠱箭能射人觸之尤劇身佩金玉則不能近此皆物理相尅人不可解者也唐靜齋由粵西解組旋里贈予避蠱箸似烏木

爕爲陳篠石優貢煥奎由京旋里有族人官上海篠石性風雅工書詩文儁朗過上海族人留居半年始抵家咸

豐己未滇匪跳梁遷居嘉州嘗過談言上海有王三和尚身長有殊力習腐業會游兵掠食至王處索豆漿飲王佯諾徐手舉大石缸角水至岸側令兵運進羣不能動相戒毋犯又有假夷名目搶奪臨去挾土人負輜重王在派中至河濱始瞋目向夷曰爾輩能以力勝我則畀爾物否則死夷大譁而前王捽其魁入水以次七八人健者畧盡羣夷奔逃由是王三和尚名大著死後墳毀人見其髏骨爲獨骨云

何文卿中舍燦性誠篤精岐黃術王潤齋太守素無恙一

曰怨神恩有異晚而歌笑不節文卿曰此陰火乘肝晚動也投藥兩劑遂愈某幕病喉甚危急文卿覓地虱七八枚裹紙條內熬酒醋蘸而攪之出痰如飴即能食尹松溪病暑醫人用薑附文卿後至診其脈曰此陽氣不能流暢薑附勿輕用其兄謂醫人宜補虛文卿曰世有不先治病而即補虛之理乎有頃刻得病頃刻即虛之人乎改用辛涼發散以宣通之遂愈文卿視疾外足不出戶手不釋卷此其好學深思識有人所不能及者故能洞徹病情而投劑多效

毛小梧方伯震壽解組閒居其哲嗣季彤刺史隆恩綜理嘉州貨釐迎方伯至局頤養方伯布袍蔬食有如疏大夫之歸故里日召予談畸人異士嘗言寶山姚蒙字以正善醫尤精太素脈都御史鄒來學總督江南至途忽病召蒙療治鄒即引手令診蒙卻不前鄒悟呼座坐之診視畢蒙曰根器上別有一竅出汚水鄒大驚曰汝何由知之蒙曰以脈得之左關脈滑而緩肝第四葉有漏通下故也鄒始改容謝之乃求藥蒙曰不須藥至南京即愈以手策之曰十二日可到鄒解其意即行果十二

晨抵南京而卒蒙臨終作謝世詞警悟超脫蓋有所見
云
嘉州貨釐因官吏搜括遠近怨嗟同治丙寅蒲節後一日
匪徒毀局焚卡甚至罷市七十日駱宮保以史公叔平
觀察（致康）守嘉有惠政委其查辦忽染疾醫用桂附子
疑之暫止其勿飲約陳篠石廣文同往酌之篠石診脈
畢問頭疼乎曰疼問身熱乎曰熱篠石曰太陰病頭不
疼身不熱少陰病有發熱而無頭疼厥陰病有頭疼而
無發熱凡頭疼身熱是陽證若投桂附是猶助燄揚波

矣用大柴胡湯而愈時埠市病霍亂且轉筋某醫又以桂附治愈一顯者名大噪篠石嘆曰霍亂之屬熱者主病之常也衆之所同也霍亂之屬寒者他氣之逆也人之所獨也若槩投桂附誤人不淺耳後果服熱藥狂斃者多多某醫逃匿鄉村可見篠石所言不謬附錄之以爲醫家病家兩鑒焉

遵義蹇子振太守詵性瀟洒與人交始終無間曾游歷日本言其山川清秀尊崇儒術但君相多媚佛求福稍遇變故即祝髮空門以求脫罪此其弊也且士庶輕性命

若鴻毛犯法者往往剖腹自殺平居男女無別廉恥不勵近年日皇整飭圖治不因循苟且俗尙民風與从前大相徑庭至於任豪俠競智巧凡歐洲器藝制度輪船槍礮火車水雷莫不倣造焉於是風氣大開靈慧漸闢兼以輕徭薄賦務農恤商是尤可取者爾若文字兼通中國自唐以來不乏騷人墨客書籍汗牛充棟其國史而堪資考證者在羣經治要歐陽文忠公云徐福行時書未焚則日本所得當在秦火之先如七經考文佚存叢書皇侃論語皆中國不傳之本不獨可供異聞而已

矣

美國學生以得入大學院爲榮蓋論賢才不分門第下至編戶細氓果有學問皆可應考入選惟東境各大學中不甚見孤寒之子弟則緣入學鼓篋非貧家之父母所能供給凡幼童在塾將成立須助父兄以食力幸有鉅富特裒鉅欵坐收歲息專供貧家聰穎子弟之脩脯以廣培植人才之盛舉（中國富者於宗族子弟亦無此舉何况異姓）是以東境子弟往往多从學若夫西南各邦人不分等級家不論貧富皆以負笈無貲爲慮於是富室又通融辦理凡有

材甚造就家務窘迫則於一年中使其讀書九月營業三月而以其三月之所獲供九月之所需甚至有以一人之身而教讀半年讀書半年者此中人材輩出屈計四十年來竟得兩民主焉美國又名合衆國嘉慶時分三十六邦近年尤多趨附有四十五邦乃民主之國若品行端慤衆舉爲民主滿四年易位倘仁恕惠愛衆又留四年學之益人大矣哉近來美國富家不辭山遙水遠爭遣其子弟肄業於著名之書院以其出身太學爲榮造詣愈精則揩級愈崇體面愈大父兄期望千人一心也其課程不重咀文嚼字先植其根柢再定其趨向或經學算學光學

化學汽學醫學以及推步輿圖格致性理各有教習務
求研覃淵邃凡敷衍支離者禁之
西人昔日訓徒惟以熟讀爲主溫習時如瓶瀉水近則多
用講論一日三次必尋其脈絡區其畛域學生皆以筆
記並不背誦師問弟答說出其旨趣若徒熟而不悟無
所用之也華人正坐此弊有時先生口作一論學生操筆聽之
隨聽隨記日後此論成書先生執書考問以覘其悟否
較之呆讀死書者不可同日語矣予友王紫詮瀛歷外
洋八九年回中國來蜀訪親晤予備述之

順治時有少婦與翁姑同居姑妬甚屢以新臺疑翁思有以試之一日薄暮婦織窗下姑竊翁衣巾服之儼然翁矣突至婦後偎婦面婦大怒齧落一耳姑負痛掩面走稱疾匿牀間婦信以爲翁也持耳奔訴兄兄以翁素端謹未信至晚婦怨恨雉經兄乃僞訪翁見雙耳宛然告以故曰此必我姑婦所爲遂偕入室登榻去被耳亡其一矣聞於官官曰衊翁之行不義疑婦之姦不慈致媳之死不仁竟擬辟見尊鄉贅筆

婦人僞爲男子者人知有木蘭黃崇嘏耳國初上海浦東

有呂某者其妻被擄呂鰥居後十五年忽一雄健丈夫腰弓乘馬至其家索酒食問呂何姓室何氏外父何名一一告之其人抱頸而哭曰我即爾室也關山遼隔靡日不思近奉　旨尋夫乃得歸隨解囊中五百金付呂作生計此順治十五年己亥事見五茸志逸

松江吳某官陝西知縣有富人犯法故重入其罪其人百計訴哀初亦佯許卒殺之抄其產以入囊橐富人有一子十餘歲併沒爲奴後吳年老罷歸有戚開府東省時吳年七十矣齎金詣戚爲起官計富人之子已偉然一

丈夫性恭謹吳亦愛之至中道不辭而去一夕吳解鞍憇荒店中見其人率壯士三十餘輩皆以絳帕抹額斬關入此吳跪面數彼揑造案情籍沒田房變價匿銀二萬有奇吳叩頭乞憐諸奴亦環伏號泣願以輦金進殊不顧揮刃斷其首懸鞍旁呼嘯上馬而去諸奴載屍踉蹌歸家人結草爲首以殮之此康熙庚申仲秋事也見尊鄉贊筆夫父仇原不共戴天乃能韜晦二十餘年屈身忍辱獲雪大恥非智勇兼濟者能如是乎雖史書所稱何以加焉惜未詳其姓名云同治末年某官訊土司案亦故重入其罪

籍沒家產隱匿釁器越十年
忽見土司來索命遂狂死
滿洲富建侯少尉勛性清貞介然自守詩尤麗藻出入梅
村竹垞間其尊甫雲龕大令精輿地學嘗約陳香圃二
尹國珍過談謂後漢書夫餘國北有弱水晉書挹婁國
北極弱水唐書以附會部爲弱水州是艮維所屬烏集
之地古有弱水今吉林黑龍江皆無此名國朝胡渭禹
貢錐指疑艮維之弱水卽今甘州府居延之弱水不知
水有同名而地異者胡渭未免移東就西矣按所謂弱
水卽今所謂哈湯也寗古塔紀畧曰寗古塔東京四十

堅冬則氷雪丈餘深夏則有哈湯數百里俱是泥淖其
深不測黑龍江外紀所載相同按此哈湯之源皆出於
窩集葢吉林黑龍之境東抵海北抵俄羅斯一帶皆叢
林密樹鱗次櫛比號爲樹海廣袤五六千里東方屬甲
乙木故有此大林也人迹不至陽景罕曜落葉積數尺
許雨水皆不能流盡爲泥淖入者必陷疑於不能載物
故唐書晉書後漢書稱弱水非別有一水謂之弱水也
雲龕大令詳考如此錄之以備覽觀云

道光間英人擾江浙總兵王錫朋葛雲飛鄭國鴻謝朝恩

死定海竹山門當時四鎮威德洽而紀律嚴父老皆以爲長城之倚奈調兵請餉動輙掣肘所以力竭身殉至今談者猶下淚兼以朝廷諸大臣尤多柔懦意主和息於是敵益狂狡有士人賦詩紀事云海外方求戰朝端竟議和將軍伊里布宰相穆彰阿直筆敘述不惡而嚴矣

道光壬寅西人陷京口金陵戒嚴　上命以在籍紳士蔡友石太僕世松周石生方伯開麒湯都督貽汾協力守禦蔡周皆耆臣宿望湯尤說禮敦詩洞諳韜畧咨諏知稽

備遂退去渴被　命日有寄二公詩云同是　深恩難報答寸心早把死生除其後粤匪跳梁上書大府道守江之策不用城破挈孫投水死舍生取義卒踐前言嗚呼偉矣湯公謚貞愍工詩尤善畫花卉簡淡超脫筆無滯機

聖祖大縱多能藝事無一不學亦無一不精　幾暇作畫賜羣臣今海內舊家尚有寶守者時滿洲參領唐岱號靜巖工山水嘗召入　內廷論畫法因　御賜畫狀元見胡學士敬　國朝畫舫錄

六朝金粉之遺秖賸秦淮一灣水逮明季馬湘蘭李香君輩出風情色藝傾動才流迄今讀板橋之記書舫之錄紙墨間猶留馨逸自兵燹以來而一片懽場又復鞠爲茂草矣金陵克復後數月畫船簫鼓漸次萌芽時涂廉訪守郡嚴禁之次日謁曾文正公公笑謂曰聞淮河燈船尚落落如曙星吾昔計偕過此千艘梭織笙歌徹宵洵承平樂事也又次日公約幕府諸君買棹游覽並命江甯上元二邑設席款太守一時士女懽聲商賈麕集河干榛莽之區自茲紅粟日益繁盛寓公土著聞信來

歸逺大有丰昌氣象公眞知政體哉

乾隆壬寅　諭文淵閣新藏四庫全書自四月四日始每

冊用　御寶二前曰文淵閣寶後曰乾隆御覽之寶

王漁洋先生晚年名益高海內人訪先生者率不相值惟

於慈仁寺書攤訪之則無不見案京師書攤今設琉璃

廠火神廟謂之廟市攷康熙朝諸公皆稱慈仁寺買書

且長年有書攤不似今之廟市僅新春半月也

穆宗毅皇帝　大政親裁日乾夕惕庫藏苛蠹竭之慮修

攘鮮倚毗之人　幾務過勞診裁偶會是以　堯腊禹

將丰采消鑠於同治十三年十二月初五日　鼎湖弓劍竟棄臣民八音遏密矣時御史有請治罪　御醫李德立及嚴懲近侍者然保傅大臣備位尸素不克分君父之憂何能卸責至於方技小官奔走執御何足道哉何足道哉

八旗子弟爲我　朝豐沛舊人自其祖從龍以來鬬士斬刜聲烈烜赫莫不在綠營上嘉道以後威望稍損矣然平定髮逆捻匪雖滿營騎射用違其長而若武壯公烏蘭泰忠武公塔齊布忠勇公多隆阿副都統伊興額將

輯都與阿諸公忠貞樸勁屢挫狂寇櫛風沐雨始終戎
幕實不愧兔罝材武之選豐鎬故家之遺至於直省駐
防殉節如林其最著者咸豐三年二月賊竄金陵將軍
忠勇公宗室祥厚副都統果毅公霍隆武相持兩晝夜
巷戰捐軀十年二月杭州淪没將軍忠勇公瑞昌副都
統果毅公傑純死守滿城六日卒復省垣十一年十一
月全浙糜爛杭州再失二公尚堅持四日而後殉節滿
城婦人稚子無一偷生草間者忠義之氣上耀三光下
垂百世亦足見　聖祖神宗股肱臣僕之報已

潘文恭公幼年應縣考端坐試席風度凝重吳縣令李逢春異之因命對云范文正以天下自任公應聲曰韓昌黎爲百世之師夫文正昌黎後世殊難追逐然公爲童子時遂如此口氣則已安排作狀元宰相矣

明史稿本實出萬季野先生斯同而華亭王氏攘之承學之士無不知其源委矣先生在史局周旋顯宦閒不肯稍自貶抑而科甲中人以其是布衣初輕之先生凡題刺則曰布衣萬斯同近世不論學問祇論科甲縱駈雲作采暘月成吟若是布衣所作亦之淡如也倘狀會所作無不濃圈密點或枯木寒鴉必曰非老手不能如是或打油市諢又曰趣時不得不錄

豈知學問是學問科甲是科甲非有學問盡得科甲也亦非得科甲盡有學問也其會坐則攝衣登首席岸然以賓師自居故督師之媚人方居要津請先生少覽假先生噤不答不事王侯高尚其志有運餉官邏賊走死山谷其孫懷白金請附忠義傳先生曰將陳壽我乎斥去之足徵操行奇卓不僅以文章藻耀振起門第也

葉洮字金城青浦人胸有邱壑　大內暢春園一樹一石皆其布置卒於都　朝廷特給內帑賻之

同治間李伯相奏設鏃廠機器局一切軍械皆仿西洋製

造遂改劈山礮隊爲開花礮隊擡槍小槍隊爲洋槍隊從此火器之利與西人共之自沈文肅公爲船政大臣仿西洋製造輪船從此江海之利亦與西人共之論今日時政必欲事事效法歐洲如康有爲等輩用夷變夏此武靈胡服伊川野祭之兆誠爲無識若謂洋槍輪船徒耗貲財則是褦襶子不曉事也

順治十四年丁酉順天鄉試與大獄緣給事中任克溥奏同考官李振鄴張我璞時有張千李萬之謠受科臣陸貽吉及博士蔡元禧進士項紹芳賄中田耕鄔作霖舉人俱奉

旨七人立斬家產籍沒父母兄弟妻子流徙尚陽堡餘
被流徙者二十五人正考官庶子曹本榮副考官中允
宋之繩失察各降五級
順治十四年江南科場興大獄尤甚緣書肆刊万金記傳
奇以方除一點爲万錢去二戈爲金指兩主考姓禁中聞之世祖大怒命將
主考侍講方猶檢討錢開宗房考李上林商顯仁葉楚
槐錢文燦周霖張晉朱蓀李祥光田俊民李大升龔勳
郝維訓朱建寅王國禎盧鑄鼎雷震生俱駢戮於市蓋
愼重制科法律嚴峻亦國朝家法然也但自同光以

來弊竇叢生而入闈有帶庖夫者有帶贓獲者有帶槍手者有不帶槍手此寫彼卷彼寫此卷者有槍手僑寓養鴿家借鴿傳題文成繕畢候放棚賄役救卷者似此鬼蜮變幻恐物極必反則丁酉南北大獄復見於今日耳

憑花館瑣筆卷九

嘉州 鍾琦 洎農

道光十八年己亥冬林公欽差則徐至粵查辦煙土嚴飭該國夷官義律勒繳煙土二萬二千三百箱令寫不賣煙土甘結夷官不肯具遂逐出澳門將煙土同石灰涵雜潑以水火光煒焜爁燏烝成煙燍候潮至而滌洗又隨潮流入海中兩月焚始畢不留泥滓意欲除惡務盡然此舉過於激烈耳夫季郈之甲起于鬭鷄吳楚之師由于採桑案英夷煙土每箱裝兩滿每滿重六十棒每

棒十二兩合內地稱一箱百斤有奇約値銀九百員以二萬二千三百箱核算共値銀二千萬員有奇似此巨欵豈關鷄採桑可比所恐怨毒必深焰飈必發也

道光十九年春府尹曾望顔粵東人具疏請無論何國槩絕通商無論大小漁船槩禁出洋案行兵要道必先散黨羽而散黨羽必撫恤內地人民不使爲敵所用然後以夷制夷以夷間夷庶辦理不致紛棼若槩絕通商轉恐米利堅普魯士佛蘭西各國合爲一黨聯爲一氣所以

欽差見及此具奏駁之不然豈惟英夷與我爲讎則

各國亦與我爲敵豈惟各國與我爲敵而粵人以海養
生槩禁出洋則漁船及蜑戶亦與我爲敵逼彼成犄角
之勢使我有掣肘之虞曾京兆此策是猶救火以油消
雪以霜也
道光二十年春英人入寇羽檄告警　詔以協揆伊莘農
由京率諸鎮進討陳師蛟川初英人據我舟山有番船
過餘姚爲我軍俘其男婦數十人公命善待之英人感
激請還定海土地以贖男婦公奏准英人如約挂帆而
去裕制軍謙具奏協揆久無功　朝命即以制軍代泊

抵浙境聞定海已復意不懌因遷怒於葛公雲飛鄭公國鴻王公錫朋凡營務不無挑剔三鎮亦知制軍公忠惟性猜忌姑不與爭焉會議竹山門請築礮臺以聯臂指制軍不允八月十一日夷船鼓浪直上王公出禦郎颺去十二日攻竹山門葛公以礮一斷其桅一損其船遂踉蹌遠遁十三日攻威遠土城亦爲鄭公所敗十五日偷渡曉峯嶺水陸並舉王公葛公據險痰擊傷斃無算鏖戰至六時之久敵甫敗走十六日以巨艦懸礮於檣冀轟除嶺壘自辰至午鉛彈如雨土城中屋瓦盡

死傷相枕而鄭公畢命同力英人不得逞其志眞不啻張巡之守睢陽焉十七日忽犯東江浦適風雨泥深難没彼此不能策應兵力單弱援軍久未至鄭公戰死於曉峯嶺葛公王公亦同時授命是役也三鎮以孤軍二千餘人血戰六晝夜兼以風雨大作帷幕飄零內防危堞外扞凶鋒猶復斬將搴旗同心敵愾向非平日曉之以大義結之以厚恩其能如是之奮勇勞瘁哉至曉峯嶺士卒尤堪矜憫當其設伏山巔不解甲胄手張雨蓋袖藏火繩而聞警即出非特休息無時即尋食亦有不

服眞可謂誓死之師拚命之旅矣所未解者裕公以兵
勇置於海隘旣不救援復不偵探直至三鎭捐軀四郊
多壘防不勝防堵不勝堵復爲伊協揆恥笑雖曰天意
亦人事之未善也三鎭忠勛有 國史在無待草茅表
彰

道光二十一年四月一日廣東天字礮臺失守奕山奕經
等爲 欽差大臣恐省城淪陷遣余知府與夷官義律
議和索銀六百萬員柢解省城圍未幾破虎門鎭海寗
波提督關天培祥福先後陣亡參贊楊芳奏聞琦 欽

差善鎖逮晉京林制軍則徐降卿銜而接督篆者某大
臣置國計軍情於不問惟俟機緣以議和耳其伎倆總
是銷剛為柔刓方為圓以啟陵遲不振之患而已時英
夷雖解省城圍而在鄉焚淫擄掠粵人憤懣知官兵恇
怯約集團勇於三元里要隘設伏斬首七百八十級礮
其渠帥伯麥副帥畢霞兩帥皆該國號將並為粵人所殪諸夷奪氣自軍興以來未有
如此大捷而義律竟成阱獸釜魚再三遣役告急某大員而
大員失此機緣不言後事惟派官兵護送義律回舟假
以餘息縱彼凶鋒是猶涓涓不遏終變桑田燄燄靡除

卒燎原野也

英夷陷定海陳公蓮峯軍門化成聞警親駐吳淞修築礮臺以資守禦晝瞭宵巡無寒暑間者凡三載道光二十二年四月乍浦陷五月初一日夷船駛進吳淞口牛制軍鑑駐防東礮臺陳公駐防西礮臺初五日制軍見帆檣蔽海鼓角震天密同叅將陳平川籌商退路初八日陳公與英夷對壘轟擊三時許英夷受創甚深故有不畏江南百萬兵祗畏江南陳化成之語遂舉大礮於梔杪連發之鉛彈如雨牛制軍飛令叅將王志元赴援揄

志元遷遁志元走避松江旋以病歿有劾其坐視上海
之破不出一兵者奉　旨革去生前官銜並查其子孫有功名者不准應考出仕江南人快之牛制軍見敵勢大遣人邀陳
公同避被陳公叱去知無策應解印綬遣人齎至松江
府收存仍秉旗督戰血涔涔沾袍襟尚殺三四人未幾
聲漸微乃北面再拜而絕命同時戰歿者守備常印福
千總錢金玉把總龔鰲增等有武進士劉國標奪公屍
匿蘆葦中越十二日殮于嘉定城面如生
道光二十二年五月朔英夷將竄松江監司邑宰各買一
舟備走路上海典史楊君慶恩見縣令諷以大義令曰

諸泊吳淞失守各官皆逃遁君頓足歎恨呼扁舟至中流躍入水死敵破鎭海縣丞李向陽亦殉難有士人賦詩末句云如何爲國捐軀者秖是聾丞醉尉多未秩微員赫然忠義誰謂峨松射鴨中無豪傑士歟

道光二十二年六月二十八日敵逼金陵幸其酋璞鼎查適奉該國女主諭但得他省通商不必再索兵餉伊華農大臣遂遣張喜至夷船將欵議成除償煙銀二千一百萬員外給澳門一島并通商五口奏聞蒙　皇上軫念生民體崇柔遠特允所求以示光昭大度也案噢門

乃海疆扼要所以自保而制敵者雖蕞爾彈丸得之則强失之則弱英人深謀蓄慮以圖者久矣非我族類介處腹心是猶延盜於門養虎於室未有不遭刼奪吞噬者此番軍務固由焚煙肇禍然責成林鄧兩制軍始終辦理其鴻才碩畫必能收桑榆之效迨林去粵而鄧去浙遂敗壞決裂盡接篆諸君子非畏縮而即浮躁始焉某大臣不講守而惟款況不款於未失天字礮臺可款之日而惟款於凶鋒圍城必不可款之日繼焉某欽差亦不講守而浪戰況不戰於團勇殪其渠帥可戰之時

而浪戰於新募未練聽其翼長言以新募出隊大喪銳氣必不可戰之時
後焉某制軍更不講守而竟走況不走於要隘鎮江可
守之地而竟走於無備金陵必不可守之地措置乖方
安得不啟銀豹之狂釀銅人之患哉
大吏與英議和始允江蘇之上海福建之廈門浙江之甯
波廣東之澳門準其番船交易繼而得隴望蜀又欲福
州馬頭時梁茝林中丞章鉅引疾旋里致書於劉次白
撫軍鴻翱云閣下以此事頂奏求順夷情則某所不解
也試問夷情重乎民情重乎前次議和乃我　皇上順

民情以順夷情今請添馬頭乃閣下之拂民情以順夷情夫江浙廣每省秖准設一馬頭而閩獨必添一馬頭以媚夷此何説以處之且上海廈門寧波澳門本爲番舶埠市而福州則從開國以來並無此舉今以亘古未聞之事而爲奉承英人强率吾閩數十萬戸商民必與上海廈門寧波澳門一律辦理於國計民生政體均所未安此又何説以處之況瀕海馬頭不一而足倘該夷援福州之例於山東索登州於直隸索天津於盛京索錦州則槩將惟命是聽乎又外番如英者亦不一而足

倘各外番並援英之例亦於濱海各省請分設馬頭則又將惟命是聽乎此局若成其弊有不可殫述者願閣下合城鄉官紳從長籌畫極力挽回使英人知中國不可以非理妄干並免異日以盧龍之責歸咎於當時之大吏及士大夫也劉撫軍弗聽仍許之於是英人入省城佔據烏石山之積翠寺設牙旗鼓角於街市肆行無忌闔閭驚惶官吏恇怯悔之晚矣梁中丞原書聯篇累牘茲摘錄之

中國償還英國煙價並軍費商欠共銀二千一百萬圓王

寅交銀六百萬圓下欠限期於癸卯甲辰乙巳完清償
逾限期則酌定每年每百圓加息五圓案每百圓加息
五圓亦屬平允我中國軍糈支絀時何不援此例與歐
洲借貸以免滋弊叢生光緒二十四年戶部來文飭各
州縣借貸商賈每年每百兩加息五兩名曰昭信票不
久則止者秖因官紳假朝廷之德威肥身家之囊橐陽
爲勸導陰肆婪貪未解應急之效反啟訐訟之源蓋國
家建一籌欵州縣即增一擅途州縣增一擅途閭閻即
多一大毒故巴東川西幾幾乎糾衆激變也則昭信二

字又成笑柄我中國若倣效西法凡事踐言不朝令夕改創設銀號如上海滙豐行君民可以通融彼此可應緩急遂不向歐洲呼助將伯矣

英夷擾粵由梧州運大礮自一千斤至三千斤凡四十尊解往協濟皆經奏明令事平仍還各處其後或失於賊或沈於海陳蓮峯軍門化成查演吳淞大礮百十尊又開鑄百十尊不久亦盡歸烏有自軍興以來各省開鑄大礮統計三千二百尊虎門厦門定海鎮海寶山甯波鎮江之陷每處失礮三四百尊爲夷船所得者共一

千六百三十尊厦門之戰我軍開礮數百僅一礮中其火藥艙大艘沉海夷船始退是數百礮僅得一礮之力也定海之戰葛總兵 雲飛 開礮數日僅一次中其火輪頭桅即欹側遠竄亦數百礮僅得一礮之力也世俗每誇夷礮非我中國所能及但使礮發能中則我礮亦足破夷如發而不中即夷礮亦成虛器夷艘及火輪船多不過百十大小杉板船亦不過百十但使我軍開數百礮內有數十礮能中即可傷其數十船尚何夷礮之足畏如發而不中則虎門所購夷礮二百尊其大有至九

千斤者何以一船未傷一礮未中是知礮不在大亦不在多並不在專仿洋礮之式也又夷船之先聲奪人者莫如桅頂之飛礮彼揄陷廈門寶山皆由於此其火光迸射二三丈特以攻敵則不足用以驚敵則有餘故統兵者先潰而衆無不潰矣此孟子所謂委而去之者近年各營皆坐此病則又何我礮彼礮之分乎

予族兄花農比部爲參贊大臣文公隨員道光二十二年粵省軍務告竣次年來蜀查對解款下榻自怡園曾言余宮保步雲因臨陣脫逃去冬處決夫人臣爲將當如

馬伏波之以革裹屍否則李淮臨靴中之刀可以遂志而乃脫逃以迄於死死於法不死於敗爲此公惜也花農又言英夷踞鄞縣掠殺耕牛一酋方屠牛忽一牛突起角出酋腸血淥淥倒地羣酋奔救皆受創乃施槍礮牛始斃陷乍浦時一酋乘中國馬萃衆竄海鹽至白沃廟馬忽顛酋墜酋故趫捷再騰上再墜酋將復起馬亟反身踞酋腹舉蹄擊酋死馬乃狂奔羣酋駭散海鹽始獲全嗚呼誠不愧已凡物同類者必相暱異類者必相仇相暱者媚之惟恐其不懽相仇者殘之惟恐其不力

是一牛一馬觸犬羊之羶穢不能須臾暫忍忘軀舍命以與之爭衡若余宮保壯年亦有名驍將何以衰歲如此恇怯以至身敗名裂尚不及披毛戴角之牛馬令人稱異焉故曰爲此公惜也

葉崑臣制軍殁輓之者曲辭固非所宜直書又難得體故落墨殊未易也惟華樵雲觀察陳蘭甫孝廉二聯措詞兩得其當華云身依十載春風不堪回首目斷萬重滄海何處招魂陳云公道在人心雖然十載深恩難禁雪涕靈魂歸海角想見一腔孤憤化作風濤橐籥督亢

咸豐六年夏派弁至香港摻緝海賊將英之水手舵工掠究六七人其酋再三索賠葉剛愎淺躁不答之當時索賠不過數萬銀可以了息越三月其酋率眾突據省城將葉擄往印度予族姪通門以縣丞在粵候補是日見葉督於船頭坐候箱籠衾裯若爾時乘機投海其死重於泰山乃全軀是[illegible]至今尤[illegible]悵令人京外皆禁口卷舌噤聽自然惟恐言之不善而蒙禍之不測迨接篆大員遠居佛山鎮八年英夷又突據天津當道因防禦未周至始許增埠賠銀迫英夷退回香港遂主戰而變和局但當戰於未和之先而不當戰於既和之後蓋廣有所欲甯難之於初不可

悔之於終難於初彼自見理而止悔於終彼反得歸由於我也九年英夷以爽約詰問本意尚非與師其艦過北河爲伏兵所敗死者三百七十人頭目二水師船長一昧於國是者以爲小懲大戒動色相慶不知其心則忠其意則快而未爲國家計安危也夫惟能措已於安而後能制敵於危此次倖勝乘其無備而擊之豈國家之福哉果然十年彼率衆焚毁　淀園淪陷　神京當其誘戰時造厚玻璃罩葉於內置船頭以示辱僧大臣以千里鏡睎之葉雖踟跌而坐其性已迷命開巨礮轟

擊葉始墜于海此番軍務因其不忍小忿而釀巨禍雖死不足以蔽其辜矣

中國與歐洲通商從未聞有振興商務者自光緒二十一年與日本立約開埠始皇皇然岌岌然内外臣工咸請振興商務於是蘇州設商務局以陸鳳石大司成主持之潤庠江蘇元和縣人甲戌狀元前官國子監祭酒丁憂在籍崇效西法集股用其門生綜理又詢訪於西人西人曰歐洲商務大臣皆用貿易中人君堅委士子恐其隔閡陸公曰吾門生皆有學力爲文謹嚴豈有不能爲商務乎西人笑曰士商之

別判若天淵義利之分懸如庭徑雖孔門高弟亦有工於貨殖者然三千七十中僅一端木耳執此意以圖振興是猶詢旭日於矇叟訪韶音於聾人也弗聽甫辦八十日該輩侵蝕一萬有奇陸公始恇怯欲於集股內減本折算以資挹注西人聞而止之曰此舉崇效歐洲不知歐洲之善歸本於信效其法而不效其信有是理乎況公乃祭酒爲天下師教忠教孝尤當教人以信今先食言則從此集股者必趦趄不前且出貲本者能不聚怨囂囂騰謗籍籍乎陸公無計照前意而試之果然爲

究罵詈貽笑柄於鄉關辱清名於經紀也

多食則氣滯多睡則神昏養生家所忌也博物志云所食愈少心愈開年愈益所食愈多心愈塞年愈損孫真人千金方云口中言少心內事少腹裏食少枕上睡少似此調養神仙訣了此皆古人閱歷見道之言嘉慶間戴公可亭文端公年八十餘風采步履同寅視如六十許人自言每日黎明起但食精粥一大蠱（方言椀也）人乳一大鍾午餐亦如是梁茝林中丞問曰即此已飽乎公曰豈可過飽乎黃公左田尚書自言直樞廷四十年每日黎

明起不以爲苦惟亥子二時得睡足耳而黎明視奏章不用燈光其目力遠勝少年輩後以八十乞退在家臥至日上三竿而兩眼驟昏矣梁茝林中丞亦少眠食如兩公高壽不用杖尙踆踆而行以予而論每飯不過一椀睡不過兩時生平無疾無痰今八十三歲不用靉靆夜間尙能閱蠅頭小字戚誼潘虛齋唐華國亦然以此印證可見古人所云信而有徵矣

吳郡王紫詮廣文韜咸豐間避禍游滬生平卓犖篤學適人在圓通寺結社賦詩與予往來莫逆曾言羊城麥氏

有潛芳園其園未建時前後左右係小民比櫛而居者麥氏恃其勢力巧取豪奪盡爲所有鳩工庀材夫與土木於是潛芳園遂以構成園內風亭月榭竹嶼花源中有大池通小橋曲港士庶以扁舟載酒借宴客粉白黛綠競來游玩麥氏顧而樂之以爲此乃菟裘將老是中矣不意忽病病且癲癲且狂呼以覇據貧居自詈自詆醫藥罔效竟棄此園而卒計自築園至歿僅二年三月耳耗費金錢七萬有奇其子嗜賭即將此園典質別姓樓臺易主景物已非盛衰何常悲愉轉轂嗚呼豪強者

是亦可以鑒矣

凡山有礦者其山必氣脈豐厚來龍落穴左環右繞與別山形勢不同一山有礦十山有引苗若中央有礦四面八方皆有引苗須向正中央道而攻採之其穴有黃（名鷄蛋黃）紅（名紅琉）黑（名龍骨泥）白（名耳巴泥）俗稱五色土及腐金（名黃金箔點斑如金）馬牙（名白滷石）各種形於山外卽引苗是也案蜀爲產礦奧區乾隆間斬崖劚石冶鎔炊炭者尤多多顧盈虛隨時公私兩軌博求三品以供九府之需然銀湧金鳴亦若珍藏而弗輕洩者甚至道光以後各商攻採所得不

償所失蓋天地之精英山川之寶秘蓄孕數十年又層見疊出以資　熙朝之度支必不至於久鬱長堙也

品泉始于陸鴻漸然不及我　朝純皇帝　御製記云玉泉山天下第一泉嘗用銀斗較之其水每斗重一兩伊遜水相同濟南珍珠泉斗重一兩二釐揚子江金山泉斗重一兩三釐則較玉泉重二釐重三釐矣至惠山虎跑則各重玉泉四釐平山重六釐清涼山白沙虎邱及西山碧雲寺各重玉泉一分然則更無輕於玉泉者乎曰有乃雪水也常收雪水烹之較玉泉輕三釐雪水不

可恒得則凡出山下而有冽者無過京師之玉泉故定爲天下第一泉見歸田瑣記嘉州銅江雅江錦江各水予以斗而較之銅江重雅江二錢雅江重錦江三錢所以銅江如牛石溪虎渡溪等處居民多濁氣者由水土之故也

水質之重與他物各自不同譬如以一寸方平面論黃金重於水十九倍水銀重於水十三倍鉛重十一倍銀重十倍銅銕各重八倍錫重七倍石重兩倍半鹽重兩倍血重一倍乳重八分尿重七分見西人格物篇

歐洲有驗酒尺以定酒味酒家無假冒者亦因較水而知也有某王給兼金百兩使匠製器皿器成無減耗王恐其假而無法可驗有識者告以較水試之王遂以他金百兩投於水盤刻痕記水然後易以金器果見水痕高溢預知其中有夾銅呼匠責之匠亦拜服蓋金質堅小水痕必下銅質鬆大水痕見高理所當然見西人格物篇又以等子稱物得五錢六分在水中稱之祇得三錢六分可知水力之重與地氣亦有不同蓋一尺方平之水稱得一百兩一尺方平之氣祇得八錢而已

予伯曾祖霞村公少讀書夢身死銘旌上書奉政大夫鍾某之柩役夫舁至某廉訪壽域上休焉覺而語友友曰焉知君異日不廉訪耶雍正元年以選貢入京充國史館謄錄授瑞昌縣訓導性沉潛嗜學寢饋於周程朱張諸書從游甚眾凡後生恂恂有矩矱者不問而知爲霞村先生弟子也越十年告歸與予曾祖分產自取其磽地陋室適某廉訪之子以所營壽域不稱意欲棄之而別卜地已松楸森森矣公聞之笑曰是天留以遺我也乃購而葬焉其後霞村公之子孫繁衍甲第蟬聯皆由

此地發祥也公初授修職郎乾隆庚午曾祖梅舫公請

封貤贈奉政大夫果符如前夢云

廣東韶州李繩武性渾厚本窶人子以貿易起家居然素

封矣生平所值多九數蓋其父以四十九歲生繩武繩武十九學賈五十九歸老凡生九子九女九子納九婦九女嫁九壻無一續娶納妾者光緒元年正月九日其九十生日子女婦壻外有孫十九人外孫男女二十九人亦奇事已見耳郵錄錄之以紀人瑞

國初莊鉞朱佑明私撰明史一案名士伏法者二百二十

一人莊朱皆富人卷端羅列諸名士蓋欲借以自重故老相傳二百餘人中多半不與編纂之役甚矣盛名之爲累也

國朝定制凡一產三男者咸予　賞賚紀文達公主修續文獻通考遵功令亦收錄之復於五種筆記中詳列其說云漢書五行志以一產三男列於人痾以爲母氣過盛故列之咎徵然成周八士四乳而生聖人不以爲妖異抑又何歟夫天地氤氳萬物化醇非地之能自生也男女構精萬物化生非女之能自生也使三男不夫而

孚謂之人痾可矣既爲有父之子則父氣亦盛可知何
獨以爲陰盛陽衰乎循是以推則嘉禾專車異畝同穎
見於書序者亦將謂地氣太盛乎洪範五行說多穿鑿
而此條之難通爲尤甚不得以源出伏生以傳爲經也
按一產三男受　賞不始於　國朝明英宗武宗實錄
每年直省州縣以此呈報者無不備書惟自　國朝嘉
惠元元一掃曲學之陋纂入續文獻通考於是引據古
義者永獲遵循矣
雍正間李衛田文鏡歷任督撫素惡科甲田撫豫時一疏

劾科甲牧令數十人適李公穆堂制軍紱臨川人過汴相見揖未畢即厲聲曰明公身任封疆有心蹂躪讀書人何也田不能堪遂劾公牽連入蔡珽案擬辟乾隆初始奉

特旨湔雪出獄佐戶部按李公再起後復以多保鴻博鐫官公立朝剛鯁其屢起屢躓皆為維持國體不獨憐才愛士之私心雖蹭蹬終身未竟其用而至今百年論定視田李二公何如也

王少司馬士俊令祥符初謁田文鏡庭參日田問王出身王攢眉囁嚅故作羞愧狀良久始對曰士俊不肖讀書

出身某科散館翰林也田以爲刺巳怒斥之王知不免回署郎詳請免河南爊地稅冀見忤放歸田果疏劾時楊中丞文乾方爲布政使司入謁曰王某請免稅邀譽耳若疏劾之反成其循吏名盍少緩田以爲然未幾楊巡撫廣東即保薦同往以道府用洊升兩司田卒王代其任以田文鏡之嚴苛明察而王則面加訕誚楊則誘以巽言剛柔抑揚若弄孺子其才豈在文鏡下宜同受世宗殊眷歟雖然上官非文鏡之刻屬吏非文乾士俊之才奉公事上終以忠信篤誠不亢不卑爲正理

澄懷園無恙時儒臣儤直多暇各就園中寓廬移花種竹疊石疏泉隨意自命所居題之戶冊以誌雪泥鴻爪亦佳話也如食筍齋爲黃勤敏公鉞手闢樂泉西舫則程春海侍郎恩澤所題樂泉蓋張文恪泰開所築張文毅芾自營一室曰鑿翠山房戴文節熙舊廬名曰矩室皆見嘉道間人詩文集此外瑣記隨筆甚多陳康祺大令欲勒爲成書藉存掌故而不果案庚申以來甘泉夕烽名園久草談澄懷風景者亦幾如圓嶠方壺縹緲天半矣

雍正七年浙江總督奏進湖州王文隆家萬蠶同織瑞繭一幅長五尺八寸寬二尺三寸天然成就不由人工廷臣以爲瑞應請宣付史館　詔不準行

道光戊子平回疆張格爾之亂　特詔繪軍機大臣曹振鏞以下四人功臣長齡以下四十人像於　紫光閣像各有贊踵乾隆故事也

毛西河先生納妾曼殊矜寵特至陳夫人不平嘗詆之於客座曰爾輩以毛大可爲博學耶渠作七言八句亦須獺祭乃成近人論詩有絕句云曼殊不擅專房寵誰識

君詩獺祭成可稱雅謔

江右李恭毅公瀚慶任封圻廉能軼衆官粵東巡撫值海盜充斥公簡練將士冒涉波濤未踰年擒盜至數千人公但誅首惡餘悉資遣之曰此亦吾民何忍使攖白刃也盜皆改悔時輿誦云廣東眞樂土來了李巡撫强盜肯回心閭閻不喫苦

光緒四年湖南巡撫奏稱湘鄉縣胡氏兄弟五人皆耆壽健存長曰朝瑜八十九歲次曰朝瑞八十七歲次曰朝琇八十五歲次曰朝瑞八十三歲次曰朝環八十一歲

詔 旨旌表按湘鄉爲曾文正公擬生之區爲中興第一偉人次國璜以軍功拜都轉次國華以同知殉節賜謚愍烈次國荃歷官兩江總督一等伯次國葆以道員殁於軍 賜謚靖毅山川靈淑即一門英傑亦應舒洩無餘矣乃復有胡氏兄弟邁壽龎祺軼五老於堯天媲八士於周室不知是邑形勢若何雄厚魁傑鬱悶多年時至氣動爲 國朝努力一發也

紀文達公自言从四歲至老未嘗一日離筆硯乾隆壬子三月偶在直廬戲謂友人云昔陶靖節自作挽歌余亦

自題一聯云浮沉宦海如鷗鳥生死書叢似蠹魚他年諸公書以見挽足矣劉文清公墉笑曰上句殊不類公若以挽陸耳山乃確當耳越三日而陸副憲訃音至文達紀之槐西雜志以爲事有先兆云

錢塘戴文節公熙以侍郎乞休庚申殉難其絕命詩云傷心藹目挽時艱八載籌防總汗顏撒手白雲堆裏去從今永不到人間辛酉杭州再陷時張小廄編修家居率妻子殉焉張與公同縣絕命詩並有白雲堆裏吾將去前輩風流有戴公之句後亦謚文節二公皆無守土之

責就義成仁前輝後映足爲湖山增色矣

道光間薊州郝氏七世同居食指千計男耕女織家法嚴整士子讀書應考入學中舉人不赴禮部試恐入仕也出游不得越二十里外京外官奉使其地咸主其家備供頓不纖悉累地方官吏士庶之往來則具酒醴芻秣無虛日其餘睦姻任卹事不勝書人皆稱郝善人云案窮鄉編戶有此馴良孝友之家貞不絕俗善不沾名近世實所罕覯亦足見我　朝王化之行首及畿甸詳列於此俾采風者有述焉

國朝時憲書十一月麋角解乾隆四十年改爲麈角解奉
旨通行此亦不可不知耳

草木花皆五出薝蔔花嘗六出矣雪花皆六出春雪亦嘗五出矣殆亦陰陽之時或有感而然爾

朱砂入火後用之殺人藥中服餌用其生者附子生即殺人藥中用其熟者物性逐火而變如此又見以道客語甘草遇火則熱麻油入火則冷甘蔗煎爲沙糖則熱本汁則冷醫家豈可不審慎哉

憑花館瑣筆卷十

嘉州　鍾琦　泊農

兵部尚書徐蹻家居新貴皆薄其出身吏胥此明季惡習亦由該輩是井裏之蛙囿中之鹿耳狀元某歸徐往賀不得已回答竟弗言一茶而起徐問曰狀元幾年一箇笑曰三年可見非絕無而僅有者問吏員爲尚書幾年一箇狀元無以答又某同入儒學某指夫子像而戲曰認得這位老先生否徐曰認得這位老先生是不由科目出身的見蓉沚集案嘉道間榮祿全書編檢不過五六十人近年編檢有六七百之多

以文章而論無正嘉之理法無隆萬之謹嚴無順康之宏徽無雍乾之學力有空疎庸陋者有剿竊摹擬者有餖飣湊合者有纖巧弔詭者其實腹空猶罄公然眼大於箕安得再有徐尚書當面而嗢噱之

張居正子嗣修萬歷丁丑榜眼庚辰懋修狀元有無名子揭口占於朝門曰狀元榜眼姓俱張未必文星照楚邦若是相公堅不去六郎還作探花郎後俱削籍故當時語曰丁丑無眼庚辰無頭

董文敏公其昌督學湖廣往往以題爲戲某府考試之前

一日先懸牌云來日不考文應考者率以爲必詩賦也
既點名畢分坐靜候未見發題有高聲命請題者公曰
題昨日已發何不速作文乃知爲中庸題也又考某府
出牌云一至一二至二三句三聖人四句四孔子隱題
令自悟良久乃知一朝而獲十禽至終日不獲一句二
者皆法堯舜至道二句聞君行聖人之政三句陽貨欲
見孔子四句也見嘯虹筆記
南昌彭芸楣先生初督學案臨某府時唱名者旣畢公援
筆將出文題有訓導趨前而禀曰此處地近蠻夷向來

應試者從無作文之例公愕問然則所考云何對曰出一對足矣但祇出一字公始而驚異既思無可如何姑出一柴字與之於是諸生皆攢眉搖首迨午後忽一生來交卷展視其左行對一炭字訓導在旁謂公曰此壓卷矣公思以炭對柴何以云壓卷忽又一生來交則其左仍添一柴字公怒將責之訓導曰大人勿怒此卷已可置第二矣公怒曰以柴對柴何以云置第二訓導曰大人不信試看以下并此柴字忘之矣既而竟無一人來交者公始歎訓導所言不謬案蜀省如理番學額亦

名松潘學額四名槩是槍冒所得教授教諭從不至衙署惟在家待考凡科歲試槍冒先議價而後進場進場者俱是斵輪老手所以文理通達不似以炭對柴之童生也

康熙三十九年巡撫李光地奏覆科場推廣三條學校四條其末言邇來學臣率多苟且從事致士子荒經蔑古雖四書五經不能記憶成誦僅讀時文百十篇剿襲雷同殊非國家作養成就之道前歲　旨下學臣童試兼用小學論一篇使其幼稚就中頗明古義然書不熟誦

終非已得宜令學臣于考日有能熟誦四書本經及講解小學者文理粗成就與錄取如庠生能成誦三經及五經者遂與補廩以示鼓勵國初考童試卷上寫習某經如習詩則多用詩語習書則多用書語科場始可言習五經也　又生員科場論題專出孝經每重複雷同似當兼命太極圖說通書西銘正義及通鑑以勵宏博之士疏入仍下九卿與吳鵬郭琇張鵬翮三疏參合定議其鄉試另編官字號以民卷九官卷一為額此出自　上意光地特贊成之案自明末以來士習愈趨愈下附錄此奏以見國家立法未嘗不善而有治法

無治人以致積獘不可復返而其法亦旋廢且不整飭又不勸懲安得如數君子者而挽之使進于古哉

姚秋農先生典試廣東闈墨中有用佛時字者呈薦先生以佛字出佛經黜之及道光先生以都御史爲總裁三場中一硃卷有舉及貞觀年號者又以貞觀乃漢代年號亦黜之或綴一聯嘲之曰佛時云出梵書菩薩呼冤夫子笑貞觀乃稱漢代武皇長歎太宗驚事卻可笑然先生學有根柢疎謬當不至此或別人爲之誤錄先生名耳

曾鶴齡赴京會試與浙中數舉子同舟率少年狂生談論譏諷曾齡默然在坐若無能者各舉書中疑義問之曾遜謝不知衆皆笑曰凡夫也偶然預薦耳遂以曾偶然呼之既而衆俱下第曾占榜首乃寄以詩曰捧領鄉書謁九天偶然相遇浙江船世間固有偶然事豈意偶然又偶然見堯山堂外紀

徐存齋年未三十由翰林督學浙江時有王某文中用顔苦孔卓徐勒之批云杜撰置四等及發落王將領責執卷而進云此語出法言非杜撰也徐起立曰本道僥倖

早未嘗學問今承教多矣改置一等見遺愁集
歸安諸生凌某有文譽秋闈後錄其文質苕溪名宿褒言
一獎語必定高摘榜花生狂喜以名宿決科針芥不爽故
耳其翁亦甚得意家有書僮阿璉略識字油嘴滑舌謂
其翁曰名宿決官人不能中何必懸望翁復詢其子其
子以原稿原評呈翁閱之翁見濃圈密點責阿璉曰爾
顛倒黑白意欲何爲迨紅旗飛至俾爾喫藤條子阿璉
謂人曰靜候恐無福喫此物比揭曉果在孫山外踰數
日翁問阿璉曰衆皆言官人三年養勇一旦沖霄爾獨

謂其下第豈官人有遺行乎阿璵曰遺行不遺行小人安得知但以名宿跋語而論故知必遭蹶翁再取名宿所批示之阿璵指跋語中脫去町畦四字曰脫去釘鞋豈有響聲無響聲不中也名宿扶之竟不謬杭人傳爲笑柄

光緒二十六年正月初六日　上諭內閣侍讀學士陳夔麟奏士風日漓請飭整頓學校經禮部申明舊制惟以祖法聖道爲取士定衡奉　旨照依所請嗣後歲科前列試卷到部磨勘有文體喜新好異者即將該學政

及不查參之督撫從嚴議處至現値舉行鄉會試正羣
才乘時登進之期禮部將前次奏准摺片知照正副考
官務令恪遵云云案提倡正學以儲眞才而濟實用自
是探本之論但近年歲科之弊由槍冒結黨成羣槍冒
結黨成羣由廩保指鹿爲馬廩保指鹿爲馬由校官瞠
目束手如果懲戒校官則槍冒何敢肆行抑或將州縣
分別定額錄送大縣秖準五百中縣秖準四百小縣秖
準三百過府試時又核減以八折錄送學政如此則弊
自然剗除八九而多士觀感奮興眞才無慮向隅也若

以試卷磨勘而定議處予恐到部前列之試卷則纖巧弔詭者改而爲文裁白雪矣偭規破距者變而爲拔選青錢矣

制藝之弊在於舍當務而譚道理夫以不識當務之人而譚道理高者僞下者害矣說者謂邇來建功諸大臣皆由制藝中來則制藝亦足以造就眞才也不知此乃制藝之不足困眞才非眞才之能出於制藝況屈指核算又有幾人如建功諸大臣哉說者謂　祖宗成法豈可改絃易轍但又何妨將第三場之策問凡經術史鑑掌

故性理輿圖算學推步礦務農田商情胥統諸此移爲第一場以第一場之制藝移爲第二場以第二場之經題移爲第三場不然所取毫無經濟非庸鄙即陋俗有士之名無士之實者也

湖州友某以八股爲性命笑啼怒駡一切談吐無不從八股中得來試輒冠曹卻不作一性靈語學使案臨例考詩古所出乃擬張壯武勵志詩題友出場逢人誦之云吾人有志于修途豈可如斯而已乎雖然堂堂乎張也亦嘗知其所勉夫諺云三句不離本行友庶幾近之

張鶚山提學江北以馮婦善搏虎爲題徐州一士云馮婦一婦人也而能搏虎不惟搏也而又善焉夫搏虎者何扼其吭斬其頭剝其皮投于吾味之中而食之豈不美哉

京師王阿髫子極勢利時有兩姪來趨候一秀才一童生王留秀才飯聽童生自去好事者作文以譏之中一比開合云惜也王二僅得爲秀才也假令其上而爲舉人爲進士爲翰林王阿髫子方將擬臀放屁之不暇而甯止于留飯幸也王三猶得爲童生也假令其下而爲皁

隸爲奴僕爲乞丐王阿鬍子將揮拳勒臂之不暇而嘗
止於不留飯此話舊矣乾隆戊申學使胡公科試蘇州
府學四書題子游爲武城宰一句某生出場背其考作
云惜也子游僅得一行作吏也假令達而在上將大道
之行三代之英大同之化方將藉手而報君相之知而
甯止于爲宰幸也子游猶得涖治偏隅也假令窮而在
下則詩教之說禮教之登几席之間不過簪筆而卒文
人之業而又安得爲宰人曰此可謂脫俗調
昔聞一試卷文多而字房考批云當而而不而而不當而而

而而今而後已而已而陳問雲先生曰而字如釘鈀然用之當則爲犁地土鬆而秧插矣用之不當則爲擊人迎頭一鈀未有不致死者此論最妙見椒生隨筆

某學使歲考試題乃豈若匹夫匹婦之爲諒也二句有秀才以匹夫經于溝匹婦經于瀆分作二比學使評曰可惜兩個人不得一處死

又魚我所欲也有士子起股云鰻而長長焉非所欲也鱉而團團焉非所欲也

又熊掌亦我所欲也有士子中股云朝而飧此熊掌也夕

而發此熊掌也

又王見之有士子點題云仰而觀之牛見王也俯而觀之王見牛也

又夫人自稱曰小童有士子破題云觀夫人之自稱而邦君之好可知矣

又殺鷄爲黍二句有士子中股云不殺其鵞焉不殺其鴨焉而殺其籠中之黄鷄焉不見其妻焉不見其妾焉而見其妾之二子焉

又人見其濯濯也有士子尾股云當其斧斤未伐以前滿

山青黃碧綠及平牛羊既牧之後滿山枯枝死灰
又彌子之妻三句有士子後股云彌子之妻卽子路之妻
可也子路之妻卽彌子之妻亦可也
唐人有張打油詠雪云黃狗身上白白狗身上腫又陸詩
伯詠雪云昨夜玉皇哀詔到萬里江山都帶孝
張仲達咏鷺鷥詩云滄海最深處鱸魚啣得歸或戲之曰
佳則佳矣但鷺鷥嚥脚太長也
少陵武侯廟老栢詩云霜皮溜雨四十圍黛色參天二千
尺按四十圍言之過廣二千尺言之過高此語病也

唐人詩有袖中草諫朝天去頭上宮花侍宴歸誠佳句矣但進諫必以章疏無直用草稿之理又姑蘇城外寒山寺夜半鐘聲到客船亦佳句矣其如三更不是打鐘時詩人貪求好句而理有欠通故語病如此

李廷彥獻百韻詩於上官中云舍弟江南歿家兄塞北亡上官惻然曰君家凶禍至此耶廷彥曰實無此事圖對偶親切耳一客謔云何不言愛妾眠僧舍嬌妻宿道房猶得保全兄弟也

曹唐寓金陵佛寺云水底有天春漠漠人間無路月茫茫

人謂之鬼詩羅隱咏牡丹詩若教解語能傾國任是無情也動人人謂之女子詩釋貫休咏漁父云眼前不見市朝事耳畔惟聞風水聲梅聖俞曰此患肝腎風也賈島哭僧詩云空餘留行道影焚卻坐禪僧唐人謂燒殺一活和尚

祭文貴清眞必滌蕩浮詞昔袁州李觀省試賦落韻主司愛其策特旨登科宰清江歐陽文忠公母喪經過太守命觀作祭文曰昔孟軻亞聖母之教也今有子如軻雖死何憾尙官守詩其爾公擊節稱之者以其清眞耳

碑文敘事書人多顛倒舛謬故金石錄不取之籜廊瑣記載一土地祠碑文令閱者噴飯文云夫土地者乃天地間不可少之一物也然而有三物焉有鐘焉有鼓焉有磬焉鐘者所以震天下之聾聵鼓者所以啟天下之愚蒙磬者予擊磬於衛是也廟前有樹樹後有廟何則僅將俗文書勒於左雖游戲筆墨實切碑文之弊書博一噱

昔蔡邕以書萬卷贈王粲可以見古人之高誼李彪以貧就富室典籍鈔誦可以知古人之勤學毋昭裔未遇時

因有憾惜文選者發達刻誦可以窺古人之蓄志江祿讀書雖急遽時必掩卷整齊可以覘古人之肅敬顏氏家訓借人書籍不致損壞久留可以稽古人之飭行張華積書三十乘後選定官書資以取正可以徵古人之博洽後生雖不能全效亦宜法則一二焉

學不外發憤而發憤中有不同焉慕爲己之學而發憤縱或不遇無愧於孔子之曲肱若爲人之學而發憤即能詭遇有類於蘇秦之刺股

聞英人在香港設有環大書院延請研經味道者主皇比

凡貧家子弟入學讀書而衣食膏火悉供自莫敢不講習制藝惟於時政之得失民俗之貞淫物產之精粗輿圖之沿革兵額人數之多寡風氣教化之異同格致星算之淵微機器製造之成法在在皆資講習復使誦讀各國之史乘借鏡於存亡興廢其所以益人神智非淺鮮矣

宋人重文選有文選爛秀才半之謠　國朝重四書有四書熟秀才足之語按近年學額太廣而取士太雜甚至畧識之無遂列膠庠者似此不礱不錯無約無卑故甯

爲昔之半秀才不可當今之足秀才也至於文選有典有則後生宜鑽堅研微但其間語病頗多亦當斟酌純駁而用之譬如別賦三言風三言月四言露五言春秋上林賦爛漫的皪字三見羽獵賦犀豹二獸各三見海賦百川字三見五嶽字兩見江賦陽侯字三見又潘正叔贈陸機詩至以瑜潤隋以光融注隋隋侯珠也以隋代珠殊屬欠妥張景陽七命接以商王之暜承以帝辛之杯商王帝辛對語合掌此與集中所載劉越石之仲尼孔某謝惠連之相如長卿劉公幹之奚斧固何異

焉

詩文字句有古人不之忌而今人不可不忌者如史記之陶衛（穰侯封于陶　商鞅姓衛）漢書之絳灌（絳侯周勃　灌灌嬰也）夏子（夏禹也　湯子姓）（見徐樂傳）李陵答蘇武書之周魏（周勃　魏其侯）華陽國志之巨述僭亂（莽字巨君　述公孫述）賈誼新書之曹勃（曹參　周勃）長楊賦餉屈原與彭胥（彭咸　伍胥）幽通賦周賈盪而貢憤兮（莊周　賈誼）別賦嚴樂之筆精（嚴安　徐樂）景陽七命賁石逞技（孟賁　石奮）陳琳與文帝書雖有孫田墨釐（墨翟　禽滑釐）盧諶贈劉琨詩眷同尤良用乏驥騄（郵無恤王良尤郵古字通按郵無恤王良本一人左傳可證）此皆以姓名互對

也抑又有奇者殷高宗周宣王不稱高宣而曰宗宣漢書杜周傳覽宗宣之饗國伊尹周公不稱伊周而曰伊公後漢書崔琦傳在齊伊公輸般匠石不稱般石而曰般匠洞簫賦般匠施巧伯夷叔齊不稱夷齊而曰夷叔崔璋七蠲夷叔隱己但古人雖如此而後世藉口效法則啟訾訾之辯招狺狺之譏矣

善讀古文者無論左國史漢及賈董揚馬韓柳歐蘇曾王唐歸諸大家總不宜草草先要知其人論其世明其題目察其來歷審其骨在何處骨者主意是也或一字爲骨或一句爲骨如四書之有章旨八股之有立胎遊繳

後逐字逐句逐節逐段看其語詞如何錘鍊筋脈如何
團聚結構如何精嚴章法如何完密再通篇細讀細思
視其承接起落反正引喻虛實淺深開合宕跌翻折進
退抑揚照應波瀾線索發揮無不了然則上焉者窮其
義理中焉者賞其文章下焉者獵其藻采雖高下不同
各有主即各有得初過則獲其藻采也再過則獲其文
章也三過則獲其義理也尤貴學人神明乎法度而不
拘於法度題外有餘情矣謹守夫法度而不敢越於法
度題外無餘味矣

五經畢後再讀左國班馬四種書但四種書繁多惟於唐

宋大家中求其蹊徑至於蹊徑之顯而可尋者韓與蘇

近班再遡之則近左傳柳與歐近馬再遡之則近國策

其實何嘗一字不從五經出耶果能於五經逐句紬繹

潛思貫綜則取韓蘇柳歐之文尋其脈絡得其胎息胸

中自有師承場中自無機窒筆勢如雨驟風馳詞章如

花團簇聚矣

嘉州自明季張李蹂躪幾無遺子幸際我　朝重熙累洽

生息休養而士庶醞釀有鄒魯之風焉然咸同以來崇

尙華靡一厦屋也畫棟雕欄一車馬也錦韉繡轂一器皿服飾也文犀玳瑁吳綾齊紈鄒魯之風遂變矣流而爲呼盧喝雉舞妓吸煙漁利逞欲鑽刺貿緣鄒魯之風再變矣又流而爲結盟插血蕩檢踰閑作姦犯科扞法觸網鄒魯之風大變矣揆厥所由子弟不讀書之故如果父兄嚴飭鍵戶讀書使其盈耳充腹者無非性分中之道世情中之理且心有所束身有所拘志有所定業有所恆何至成匪類傾家產陷刑戮耶

詩不宜太生不宜太熟亦不宜太露尤不宜太隱蓋生則

澀熟則滑露則淺隱則晦當在不生不熟之間捶鈎鳴鏑是其候也又在不露不隱之間草蛇灰線是其趣也詩句固宜要奇然不可字字求奇音調固宜要高然不可節節求高太白無此病故稱仙才長吉犯此病故墜鬼窟

世俗論詩或誇唐調或持宋體依門傍徑各逞浮說而不能相下夫詩何唐何宋之有哉唐人集其成宋人極其變同工而異曲同源而異流不過各分性情各分標格耳蓋唐有唐之眞性情宋有宋之眞性情唐有唐之眞

標格宋有宋之眞標格生乎唐宋之後凡學者其胸無唐無宋其筆有唐有宋于詩之中可唐可宋于詩之外非唐非宋故曰何唐何宋之有哉總而言之無論唐也宋也務得其神理不徒襲其貌否則如木偶人之衣蜀錦齊紈矣

詩道貴新而世俗多不知譬如繁處獨簡簡處獨繁平處忽聳聳處忽平合處能離離處能合此運局之新也因小見大因近見遠因平見險因易見難因人見已因景見情此命意之新也平字得奇俗字得雅朴字得工熟

字得生常字得險啞字得響此鍊字之新也
詩者思也律者法也非法無以限思非思無以妙法故一
詩有一詩之意無意則淺有意則深意顯則淺意藏則
深古人用意惟恐人知今日用意惟恐人不知此詩之
所由升降也一詩有一詩之法無法則意淺有法則意
深法疎則意淺法密則意深古人以法運意匠心經營
今人惟推求字句不想全局爐錘縱有好意淺而褻矣
是又律之所由升降也初學者不知用意用法冒昧吟
哦豈非避日而就影入戶而闢門乎

作詩有用事之法其法實事虛用正事反用常事翻用舊事新用兩事合用旁事借用事過頻則裁之以簡約事過苦則出之以和平事近褻則持之以矜莊事近怪則寄之以淡雅寫神仙事除鉛汞語寫僧佛事除蔬筍味寫儒士事除頭巾氣寫仕宦事除冠帶樣或本餘事也而用之作正亦可矣或本正事也而用之作餘亦無不可矣

詩有次第五古爲最先七古次之五絕次之五律次之七絕又次之七律最後學詩者亦因之爲次第焉

作詩須於韻中求句不可於句下求韻

韻書秪是當看於不作詩時以儲詩料於胸中若臨時看之安得有詩

詠史詩起于晉詠物詩起于梁

史語入詩始於曹子建元語入詩始於孫子荆經語入詩始於謝康樂

天地間有聲必有韻有物必有偶故音韻對偶之學非強而成也所異者古人無心今人有意耳必欲返律爲古琢雕爲樸是謂中國之聲不如夷貊侏離之語也其可

乎

詩轉韻以意爲主意轉則韻換有意轉而不換韻未有換韻而意不轉者故多寡緩急皆以意爲之

古人詩有一二不相稱遂忍於割愛今人則苦於貪多又急於見好反弄成不好此所以不及古人也

麓堂詩集云李太白集七言律秪三首孟浩然集秪二首孟東野集無一首皆足以名天下而傳世間詩矣必以律爲貴哉滄浪詩話云律詩難於古詩七律難於五律俗儒頗以爲非棠滄浪此語深得詩中三昧俗儒自憒

憒耳管韞山先生曰五律人可頓悟七律非積學苦讀不能致也論者謂如挽百石弓非腕中有神力者秖到八九分地位此言最善於名狀薛千仞先生曰七律法度貴嚴紀律貴整音調貴響不易染指予見後生小子無不爲七律似反以此爲逡步宜其欲入而自閉其門終身不得窺此道藩籬無怪也

顔延年答鄭尚書詩蹰躕清防密淸防屏風也李善不釋出處此應注而未注也

顔延年詩樹繇與桐桐可樹繇亦可樹乎語似未極

潘安仁河陽縣詩徒恨良時泰小人道遂消恨字有病
陶詩榮華誠足貴亦復可憐傷可憐者謂其可憫耳若杜
詩君家白盌勝霜雪急送茅齋也可憐此可憐又不如
是解當與鮑明遠所云可憐者謂可愛也汪韓門詩學
纂聞謂唐人詩可憐皆可憐生多作可愛意
西溪叢語常建有題破山寺後院詩云竹徑通幽處歐陽
文忠公守青州題廨宇後齋云竹徑遇幽處竟不知別
有本耶抑公自改之耶案遇字不逮通字遠甚點金成
鐵歐公不應乃爾後閱冶齋夜話唐詩竹徑通幽處禪

房花木深之句歐公愛之每以語客曰古人工爲發端欲仿此爲一聯而才莫能逮也公於是詩傾倒之至豈肯忽竄一字乎西溪叢語所載乃是莫須有矣

學詩各有入手處五古自兩漢六朝沿源竟委而以李杜韓韋爲宗七古由王李東川高岑入手者以其集中之法律起承開闔頓挫處處有金針可度學者從此問津不至有放縱顛蹶之病矣七律由隨州及大歷十子入手而皆歸宗於杜惟五律舍杜無所取法工力既到然後澄泳於王孟劉白歐陸蘇黄以博其趣蓋先難[illegible]而後

神明先積學而後願悟非是則獘必隨之

昌黎有言和平之音淡薄而愁思之聲要妙讙愉之詞難工而窮苦之言易好余始卒讀而心疑之夫說詩之道詳矣大要溫厚爾雅各得其性之近而適其情之所至皆足以宣人心而暢來世非必要妙而後工亦非必和平而後不工也非必遇而後和平亦非必不遇而後不和平也各得其得爾也各適其適爾也古今所稱大雅若元亮少陵太白之數君子者皆以其骯髒不遇之志託於詩而略無悁忿怨懟之態要其爲聲雖隨之於適

杜之於雅李之於逸各成一家言而不失性情之理一也豈論遇與不遇哉近世有才者不幸坎壈則歎老嗟屈之情託於詩多慘憂怫鬱或流而爲詈爲誹爲譏爲訴甚至當歌而反哭無情而强笑自謂彭澤嫡派工部肖子旣已濫觴作者之塲而其究也乃有爲詩必窮而後工之說皆昌黎之餘也其於性情之理不已疎乎

少陵嘗從漉酒生注生涯也此等壓韻殊覺不宜學且如爲字韻在四支最無意味而少陵壓三十餘次有杜公之才則可無杜公之才則蹶矣

東坡爲杜詩至致遠思恐泥句謂人曰此不可學案恐泥二字本經中極板重語而老杜前後至四五用殊不可解若如霽潭鱣發發春草鹿呦呦流利渾成此老杜用經語之妙處

古詩云袖中有短歌欲寄雙飛燕意以燕春來秋去自可寄書故寓言耳蜀人以事至京師者以鴿寄書不旬日而達賈人舶船浮海亦以鴿寄書皆非虛語也陸機使黃耳寄書此殆不然自洛至吳更歷江淮犬何能濟舟子又何能喻意于涉川或謂陸機有奴名黃耳善走所

言近理

敖器之詩話古人稱妻曰鄉里沈休文詩還家問鄉里南史張彪傳曰我不忍令鄉里落他處姚令威曰浙人稱家里今蜀人亦稱家里其義同也

隴西出石魚掘地得石破其中有魚痕鱗甲纖悉皆具燒之有魚氣蓋魚蟄泥而變爲石該鄉人稱曰魚龍故杜工部云水落魚龍夜山空鳥鼠秋正隴州詩按不特此也咸豐間予族弟竹山在鋏山下鑿井掘地得石破其

中有水極清冽見雙魚游泳其中竊思海鹹而魚沫鋏

堅而蟲嚙天地間理之所無爲事之所有事之所有終
不爲理之所無類如斯也夫
娛書堂詩話唐許渾題孫處士居云高歌懷地肺遠賦憶
天台眞誥云金陵者洞虛之膏腴句曲之地肺注云水
至則浮故曰地肺
宜少耕進士綬其贈偷兒詩云無他長物堪言贈若攫殘
書子亦迂可謂妙語解頤
世多以耳爲目古人亦間有之畧舉一二以資解頤南史
張率年十二能屬文常日限爲詩一篇或數日不作則

追補之有虞納者見而詆率乃焚毀更爲詩示爲託云
沈約訥便何何嗟稱無字不善率曰此吾作也訥慙而
退又墨客揮犀云鍾弱翁所至好貶剝榜額字畫必除
去之另出新意嘗經過廬陵一山寺有高閣壯麗弱翁
與僚屬望其榜曰定慧之閣旁題姓名漫滅弱翁亦稱
謬使僧取下拂拭視之乃魯公顏真卿書弱翁曰此吾
眼力差也以上兩賢皆以耳爲目然一知自慙一知轉
口猶善屬補過者又零陵總記李邕常不喜蕭誠書誠
乃詐作古帖令紙故暗特示邕曰此乃右軍真蹟如何

邕看稱善誠實告之復取視曰細閱亦未能好夫邕史稱工書天下馳名乃亦譽古毀今不分皂白何怪世之耳食之流耶

昌黎示兒詩有謂公以富貴利達餌其子此管窺之見腐迂之談也立身揚名顯親教子之道幼年心性未定不教以富貴利達教以隱逸乎隱逸豈聖賢所貴乎論語曰夫子循循然善誘人幼年人正須誘使入門然後徐圖就範不然阻其向往之機難以望進矣詩中言人貴讀書不讀書卽陷不義正教以爲聖賢也嘗讀宋史程

子侍講時哲宗偶持一柳枝程子變色而進曰陛下何戕生意又每講必正心誠意豈如孟子好貨好色好勇委曲引誘謂皆可致王夫委曲引誘尚不能使入道況一棒打倒使再無回轉耶賈凫錫鼓詞云理學先生曰談道談得江山日復一日削語雖俚而正知此始可讀昌黎詩

同治己巳春予游桂湖晤豐城毛翼卿大令隆輔宰丹棱惠愛宜人其詩流麗清圓孫少甫太守稱其譚釀有味洵不虛矣翼卿告假借桂湖養痾其地迴流環繞竹樹

蓊蔥而風亭月榭可以游目騁懷正殿深廣爽塏供楊升菴先生塑像翼卿堅留小飲而謂予曰升菴博極羣書然改杜詩多誤處如野航恰受兩三人疑航爲大舟而欲以艇(平聲)易之不知航方舟字典作杭詩經一葦杭之乃渡舟之名今津濟間或有以繩繫兩岸牽舟而渡者其制小而正方江浙港汊即有之杜詩指此也東南夜航船亦非大舟古人器物大小同名者甚多而獨疑於航乎又杜詩春風啜茗時強改春爲薰以爲前數首千章夏木清紅綻雨肥梅等句皆說夏景竟合前後游

爲一時一題何其疏也至於舍南舍北皆春水必據開元譜改爲社南社北杜老何至自比倡優耶予曰楊先生好奇不免舛錯惟大家東征逐子回欲易逐爲將頗有見解翼卿亦以爲然未幾病歿崇祀名宦祠予錄其考論以見高遠務出人意表云

汝臯丁碧軒上舍 鈞 性穎異篤學過人嘗言作詩選字是一番工夫幕友張少安 德豐 在座問如何是選碧軒曰譬如花葩一也而葩字較俗甜甘一也而甘字較板愁憂一也而憂字較拙西風秋風一也而秋字較滯又如

芳者一也而芳字實指花身者用之香字虛指花氣者用之落木落葉一也而木字雄濶大之景用之葉字細幽情之景用之反是則不穩可以類推

同治間予游錦城張瑞之司馬嘗約過談每遇延安李稼門先生在座 應莘先生博雅好古有詩名余聽瑞之而問曰王世懋謂少陵無露句如何是露曰詩有十病總其歸曰露意露則淺氣露則粗味露則薄情露則短骨露則戾辭露則直血脈露則滯典實露則支興會露則放藻采露則俗少陵無露句此也噫此語深得詩中三

昧井積學攻苦不能道出其猶子楚珍司馬性眞摯尤
善吟咏惟落筆如風不免直率緣才氣横溢兼以宦游
無書籍攷證耳
李楚珍司馬前見予詩蒙改二字益以點鐵手點睛不必
盡是眞龍或徼倖飛去未可知也别後時興雲樹之思
適當秋景予有俚句懷司馬云蕭寒乍中人切切風如
箭落葉似鳥飛紛然下庭院感兹秋氣深陡覺時序變
貧言金石交久别龍游縣能朝新書來恍與故人見但
見故人心不見故人面懷君寄遠愁及此鴻與便意多

語偏澀枯腸索屢徧展君儀中詩似與孫雪噍
詩有不知不覺而成讖語者甲午予見洪公子彭大令爲
嘉人爰載贈以俚句云福星朗照龍游城小試烹鮮溢
惠聲馬屬羅君歸教化鹿朝吳令仰神明庭中草長春
常在帳底雲眠夢亦清健羨吾鄉諸父老和風甘雨宣
昇平　虛堂秦鏡日高懸緝盜安民大有年買犢人歸
紅杏塢催耕鳥喚綠楊煙謨猷直駕魚頭美案牘全無
雀角穿夜半望洋樓上歎風清月白水潺潺次年乙未
有外縣莠民率衆於望洋樓前毆洋人折洋屋偶變家

人之卦牽羅无妄之災城鄉士紳爲公抱屈當今莠民煽惑鄉愚假言娘娘日星不與外教其陰霾豈知勢之所在雖聖人不能逐黨之已成雖帝王不能破凡毆傷折毀必加十倍百倍而償還長其驕淩之氣助其干瀆之求矣

王子豐明府 應綸 高曠簡澹書法蒼古遒勁尤工詩鋒發韻流古香滿紙甲午予有詳約詩選之刻子豐以稿寄予置於扆戶傍架中乙未秋爲雨水浸漬言之歉然惟臨別曾贈俚句錄之以見平日豪情耳 冬春兩載其

追懽別意先從寄語看憐我才華非屈宋可容他日作衙官　豪情萬斛酒千卮贈我長篇兩幅詩手拔鰲弧稱上將堅城誰敢近偏師　晉江往復迅飛鳧貌盡溪山入畫圖一路錦囊佳句好定知忙煞小奚奴　臘鼓鼕鼕欲雪天酒杯棋局各前緣買舟他日如相訪多在寒梅野鶴邊

馬叔度明府德葳　嚴毅剛直工詩咏秋海棠爲世傳誦予次韻錄二首　兩兩風風玉漏迢秋來無限可憐宵自從開到三分艷已付愁眉與細腰　惱殺菊英并婢呼

嬌羞渾欲倩人扶猶握夜久涼於水洽露零香一串珠

瞿公印山大令庚寅飭篆善吟詠出入梅村竹垞間有夷猶自得之樂見予稿蒙賜評語偉褒躋增價不啻榮於華袞也臨別予贈俚句遺其一錄其一云宦海誰能久愈親喜君澹泊得天眞一江風雨新愁緒兩鬢早霜老故人長語不辭更樺燭深情何惜醉芳醑斜陽影裏揚船去折柳亭前倍愴神

韓午山明府性淡泊常謂予曰他日有二頃田三間屋萬卷書決不磨牛園圃日踏陳迹也丁亥攝東鄉篆及瓜

瀕遂由東鄉旋乾州寄函來嘉並贈留別詩竊思近年老友如蓋鳳棲王漢岷諸君子莫不星飛雲散言之意緒茫然次韻以答午山存其稿以誌交情云投簪解綬跨歸鞍未訴離情淚暗彈詩酒生涯隨意好風塵仕宦立身難清如蓮子心原苦香到梅花骨亦寒策馬灞橋重過日鄉關父老聚團圞　秦關咫尺懷高致蜀國何緣契古懽一代文章儕屈宋半生學術鄙申韓自來野鶴耽雲水笑看飛鴻刷羽翰遥想優游閒歲月好官難得此心安

辛卯暮春王敞舟觀察道呂自車岡寄贈牡丹兩大株賦體酡顏不愧稱眞王貴客有友人視之曰此歐陽公洛陽牡丹記所謂鶴翎紅也予吟俚句以謝之云

衣裳新舞綵雲中玉佩金裙灣化工才子名登丹鳳闕美人身住蕊珠宮香生繡被春無價影上瑤臺月有功賞貴神仙何處是車岡落贈鶴翎紅

半榻琴書伴苦吟忽來穠艷襲衣襟天如中酒晴難得客約看花病易侵時子有目病大地繁華三月景美人遲暮百年心至親無限春情寄時敞舟與予結朱陳愛惜餘香抵碎金

劉公夢仙大令卯祖攝樂山篆辦賑剿寬猛相宜已未秋滇匪跳梁修城固圉加以兵勇往來支持夫役船價虧累七千金大僚密飭在本邑籌還許列薦剡君曰當此民窮財盡既無賑卹又復搜括吾不忍爲也遂解任臨行士紳贈以詩予次劉熙臺韻亦效顰云

瑶版親承蒞漢嘉訟庭草緑寂無譁笑他潘岳矜風雅秖種河陽一縣花

萬姓吞聲餞道周焚香酌水幾遲留無知縱是垂堤柳也放長條繫去舟

張公迺卿大令明毅宰樂山持廉守正筆墨蒼莽高古癸

未調巴州士紳有贈別詩予以俚句附於王炳如後自慚魚目唐突夜光録之以誌惠愛耳　使君未忍聽驪歌民亦誰甘賦緑波試看黃童將發候焚香人比白雲多　飄然兩袖拂塵清自起囊琴帶鶴行衹爲裘緇春典盡無多裝束一身輕

蹇公子振太守訥丁亥游峩山至清音閣見瀑布噴空飛下舞銷曳練霏微散滿山谷不異武彝之水簾潭子振性清逸介然有守一彈一詠風雅自娛所作瀑布歌灑灑洋洋尤嫌遲察予次韻以和之是猶聱毫以貂續無

目以珠混也原唱遺佚而錄俚句者以見子振之風雅

云　白雲歛起千峯碧曉光乍吐巉巖赤夜來新雨蕩泉奔白練一條破山色五丁力士運神工吸出石髓下層空雷掣電翻驚萬壑大聲疾呼生雄風雄風捲水一萬里滄海倒翻差可擬玉龍天半口噴涎直欲洒入青霄裡川西川北久苦晴我思杖策驅雷霆好將一派裁山瀑化作人間處處霖

唐公次雲太守服闋後來蜀候補辦理城防籌餉練兵土釐諸務因政績丕懋故遷擢聿隆歷署要欽首郡庚寅夏過嘉

桯顧皺處彼此鬚鬢眉蒼蒼非復文潞公之精神猶昔謝
太傅之康健如常也言之歎歎但望見清光令人神馳
心折偶吟俚句未曾涵塵記室錄之以代河橋之柳聊
唱渭城之詩云爾　奇才碩畫人超塵桯顧荒齋草木
春本以同心成契合公到委保甲意見僉同　秖緣分手見情親別後疊蒙注念
歸巢倦鳥聯梳翮縱壑神魚且養鱗辭理公務歲旋就掌篇丁丑丁憂扶尊甫蔭雲麾前柩回籍守制得以清閒頤養
此去錦城花事好定栽桃
李及芳辰　先生恰似於包倫驛路迢遞瞻著蓊蔚下
有光暐爛烱風前留傲骨棱棱凌雲日著輕帆安石成

沙涼瘦馬騰我亦舊時驢背客紅衫烏帽記游曾

同治十年辛未春旱穀米翔貴貧民流離隕斃玉公潤齋太守詳請開倉賑濟於是吳公賡堂大令踏勘護國寺以設粥廠玉公命予薦人襄勞幸叨葉錦祥潘虛齋諸君竭誠匪懈三月蒇其事予從中奔走得見顛仆羞縮態偶吟俚句錄之以誌其間情形耳詩曰昨秋苦霪雨高岸舟行陸今春復苦旱赤地氣蒸燠居民多逃亡去者十之六老弱不能走何以謀旦暮大僚念災區賑卹恐不足爰命赤縣吏設廠更施粥穰穰數百輩核算男女共六四

百廿八人分男左女右東進　菜色復蹝跼各攜瓿與甕
西出兩旁以長繩面限之
唱名按冊錄官人開粥釜手把籌一束一籌粥一盂來
者不可復爭先恐怒呵退步或抵觸苟無瓿與甕待粥
手來掬亦有老病翁強起又顛仆亦有窈窕女欲前又
羞縮稍遲粥廠閉一日遂枵腹輾轉得一盂咽之恐不
速飢腸尚未充又為強者蹴餓虎兀饑鷹還力倒且饞
居然紾之臂但可怒以目人情竟如此何時返湻俗饕
餮實性生那得飽其欲戾氣變疫癘一死不可贖始知
上天心借此代刑戮我在局襄勞往往聞野哭道旁有

伏屍死者面無肉奄奄氣息微不待鬼伯促刼運乘荒
淦翦刈一何毒博施苦無力見此慘心曲安得布地金
輸粟千萬斛推廣　皇心慈更祝雨霡霂一解倒懸危
和風滿部屋吾閭滿招損善人天所福普願蒼黎民平
居讓敦睦洗心禁爲非覩此當鑒鍊

同治九年庚午自五月二十日至七月四日久雨作久雨
行以誌之

欲雨苦無雨望晴久不晴秋光七夕近潑
水一時盈漠漠漢雲全斂濛濛霧未明桐陰聽淅瀝竹瓦
響瑽琤甑已人間破盆從天上傾怒號常到耳霹靂未

收聲昏旦三朝度高低一帶平占星剛遇癸望氣盡呼
庚曠野幾成壑亭途半是阬枝棲何處穩屋漏暗相驚
岸畔橋將圯門前隴莫耕入家全露處單馬似舟行躍
躍河魚上哀哀澤雁鳴天心憐赤子　聖意注蒼生敢
謝同飢溺惟憑矢敬誠曦陽原普照望早慰輿情

[illegible]花館瑣筆卷十一

嘉州　鍾琦[illegible]譔

京師闈場對聯云赫赫科條袖裏常存惟白簡明明案牘簾前何處有朱衣最爲得體

同治丁卯浙江鄉試首場被貼其卷內有律句云花漏簾穠月正東天邊肅籟戰秋風三千翡翠雲屏冷十二鴛鴦綠幔空樊素歸來雙鬢雪秋娘老去寸心蓬泉臺檢點歛綃帕矮屋相逢淚染紅見邸鈔

嘉慶己卯科金陵首場有被貼者其卷面墨汁淋漓中有

詩云芳魂飄泊幾經年今日來過閨屋前漫汝功名虧我節當時錯認是良緣

陳大士際泰方靈皋苞兩先生皆工制藝屢困場屋大士某科入闈立揮而就自嘆曰更復誰人作得但不入時宜焚之另搆是年成進士靈皋某科入闈為文畧低一格卤呈所作於兄百川舟百川閱畢怒曰何意謬如此撫部是年大魁子有俚句云大筆誰參造化功但能入彀是英雄諸君要學新花樣秪合時宜勿太工

山東鄉試五更開門點鼓官畢始照府綱而挨點有宋公

某由貢而授訓導頭二場頗得意入三場天尚未明於號底見一女子厲聲呵之即不見號夫曰此乃鬼也初六日已見此此矣自言要向某縣顧汝衡索命宋立於號門有人入此號者必問籍與姓日午來一美少年詢之即女所尋之人也宋密告之顧面色如土宋曰冤鬼纏繞不能中何如乘院門未封假病而出顧然其言求巡場官得逸去宋思我縱其仇女必來日夕垂簾而待寂然無聞中秋夜正在寫策忽見纖纖女手並掩卷上宋吐氣大吹兩手分開急書數字兩手復掩旋掩旋吹旋

書旋掩半夜無休神疲而睡女曰公名已登天榜奴敢
胡爲願以情訴奴即顧觀汝衡聘室彼淫表妹轉污奴以
不潔之名故含寃而死今欲報復爲公所縱祇求異日
秉筆表氏貞潔則寃銷矣朱許之女再拜而没填畢訪
顧當囪囪荒里榜發朱果中焉據其情立傳以付梓
山東鄉場有燭三爆一事乾隆癸卯科內簾章公秉燭閱
一卷文氣通順而辭意淺薄將棄之忽燭花作爆復閱
之嫌無佳句又將棄焉燭花又作爆章執卷對燈祝曰
此卷原非可薦而兩遇燭花之兆如果若入𦣝中乞再

作爆聲祝畢而燭花響且明次日薦於劇曲試閱後聞章曰兄老手何薦此淺薄文也章備述燭三爆之異副向正曰尊夢應矣緣正典試在途亦曾夢此三字耳榜發此生謁章章問曰君家有何陰德能使燭三爆耶生不解公言誤應之曰祝三隨門生來暴女於八月初旬生一子矣公駭然細詢之對曰暴女者祝三聘妻也年荒逃難賣生爲婢貌中姿性亦柔順聞是本鄉人祝三之妻嘆至賞還賜以錢物房地使其成婚次日祝三來謝曰妻猶處女也喜其成實留祝三以服役老師下問

因具陳之公亦將場中燭三爆之事告之生始知燭爆與祝暴同音誤對之中乃正對也公喜極曰賢契所行眞可爲天下用奴婢者勸也

吳人張某小試累不售納粟出游以記室爲業其居停以事去官有舊居停在保定曾以書招之比至則已遷升西粵行矣張遂逗遛京師是歲科場而房價貴幸居停皆山右人平日習慣西音寄居晉陽公館旋有太原王生衣冠華煥率三客六僕投止於內以同鄉名刺拜張張答之三客與張嘗聚談張密問王何許人曰家貲百

萬心羨科第以庠生納粟而赴北闈者客又問張所事則以就試之貲以俟戚友耳既而有一人來與王密語喚三客入移時始出詰張曰兄來應試貢乎監乎張曰監矣又曰眞乎僞乎張曰有照爲憑客故作不信張啟篋而示之客默然約張游妓館以解悶張亦沉湎花叢樂而忘返至試期張同三客諸具送王至唱名處遇素識者誤謂張亦入場也榜發而王中矣午刻有噪而入者張亦中矣張瞠目不知所謂拍案大呼曰異哉異哉王惶急呼三客請張至他室曰今實相告我主人以三

千金延某貢生代倩孰意驟丁憂不能以正名就試是以借游妓館而盜取監照俾某貢生頂名考遺以入闈詎此公學優有餘力竟爲兄取中其命也夫張始恍然大悟繼而曰科場大弊性命相關欲我冒作孝廉不可不可客商酌許送三千金張曰我寒士也三千金之貲不爲少矣科第之榮不爲賤矣我之才力何足以圖進取與其悖入悖出甯藏其拙得以盡仰事俯育之心足矣再拜稱謝擁厚貲而歸故鄉此之謂富貴逼人來也

濱州王刺史中州老孝廉也有宦名工書專摹歐陽詢而

得其與求書者尤衆公甚苦焉某科調簾見一卷文通暢而不出色字畫筆筆歐陽公愛之忘其有謄錄也三薦而中在本房之末未揭曉時房官聚談所取之文公曰諸公所取爲人老王所取爲己我見某號書法逼眞歐陽欲得此爲代筆門生或曰此必公所素識者是以知其書法之善也公曰否吾于卷中而羨其書法也或又曰公所見者硃卷耶墨卷耶公曰硃卷忽悟字乃謄錄之筆而誤薦也陳於主試欲易之主試曰此亦生之祖宗積德累仁所由致既定矣不必易之榜發生謁公

始知大族佳公子次年公致仕生會試歸公延其在家
訓子且出貲復招昔之謄錄者同養于室代公筆墨公
嘗曰我今享清福得力於歐陽耳
南昌召貢生有三子長爲廩生次爲增生其三長爲老童
生矣其父謫在廚房炊飯故有燒火三相公之名値開
科年長次二子束裝晉省命三相公同往供奔走其妻
曰二伯人也汝亦人也何二伯若座上客汝爲籠下養
耶我父爲藩憲庫大使汝請丈人納一監生亦可逐隊
觀光矣三相公欣然求丈人納照錄遺至期入闈多備

燒豚熇鷄煮鴨見鄰號皆寒士三相公邀約共食衆大悦是夜題下譬如爲山四句三相公有怏怏色衆詰之曰初次觀光遇此大題不能完篇衆笑曰十三經中一不乏之山字話頭若塡砌成文則洋洋數千言尚引用不盡也且出其書教以運用之法三相公大悟揮灑自如試畢旋里其父閱其稿拍案大怒曰爾癡心奇想總徒倖進不知無茹古涵今之心胸而欲風雷燒尾則悖矣鮮包今統古之口腹而欲雲雨揚鬐則妄矣汝浮泛至此悖與妄兼而有之有何面目見爾丈人耶是科主試者

皆好詭異十五日例設掄元讌隔簾相敘此夜監臨牽
提調簾官公請主試宣明題義應取何等文字以定元
大主試笑曰文無定法惟眞山眞水者中此戲言也監
臨失聲大劇衆附和鬨堂大主試怒曰我欲云云誰敢
爾爾竟罷宴入內衆官私議安得渟泓之作以玩之二
房簾官曰我處有一卷衆趨視曰有此不通主試卽有
此不通舉子於是公薦呈堂曰今搜得眞山眞水一本
仰祈電鑑大主試知其謔已旋閱旋圈曰如此典博不
合掄元耶標定第一名衆不敢作聲副主試過來持此

卷且讀且笑曰其文固典博惟稍浮泛大主試曰此元我定與君無干放榜後我自掛彈章聽　皇上處分咸知其崎嶇強不能挽回無言而退三相公居然發解矣予有俚句云浪談雅正說清眞須信文章有夙因休問試題難與易名場僥倖豈無人

浙有朱解元者耿一目時人呼曰半仙時文中之能手也其未發解之前一科偕友赴試八月初七日夜夢王者召而言曰爾文名藉甚今年闈墨煩爾潤色朱唯唯延入後殿有人以卷送閱朱見元作格法高超易數字尤

盡善矣王者復來謂朱曰今科榜首該縣城隍來奏此生近有姦人室女事應削籍予已追取下科榜首文到請正之朱閱其文曰此童子之作如羽毛未滿何以高飛王者曰命定不能易也朱大加刪改以呈王者王者命夢神飛傳與之然後次第閱竟頗費經營王者曰爾再後科之解元也至削籍者係山陰某生爾歸去訪其人勸勉德過將來尚可望發科今新解誠然是初入庠之童子仁和人緣祖功宗德甚厚故子孫科第未有艾也然此子拔早一科陰律減陽壽五年爾亦勸勉其濟

人利物亦可挽回陰律矣遂命送朱回寓而夢覺僕曰奴守三日頭場將畢矣朱曰倦耳出訪山陰某生及仁和童子告以神語誦文爲證皆惶悚受教朱歸視親友之文一讀破題即知其中第幾名有佳文曰惜哉不售其傷陰騭耶初不信後皆不爽遂有半仙之稱

道光戊子科北闈大學士某公典試題爲回也聞一以知十二句所取文內有用易經天一地二及七日來復八月有凶等語不慊人心好事者選新戲云玉帝坐凌霄殿見怨氣沖天問於太白星奏曰此時人間鄉試士子

有不才而遇才而不遇者故有此怨氣帝曰鄉試有定
額本屬善法無如冬烘輩錯認顏標耳朕思仙佛二教
中漫無定數致有與妖作怪者不妨仿照入闈考取爰
命文昌遴選學問純粹者以充試官後闈玉京尚無主
考帝問太白星太白星曰此處應位尊爵顯者爲之乃
舉齊天大聖孫悟空帝曰尊矣顯矣奈文不通太白星
曰近時試官多不通所請襄勞者槩是眼大於箕腹空
如磬之流尚不及猴子心靈性敏若其另延高明以勷
可無慮矣遂命悟空爲玉京主考悟空求文昌派宗工

文昌曰宗工惟天聾地啞被人重聘去矣悟空謀及呂純陽純陽曰我已奉命典試瑱環福地自顧不暇君若不得玉衡水鑑者訪善卜卦以命取人亦可適眞武祖師過訪悟空語之故祖師曰我座下龜靈聖母是能手何必遠求悟空悅乃召聖母見之曰惷然一物入闈恐不雅聖母曰我能大能小能現能隱縮爲金錢竄匿大聖袖中則人不覺及閱文時其命應中式者我以八卦衣顯之大聖取之無誤也悟空依其言故是科多取八卦者戲爲　皇上所聞罰主考簾官俸而停用茂詞者

三科會試

曹州蕭生性敏不好學在庠二十六年歲試常居三等末

已亥　恩科於是年歲試幸居三等一名喜曰我兩鬢

蒼蒼迄不曾入闈今亦何妨觀場矣至省日日外遊觀劇

適有演　關帝單刀赴會者魯肅口白有某事仁也某

事義也某事禮也某事智也單少信字之語蕭聞而喜

之念念不忘常誦之場中首題子入太廟一節蕭想單

刀赴會以仁義禮智襯出信字我於此題不作六股加

散行一段以仁義智信襯出禮字文勢自覺流動洋洋

得意場畢同友歸互相論文從無一人問及蕭文者蕭亦絕口不談是科典試衡文者見薦卷多不如意搜房得蕭卷閱之大喜欲發解以前後少謄策列正榜第五報至其家舉邑驚異有名宿閱之曰此文通場無二卷高中宜矣其後以年逾七旬　恩授翰林當蕭之初應鄉試年逾五十矣自以爲幸錄科名以觀場並無望中之心故於臨文之際借劇中口白作題內文章偏爲有目者賞鑒藝之功名念切得失關懷終日孜孜焉皇皇焉或奮緣於當道或乞伎於同人自存必得之心終不

能遂其願以相償者其相去爲何如也其中有命存焉古云君子安貧達人知命蕭之得中蓋近於是矣

乾隆間京官某公山左人也有二子隨父在京友人曰今科鄉試兩公子例入官號北皿官卷祇中一人何不一試於東一試於北家學淵源可期同登賢書公韙之命長君東旋次君留都其次君功名念切書北闈東場二紙赴關帝神前跪祝之拈得東場面請於父父曰汝兄由廩捐貢錄科易汝是俊秀捐監而外省錄科難對曰兒期中舉何憂乎錄科父喜其言許之又約同志者告語

呂祖祠乞夢夢一高脚牌上寫童子六七人又稟於父父曰大場不出此題且仙亦不肯以題直告於人爾勿以夢中之題張揚賈禍焉次君退而依題擬作删改及錄科題是童子六七人浴乎沂兩句次君以爲夢既應於錄科而正場無復望也試畢心忐心忑親友設宴道賀次君仍怏怏有破落戸江二者笑曰正場題雖與夢不符而榜名卻與夢應衆問之對曰公子十九尚未完婚猶童子也六七人者六七四十二定中四十二名衆大笑次君亦喜甚言至揭曉日次君果中而名次亦合

公方信夢兆之驗也長君北場未售旋就訓導次君歷
仕郡守江與之俱以終其身
樵李吳生儒而兼賈不預科場久矣是年夢其父催令入
闈對曰此道早荒疏父笑曰易耳今科首題爲鄉人皆
好之一節本家藏必有此稿汝在場中訪而錄之可也
生欣然温故入闈訪闈藺陔所在夫吳藺陔者名宿也
其門下發科甲入詞林者甚衆先生落筆高古屢困場
屋時年五十有四猶念功名生訪得之挽求鄉人皆好
之一節舊作藺陔見其殷勤錄出與觀生攜回號未幾

蘭陵往答之見其在卷上揮毫疾書訝曰尚未見題何得有文生笑曰喜其文雋朗恭繕試卷以誌欽佩卽被黜亦所甘心蘭陵駭異遂别去是夜題紙下果是鄉人皆好之一節蘭陵自思得意之舊作旣被人所竊諒終身不得售矣遂隨意信筆而完篇是科竟中式蘭陵以舊作入見座主曰門生薄有微名闈中所取乃草草塞責者不堪爲多士寓目請以此易之座主曰可雖然此文若在場中未必中式蓋閱卷如走馬觀花氣機流動者易於薦此文必反覆數過始知其佳試官有此閒情

乎故無益也蘭陔恍然悟先是吳生歸不作第二人想

迨榜發無望暗恨其父愚弄之夜復夢其父曰此中有

天命汝若不抄襲蘭階之舊作彼必自呈文不得中式

矣生曰彼得失與我何干耶父曰闈中飯食皆出國帑

生時已註籍汝命中尚有一次不完不安也生次科仍

入闈謂人曰公等皆掄元奪魁手我來領欽賜飯食以

了公案耳

江甯報恩寺每科場年賃爲舉子寓六合張生員者嘗主

某僧房其寺主老僧已故張以獲售之難心灰意冷懶

科不應試忽一歲老僧託夢于徒曰速請六合張相公來今秋高亞鼇頭其徒告之張渡江應試發榜仍不第因設祭懟之夜夢老僧曰今科粥飯冥司派老僧散給一名不到如何開銷禮越命中尚應喫三場冷粥飯故令愚徒相延以弛我譴責非誑也見咫聞錄案夢寐之事災祥本難預决史册所載如趙武靈王夢處女鼓瑟而歌乃納吳娃卒至奪嫡餓死張敬兒夢全體熱而謀反被誅梁武帝夢中原混一而次日納侯景之降竟以亡國漢武夢木人欲擊帝而枉殺皇太子徐知誥夢吞

金丹而次日方士獻藥服之而終宋史臧丙傳丙舊名
愚夢父召丙立于庭指天曰老人星見矣仰視之見黄
明而大喜以壽星出丙入丁故改名丙字夢壽及其死
年秪五十一可知夢之不可信矣古語云至人無夢非
無夢也即有夢仍以無夢過之未嘗于夢寐之事留之
于心而決休咎焉

江甯顧生有文名其妻孟姜學亦超羣人比蔡文姬家貧
惟望登科甲嘉慶己卯鄉試顧生大病孟姜倉皇曰吾
夫今又不第闔家無仰賴也是夜夢筆生花遂裝男戴爾

帽入闈已而倦臥雨帽脫落一生過之風吹其簾見髻光大呼號官知覺稟提調監臨訊女得其實情監臨命其爲詩援筆而題曰良人卅角稱書囊陋巷簞瓢苦備嘗患病臨場猝失仰扮男入院代爭光昔時已有黃崇嘏今日豈無顧孟姜夢筆生花先具兆乞恩終卷渡慈航監臨閱而歎曰才女也欲錄詩而入告於例不符發首縣看收闈畢發落首縣留教其女榜後中丞命方伯率屬集銀二千兩助以送歸其夫激上官之仁恩歎荆妻之大膽病日就痊而益潛修次科遂鵬搏直上矣

某年童子試諸生羣集請仙乩書曰上眞皆赴元玄會不暇降壇命吾土地權攝諸生問何衆曰問明日試官所出何題乩曰題目在吾堂內於是入土地祠跪拜撈尋並無隻字再禱之乩不動矣皆腹誹土神謬翌日赴試題紙下土地二字此神可謂現身說法

徐生性愚惷讀書一章百十回猶不能全領在胸於是陳列四書五經朝夕參拜如僧禮佛人或誚之對曰吾資質鲁鈍不能記憶拜而讀之或可有得獨於雞鳴時焚香占卦曰久朦開忽焉會心遂於易理洞然一日學使

按臨徐將四書五經逐句分析枚卜而拈得易履之上爻珍而藏之揣摩熟練及應試經題覩履考祥其旋元吉遂獲雋此亦由於讀書之勤研求之誠所由致也彼夫心敏性慧而輕浮自棄者當以徐生爲鑒可也

三代敷施之地曰學曰庠曰序曰校未有以書院名者自唐玄宗置麗正書院此書院命名之始元和中李寬建石鼓書院厥後嶽麓鵝湖白鹿睢陽諸書院皆倣爲之然未嘗有厲禁之者明天啟時逆璫秉政詔毀東林書院凡涉東林無不罹黨禍嗟乎捲堂作而宋亡東林毀

而明墟矣書院掌教稱山長案宋祥符五年嶽麓書院山長周式請於太守劉師道廣其舍宇後世稱山長本此談賓錄五代蔣維東好學能屬文隱居衡岳從而受業者號山長僧貫休有懷匡山山長詩蓋隱居此山即爲一山之長禪月集有思匡山賈區詩云山兄詩癖甚寒夜更何爲可見山兄山長皆住山隱士之稱非掌教書院者方稱山長也審矣

廣川書跋長安李丕緒得晉帖世疑劉伶作靈李謂有誤然其字伯倫知爲伶也按文選酒德頌註引臧榮緒晉

書劉靈字伯倫文苑英華卷十三皇甫湜醉賦昔劉靈作酒德頌彭淑夏辨證云顔延年五君咏劉靈善閉關今文選仍作伶蓋後人據晉書所改耳文中子劉靈古之閉關人也語林天生劉靈以酒爲名並作靈而唐太宗晉書本傳作伶故他書通用伶云云又陸龜蒙中酒賦有臧卓擒靈之伍我願先登卓謂畢卓靈謂劉靈李商隱詩誰向劉靈天幕内亦作靈不作伶蓋伶从令聲令靈古字通用後人習見今本晉書作伶遂以作靈爲誤是少所見多所怪耳

貴州省某驛館中有一聯云滿眼盡窮黎奚忍多用一夫悞他舉家生活兩頭皆險路何不緩行幾步積君無限陰功仁人之言無異當頭棒喝矣

避暑錄載侯官連梅耦明經（攀桂）所作楹聯多可採如云暗室中須問心得過平地處亦失足堪虞又幼不學壯無能傷今老大過愈多功又少請自乘除又始爲佳而轉念不佳見義無勇一事錯而凡事皆錯擇術未精又四十二年碌碌無奇安得出人頭地三百六日孳孳爲利何堪賦我性天又顯揚之謂何筋力漸衰歎利名無

就教誨不可已心思既竭望子弟能賢揆利名無競近俗梁苣林中丞改行藏無據尤較勝也

崇川潘公子幼隨父宦京師弱冠成翰林旋里集諸少年爲徵逐游甚至登場演戲劇有人嘲以偶語云京調唱崑腔這翰林另有班子斯文更曲譜那秀才好箇優生亦可謂善謔矣

曾侯相輓塔軍門齊布 云大勇仰慈祥論古畧同曹武惠至誠相胞嫗有章實薦郭汾陽彭雪琴宮保亦有輓聯云謚并武鄉侯湘鄂戰功青史在壽同岳少保忠武甍於九江

年三十有九古今名將白頭稀相國與忠武同患難而彭公則稍間矣情誼有別辭氣不同而確切不移則一也

哀輓以抒眞性自應白描為妙而運典眞切者如王爵棠中丞之春昔年輓妹一聯撰句云汝性最聰明曾伴阿兄吟柳絮甥儕均稚弱忍看若輩著蘆花字字從眞性流出而生前死後莫不包舉

梁茝林中丞章鉅舟過蘇縣謁心山太令鵬翀初建訪蘇亭落成公代撰聯云萬里入瓊儋夜起江心弄明月一亭撫笠屐我從畫裏拜先生心山以中丞所遺蘇公笠屐圖勒石又命擬

一聯云公是孤臣明月扁舟留句去我爲過客空江一曲向誰彈蓋隱括文忠公藤江五古詩意也又代鶴松園年重建陽朔縣書院講堂楹聯云文筆聳層霄愛此間對萬壑瀠洄教化由來先黨序書樓崇講席願多士做千秋事業顯揚不僅爲科名文筆書樓皆陽朔古蹟也

近世有疎財仗義者往往終窶且貧矣而慳吝者反恒積倍昔嘗見洪都公所財神座前有楹聯云果然冷面寡情這纔是守錢虜倒要與他幾箇若使扶危濟困竟成

了耗財鬼休要想我分文觀於此可以憬然悟也

梁曼雲太史與廖佩香上舍爲貧賤交佩香早卒太史爲營葬在山督工四十日事畢題其墓門曰黄壤可憐埋傲骨青山長遣伴吟魂

京師阜成門外可園爲某固山貝子所築山水清幽樹林陰翳其堂有聯云風雨最難佳客至湖山端賴主人賢二語最有味

岳陽樓呂祖祠有楹聯云放不開眼底乾坤何必登斯樓把酒吞得盡胸中雲夢方可對仙人唫詩眼界極廓語

詞亦落落大方

某納貲爲宰者遇童試出對云父母千戈干誤朕琴朕弧朕二嫂有童對云達尊三爵一齒一德一朝廷破句別字竟成絕妙對偶見椒生隨筆

某宰鹽城不愜民意有人於照牆大書聯語云當時祇說此之謂今日方知惡在其

周太守沐淵以庶吉士散館出宰江南歷任有聲然性放蕩忽於細行有名妓富金嘗贈以聯云我富文章卿富豔兼金聲價斷金交爲御史糾參後有事復官宰常熟

題堂聯云十日雨五日風歲乃常熟九年耕三年蓄民其姑蘇二聯均膾炙人口後擢守常郡濟南府江南會館云表海擁雄風今樂何如古樂明湖聯舊雨濟南勝似江南又廣東省城歸德門外有武陵會館杭州商賈於此醵金翔建旣落成其鄉人梁應來紹壬爲撰楹聯云一闋荔枝香聽玉簫吹來徧傳南海雙聲楊柳曲問金尊把處憶否西湖眞雅音也

林岵瞻比部在京爲其祖母稱觴梁主政逢辰贈聯云致歡久協曹全誌介福長酬令伯情皆切祖母說重親致

歡用曹全碑語非素講漢隸者不知也介福亦用易爲繇受茲介福于其王母語按主政乃莅林中丞之長公子

朱竹垞太史爲施粥廠作聯云同是肚皮飽者不知飢者苦一般面目得時休笑失時人此較隨園詩話所載題養濟院一聯稍有含蓄

張睢陽廟一聯云鬚髯輒張凛凛有生氣顔色不改陽陽如平常此本傳成語爲睢陽寫照難得天然作對耳

京師浴堂門首聯云入門兵部體出戶翰林身蓋上句借音爲冰布體下句借音爲汗淋身也嘉慶乙丑聶蓉峯

銑敏以庶常改兵部主事已巳 賞編修有友人戲舉俗堂聯云贈之皆以爲巧合

湯公鵬箸述甚富才氣横溢目空一切不理於衆口歿後曾侯相輓以聯云箸書累百千萬言才未盡也得謗遍一十八省名亦隨之數言紀實寫盡其人

張文端公英楹聯一云造物最忌者巧萬類相感以誠文和公廷玉澄懷園語載集論孟云約失之鮮矣誠樂莫大焉此二聯耐人諷咏

李東陽壽商文毅公輅七十對聯云自古年華稀七秩本

朝才望重三元按出何用人生七十古來稀語自是佳典　國朝乾隆間恭逢　高宗純皇帝壽登七十自稱古稀刻有古稀天子之寶則此後普天臣民斷不可再有古稀之稱而近日操觚者流尚有賀不知此事者所宜正告之也

樵餘詩話云汪瑟菴先生為安徽學政時至金陵試院考錄遺才自撰楹聯云三年燈火原期此日飛騰倘存片念偏私有如江水五度秋風曾記昔時辛苦仍是一囊琴劍重到鍾山道光初有太平廣文某以送考來金陵

故事廣文送考者例向學使求所屬遺才二名是科爲沈小湖學使一槩謝絕某廣文戲改前聯云三年辛苦秖求兩箇遺才倘蒙片念垂恩感深江水百計哀號不管入棚伺候拚着一條老命撞死鍾山後學使聞之亦不罪也

新昌黎蓮九大令（金炬）字樂山惠愛宜人自撰楹聯云視公庭若家庭夜寐夙興不改寒酸面目以民事爲己事振貧起瘠敢忘飢溺心腸

休甯縣道旁茶亭聯云南南北北總須歷此關頭且望斷

鐵門限備夏水冬湯應接過去現在未來三世諸佛上一天下地東東西西那許瞞了脚跟試豎起金剛拳擊晨鐘暮鼓喚醒眼耳鼻舌心意六道衆生喫飯穿衣見椒生隨筆誦之如談家常如參禪偈

杭人趙京因病入陰司舉頭見楹聯云人鬼祇一關關節一絲不漏陰陽無二理理數二字難逃後署會稽陶望齡題

周荇農閣學幼夢入一大衙署其門聯云百善孝為先論心不論事論事世間無孝子萬惡淫為首論事不論心

論天下無完人案兩首句本是倒語深入一層即律

重誅原心之意極其透徹

憑花館瑣筆卷十二

嘉州　鍾琦　泊豐

新建程翁世以營運起家富至八十萬年四十無子喟然歎曰君子之澤五世而斬自吾高祖創業今其時矣若不修德行仁恐其消滅與其遺産業於不肖之子孫不如散給鄉黨之爲得也於是修橋補路施藥濟貧有善人之目時征剿金川軍糈孔殷兼以飢饉荐臻田賦完納寥寥閭閻雖賣子鬻妻而藩憲追呼較前尤甚委員守提地丁銀三萬六千三百兩有奇漕米折銀六萬四

千五百有奇邑宰某仁慈不忍敲扑晝夜憂怛惟思自盡或請與程善人謀當有以濟官無奈具饌延翁與商翁慨然曰必出示免本年正糧及漕米毋累鳩形鵠面者此十萬銀由晚繳出不求奬勵官大悅將銀解省藩憲以爲能擢吳城同知翁謂其妻曰此舉得遂所願矣後連生三子長喬采仲樾采季煥采嘉慶間俱得科甲至道光皆官督撫翁壽九十五膺一品封而卒案翁之設施其胸襟非他人所能及故三子節鉞宏開旌旗高建天道福善有以過天子慶賜凡澤於人者所得美報

不憚速而且長觀翁及阮翁張翁信而有徵矣

阮翁儀徵人性惻隱好義爲鹺司事歲入百餘金往往賙恤親友無吝色窮不能贍妻子泊如也一日至廣陵見市不戒於火被焚千百家赤貧者無力賃屋男婦老幼皆露處忽澍雨滂沱立泥淖中相向而泣翁觸目傷心思有以濟之亟趨至商家求謀安頓衆以翁人微言輕暗誚笑無肯爲籌畫者翁忿甚懇居停預假辛俸數十兩居停曰伯夷有急豈於陵仲子所能救乎君何以不揣詹之而妄舉耶翁曰馬負千鈞鳳銜一粒各竭其力

各安其心而已居停允其預假翁呼匠役爲蓆棚俾赤貧者有所遮避是職翁無辛俸臏徒手歸幾不能卒歲幸其子雲臺先生元肄業書院聰穎才知爲當道所器重均有贈遺藉以購買薪米未幾鄉會聯捷入詞林大考皆前列簡在　帝心典試學差旋巡撫浙江翁始殁服闋後翁制兩粵道光初入贊黃扉贈翁太傅文淵閣大學士天酬其德亦可謂厚矣

張翁者山東海豐縣康熙間人前河南藩司名鎮者其孫尚書名映璣者爲曾孫初翁單丁有地數十頃播麥

獲倍收建倉廩實之不糶姻婭勸某價翔而售脫翁曰予非牟利也地獲倍收地力盡矣來年必歉吾儲之以賑饑饉人生百年忽忽易盡吾藉祖宗之福未嘗凍餒僅一子讀書所用幾何子孫貧之不足慮所慮者無德以貽子孫耳次年果赤地千里籽粒無收道途多餓殍翁乃開倉發賑活人數萬子連捷選直隸某縣性清廉家計將落其孫鎮應北闈試適某大員乃其父之同年

簡放河督懇求同行某大員即啟奏賞六品銜爲前驅是秋河工大德 仁皇帝命某尚書某侍郎親往勘

督辦理一日衆會議皆束手無策張鎮疏陳指畫侃侃
中肯各　欽差喜據稟而行果安瀾永慶保升同知歷
官至河南藩司而終焉不知河工難於熟諳張襄勞未
久豈知底蘊緣查河遇雨偶避村莊雨不止主人留宿
待食酒數巡主人謂張曰老朽退居三十年所籌河工
策繪圖附說多先正所未發欲待其人而後傳之今見
君官小而品高將此書授君宜朝夕揣摩洎衆會議時
得此書甫半月耳此眞天爲之豈人力所能得哉自翁
以後科甲不絕子孫綿綿並膺異數人見其家有圖書

一章曰祖孫父子兄弟叔姪科甲之家噎盛矣其來厚

矣

劉士範定海縣庠生乾隆間人也家殷實忠厚慷慨是年瘟疫大行其染傳也如水之趨下其蔓延也若火之燎原一人起病一室攢眉一家抱疾一村蹙額親朋避不來往鄉黨遠似讐敵適有友染此證劉急趨過探衆止之劉曰所貴乎朋友者疾病相扶持耳今病而不往他日何以見面且瘟疫由五運六氣旋轉而生此天地之恒也病是家焉知不病我家我避人焉知人不避我乎

于曉嫻鄉鄰之道大有關係遂邏諭之朝夕視其醫藥侯病愈而後止有師在家訓蒙病甚篤衆慮其死欲送歸劉曰既爲我家師即與同居無異何必以此避忌遣迎師之妻室過家侍奉逾三四日而亡劉治棺衾開喪出葬又一夕盜進內院課讀未巳盜疲倦倚門而臥衆聞鼾聲擒之盜伏地求饒劉曰子不必驚惶也夜深露宿恐受寒給以酒食贈錢五千文合爲小買毋再爲不良以干國法盜叩頭而去至劉年六十衆祝嘏有饋壽禮同錢五千文劉以素未謀面不受盜陳前由始知盜

得錢後贖故前非已成小康今以禮報德也劉之諸孫有食廩者有中舉者有歷官至提督者見咫聞錄云云

夫天下仗義疎財者類多好名而干趨利避害之心終不能免若劉士範者覷人之災若已災擴人之事若已事交人以誠待人以德斯亦三代兩漢後罕有見者眞可謂賢良方正也以視公孫宏僞託大儒揚子雲諂附聖人一在青雲一在黃壤矣

雪溪吳公菊舫富而好德居鄉扶危濟急宅傍築園林嘗止息養靜小除夕童僕送酒殽至翁偶見有人伏樹端

屏退童僕仰樹呼曰樹上君子曷來小敘耶其人下叩頭甚戰慄翁以火燭之鄰人某也翁曰母恐先食酒餕以禦寒姑告所需酌量助汝鄰人泣曰小人有母遇荒歉無以卒歲故行此莫恥事耳翁曰無恥者終不若人有恥者乃能行已君因荒歉而爲鼠竊狗盜倘捕役魚肉沒齒含羞昔晉劉權亡命後變節好學又戴若斯擄篋掠囊晤陸機開導投劍歸正後列功得爲將軍吾贈君銀二十兩小本謀生以養令慈當效劉權戴若斯改過自新不可一誤再誤矣其人感泣啟後門而送出翁

於妻子亦未言越二十年翁長君以翰林歷官大中丞次君以翰林爲學政翁膺一品封而卒送葬日戚友以千計忽有靈隱寺方丈來奠侍者雲從祭品豐潔俯伏慟哭甚中丞慰謝之而不知是何交誼和尚密告以前實情自毋歿後去爲僧今稱大方丈者皆封翁盛德有以成之吳氏昆仲乃知其事云此不難於濟助難於惟恐人知諄諄告戒俾改行從善是爲陰德所以塤篪並發花萼聯輝矣

錢曰通寶大哉言乎通者謂勿壅滯也寶者謂勿靡費也

不當用而用終必奇窮當用而不用終有奇禍據予所見所聞凡與是道相反並無膺厚福而歷亨衢者嘉州某鄉某户歲收租穀三千五百石館師胡麗經先生嘗園壁間談謂其家烹茗不用鑵凡有顯客即以煎茶之鍊釜煮水而泡之雖有蟹眼雀舌韻清氣醇之仙品亦變爲黯色怪味也以此而論其家雖富夫何善之能爲惟知計倉廩算錙銖損人利已而已然彼之計巧而鬼之計亦非甚拙彼之算長而鬼之算亦非甚短以計窮計以算折算而彼奚遁耶遁於身其子被刑其妻被辱

其財被刼不爲鬼笑者罕矣案嘉人展殄者固多而一毛不拔一絲不漏如某鄉某戸者亦復不少耳予訓兒曹有俚句附錄之以資笑歎云生齒日益繁生計日益蹙顧此蚩蚩民何以供饘粥友人爲予言其道毋奢矣予疑彼所說似是而非是方今之大病以吝當成儉（不知儉與吝大有分別）海内開田稀逐末多習染朝伺富兒門不食一片肝膽沽惡少年撫刀中夜歎暮伺富兒門不買一尺絲寒女待織食零滿對杼機錙銖積日月囊橐盈萬千廣置北里舍徧買南山田豪强務兼幷今茲殆甚焉

似此齷齪輩爾曹尚勉旃封殖遺子孫子孫詎能守不見西鄰牛已逐東家走導耆語固激崇厚道可久疇無族與親疇無舊與友餘潤分惠之俾答謀升斗

嘉州多火警有謝某閭遭回祿者嘻嘻旭旭王壽喬茂才士醇見而惡之將隱情密告於予予曰願人發福未必福也樂人有禍未必禍也而涇渭彼分矣墨子云今有燎者於此一人奉水將灌之一人操火將益之並無功焉吾嘉彼奉水者之義而惡夫操火者之心也謝某聞鄰里災患無怵惕惻隱而反懽喜亦猶操火者其肺腸

盡是殺機吾輩從此往來秖可如雲淡星稀耳光緒辛巳謝某在河街設號貿易壬午八月初十日其家為火所焚售田又設號丁酉五月初六日鄰里遭回祿其勢熑熇將貨物搬遷空處而颶風颼屋以致炎熾熛怒蔓延貨物槩成灰燼謝某驚悸死去秋其子與吹簫客伍向予告貸念其父昔在吳瑤圃先生學署內同考文課給銅錢五緡袷衣一件令賣淡巴菰以餬口可見忍心害理者遭忌鬼神所謂小人枉自為小人矣

張衣江中舍與予祖雲樵公交最篤好丹經道跡落井坡

頭養性命而已一老蒼頭在古廟同老僧棲身該處距城
七十里其山勢高巒截雲層陵斷霧隆冬嚴寒則肌革
慘懍予祖寄書而勸之其中有云孔孟講性命亦在城
市何嘗在人跡不到處耶且血氣有盛衰人命有修短
世事有變遷台端年甫五十歲此時有蒼頭驅使備精
力頹唐蒼頭或有別故獨臥荒山窮谷中飲食誰來供
養疾病誰來問視膚癢骨疼誰來摩撫況臨終無殯葬
之人殁後無祭祀之主孰若早旋故鄉以遂室家之願
使祖宗不怨恫於地下兒女得承奉於生前矣又寄書

有云案丹經要言性命者神氣而已修道者修此神成丹者成此氣然神也氣也在我也其得之也自我得之其傾之也自我傾之不論城市與山林也故老子仕周莊子仕楚何嘗棄城市耶王喬仕漢許遜仕晉何嘗逃往山林耶若南昌尉梅福勾漏令葛洪亦非在人跡不到處矣倘祈早悟不宜久迷是為禱切望切耳弗聽越二年果歿於落井坡其子備棺而殮之因山路崎嶇不能扶柩旋里遂葬於巖壑間

崑山徐健庵先生其家藏書曰傳是樓向不得其解後閱

汪鈍翁傳是樓記云先生召諸子登樓而謂之曰吾何以傳汝曹哉嘗慨爲人父祖者每欲傳其土田貨利而子孫未必能世富也欲傳其金玉珍玩鼎彝尊斝之物而子孫未必能世寶也欲傳其園池臺榭歌舞輿馬之具而又未必能世享娛樂也吾方鑒此則吾何以傳汝曹哉因指書而欣然笑曰所傳者惟是矣遂名其樓爲傳是

予太高祖之考諱秉佐號輔卿苦志讀書終無所遇家貧不苟取偶有急需雪夜之感家道有無儀以籠火前導

塗中蹴一物纍纍然拾視之粲然白金矣僕喜躍曰天
賜也公正色曰汝以此爲利乎遺之者生命係之也立
雪中俟其人少頃有號泣而覓者至詢實還之昏延時
猶能見得思義可謂難之難者矣課徒爲業耽吟咏冥
構苦思有王維走入醋甕之風且性慈蒲節解館歸其
囊僅贖錢八百文過池岡見有賣鰍鱔者將七百文買
而放之池岡族人衆均止其節費以購米公謂族人曰
我非救所殺之物欲以救能殺之人彼不知所殺者必
爲能殺者能殺者必爲所殺者我放生亦放能殺之人

之生非徒放所殺之物之生也余笑而不答居恒粳糧縕袍種花蒔竹而脩然自怡年七十一忽跌坐瞑目家人聞喉中痰響聲以爲寢視之死矣

予太高祖瀏溪公例貢嗜學好善詩有燕趙氣先是康熙癸亥夏四月家中牝鷄司晨犬貓有泣聲或曰異也不祥之兆也公曰祥所宜祥乃祥不宜反是異所宜異乃異不宜反是視人事而已人事不修無祥異皆有憂人事修有祥異皆無憂也適歲歉公糴米運歸歸則減價賤售初減其價之半繼減其半之半卽不及半之半亦

給所需又念遠地赤貧者於鄉村設廠二一施米一施
粥有米弗及領粥弗及就者死則助棺瘞之其好善類
如此次年甲子正月生吾本支高祖梓君公是秋伯高
祖蔭菴公獲鄉薦白香山詩曰吉凶在人不在物一蛇
兩頭俱是祥閱此益信矣
江西南豐縣劉公衡由拔貢任梁山墊江歷陞開歸陳許
道去官五十年閭閻尚稱道弗衰緣劉公於大堂懸有
大鑼凡有寃抑者擊之以聞劉公即出當爲聽治至今
劉大鑼之名傳播蜀西巴東間至於修堰築渠安良懲

暴尤爲急務歿後歷任各地之士紳於道光初間請祀名宦祠又同治三年四月督蜀學使楊公禮南秉璋會同制軍崇公璞山實意圖表彰激揚合詞恭摺具奏蒙將劉公治行宣付史館編入列傳以勵循良益澤流朱邑固共覩爼豆之馨而化洽文翁尤當紀教養之績劉公以實政及民以崇儉訓俗口碑歷久而彌彰治譜簡易而可守誠使各州縣皆能如劉公之所施設盜賊何患其不靖閭閻何患其不安矣劉公有蒲東蒲言等書及算學五種移咨國史館存查

紹興史公叔平方伯致康有廉潔之守而能濟以仁有敏捷之才而不失於察由知縣歷官候補道加布政使銜凡剿匪平賊皆得力於團練公嘗謂予曰團練古法也亦良法也因地方官苟且塞責是以有團練之名無團練之實矣所有團正團副必遴選端慤果勇者而當之仍由地方官督率嚴禁科派杜絕欺凌因勢利導竭力整頓行見民與民相聯絡而友助可期也鄰與鄰通呼吸而應援足恃也至操演不惟稔其坐作進退之方策其步伐止齊之用而每月大閱分主客兩軍鼓聲既震

則作兩軍對壘狀惟槍礮不用鉛彈以懼傷殞或作主軍攻客或作客軍攻主悉聽各團總指揮殆兩軍既合可以分勝負勝者逐負者奔乃計所俘之多寡所追之遠近爲優劣其操縱闔闢不殊於臨陣破敵所異者惟斬馘耳嘉州團練無非跳舞花勢雖劍樹刀林雷轟電擊不過令入震耳而駭目必如是操演乃可禦外侮而治內奸矣無事而習之臨時而行之不必伺其賊來常存備禦不必懲其賊往各顧藩籬以治匪而不勞以輔兵所不逮故曰古法也亦良法也以上撫公所言大有

禅於孃鄉而無藉於軍餉故錄之以告後之辦團練者
博白朱公曉霞慶鏞以進士宰長壽縣性弘厚篤實有清
操歷吏部文選司主事咸豐辛酉守嘉營召予詢訪利
弊公在長壽欲重修縣志而未成書以稿授予命參酌
閲舉頗嫌人物傳菈雜淆混對公而言曰志書酌故輯
新原不易易而人物尤錯棘手益世遠則傳聞未真品
殊則取列貴當覈名實欲嚴嚴而刻則董宣之抑酷吏
也較瑕瑜宜寬寬而徇陽固之稱惠政也此其難在評
隲人各有見亦各有情齊人知有管子囿於見也盧斐支

譏刺魏收激於情也愛憎成心雌黄憑口此其難又在
異同惟事必有據言必有徵不亂眞於黎鬼不詭對於
胡奴而已矣至於名宦與鄉賢志稱同爲列傳非第主
客異形抑亦詳畧殊體長吏官斯土取其興利除弊而
士庶即當尸祝否則學類顔閔行同濂惠於縣無補志
筆不能越境而書如其未仕之前鄉評不允去官之後
晚節不終苟爲一時循良便紀一方善政吳起殺妻而
奏效西河於志不當追既往也黄霸爲相而譽滅潁川
於志不遡其將來也以政爲重而他事皆在所輕豈與

斯土之人原始要終而編爲列傳者可同其體制歟公

曰善當飭更正於此見公之虛懷若谷從善如流

成綿龍茂道何公壽泉觀察　咸豐同治甲子春赴灌縣踏

勘水利不辭勞瘁殁於工次騐宮保據實入奏奉　旨

配宦川主異數也公端厚慈惠憶壬戌來嘉創辦鹺務

召予而問曰小井無商無引無岸無稅無羨無騐以致

私梟成羣結黨拒捕傷差殊屬身外有聰目中無法今

宮保整飭每斤徵錢六文以資軍糈否則倣照大廠召

商配引而治之對曰積弊相沿已非一日全綱受病亦

非一端倣照大廠配運恐其窒礙惟設垣給票同課釐徵收酌添驗卡以杜其偷裁汰陋規以去其累所謂化私爲官者此也公曰餘鹽由竈戶所鬻若竈戶不串放奸徒何從與販欲禁絕奸徒必先究追竈戶對曰究追竈戶必先體恤其苦情上游定章每斤徵錢六文該處單夫隻婦刮土淋滷衙所酌減二三以惠竈家公首肯據情轉詳既而又問曰鹺務爲國家大宗素爲奸胥利藪如何立法以免侵剝對曰不任法而任人任得其人則有利無弊任失其人則有弊無利方今應差者承

患法之未備而患委員之不得其人更患委員縱有其人上游得隴望蜀又朝令夕改不取信於竈戶耳衛公默然越十三日予奉宮保檄蒙頒鈐記綜理樂犍鹽垣自思嘉州一布衣耳才不足爲世用言不足爲世採行不足爲世奇承公忘其陋劣謬加吹噓策其贊襄竟登賞拔顧念豫讓報主之心士爲知己而繹燭武答君之語壯不如人所以蚊負爲慚愳鵜濡滋惕於次年三月遂鴻冥蟬蛻矣案昔日鹽垣即今日票釐局昔日鹽歸垣賣今日鹽歸店賣此稍不同處

予襄勞保甲局前後三十年惟善化唐公次雲翼祖所辦

保甲爲意美法良光緒丁未公守嘉州剛毅明敏夙負經濟才下車後孜孜以保甲爲急務嘗屏騶從辱駕下問畧記所言而錄之公曰保甲之法爲萬政之首而保甲之義實貫於萬政之中無如屬吏往往以累民藉口不知其間有因勢制宜者政也誠致行者心也以實心行實政所謂有治心而後有治人有治人而後有治法何至以保民之方爲累民之具而可行者藉口不行乎又曰用保甲之意不拘保甲之法因地變通隨時張弛所最要者以得人爲第一蓋良善裹足不前黠豪

聞風而起稍不慎則稽查無實滋擾徒繁致使安民者反以累民非先釋其畏累之心善者未必至即先釋其人畏累之心而人數衆多猶未必盡善者至惟當以禮相優以法相束見必大庭言必公事俾無所累而後賢否皆爲我用矣至於鄉場必系以團練庶守望不致孤單其間奔走不能不用鄉約若鄉約得其人則鄉約可收保正之功保正不得其人則保正亦下同鄉約之害不惟保正當遴選即鄉約亦勿用老弱貪鄙者而充之云云

龍南劉夢仙大令 仰祖 咸豐己未攝樂山縣篆不棄鄙愚寄函垂問地方利弊予答以大略其書云夫弊之大者無過於害民害民之大者蠹役爲最吏次之丁又次之蓋充役者皆奸詐貪很之徒內假丁威外倚吏勢肆其饕餮若虎狼然官一邑者察數丁察數十吏尚恐智力不足乃行一事藉手於衆虎狼安能分身百億隨衆虎狼入閭閻乎邑宰所以難治實由於此丁擅威福去之可也吏舞文法革之可也而役則去之革之甚復充者猶虎狼也今欲治役惟使民易得見官不許役從中壅

過而已籤喚聽審定限十日必人証到案隨問隨判隨
判隨結役縱需索則所費寥寥且初情枝節不多訟斷
亦易民知十日之必給也又何畏乎役而賄之此法一
立凡海市蜃樓自可化有爲無矣查大邑用差本有定
數乃江巴涪合每至二三千人富順眉州達縣亦有一
二千人即樂山亦不下六七百人夫此數千數百人者
邑之秕政民之蠹賊也鄉愚含寃呈訴其待長官理卑
不啻赤子之依父母而差借端凌侮之剝削之逼勒之
顛倒之牽以財之有無多寡爲事之曲直是非總之該

輩視民如魚肉民畏該輩如虎狼然民且甘受搏噬而不敢告發者曰前因投鼠而生忌既恐我力有不敵曰後或負嵎以逞威又恐彼心有不甘也當此下車時應宜清釐凡名數過多者務加裁汰情弊既露者即行痛懲開人告發之端毋蹈徇庇之習庶殘黎之殘喘少甦蠹役之蠹弊得清矣又訟師膽大包天術工捕影往往以黑爲白以白爲黑或無關緊要之情節民本不控也而若教之民本不刁也而若導之惟圖自已飽衣煖食不管他人敗產傾家嗣後窮究原被倘有誘張者使其

供出而拶捕嚴治此引蔓尋根之法端本澄源之道也
至於城鄉子弟盟神插血結黨成羣雖前官刑愈重而
網愈漏網愈漏而效尤者愈多請將著名大猾緝獲二
三治以死罪庶昭炯戒否則今日之匪不能化爲良民
恐他日之良民亦將變爲匪耳冒昧覼縷惶悚殊深伏
祈採納地方幸甚
川省蠹役大憝最多丁宮保督蜀於訟費定章不久旋廢
安康雷公禹門 鍾德 自下車守嘉潔己愛民有古循吏之
風庚子夏復將訟費斟酌平允具詳立案分別路之遠

近役之多寡每日給錢若干每案給錢若干條分縷晰意美法良並飭城鄉將示鐫碑俾垂久遠以資遵循從此不得軒輊其心上下其手焉否則假藉虎威恣情鷹擊一紙狀詞遂成賣男鬻女之文券一張牌票竟是傾家蕩產之靈符也蓋致治之要癉惡為先恤民之道除害為本雷太尊此舉是猶霹靂自天鬼蜮仆地眞可謂雷聲普化大天尊矣語出神仙綱鑑

玉公潤齋唐公苕雲雷公禹門守嘉治民亦如子產治鄭武侯治蜀從嚴厲而不姑息憶玉公嘗謂予曰近時并

嚴厲振刷而民益玩玩則犯禁者益衆凡扳誣者坐之詭詐者治之偷竊者刑之把持者罰之懲一警百是猶櫛髮耨苗所去者少所利者多矣唐公嘗謂予曰居官者固宜原其情而政令不宜長其奸夫醫人療疾豈不知參蓍有益於精血而爲是大承氣湯之用哉誠以邪熱結胸非硝黄枳樸攻其毒則病不治今州縣總以寬厚二字横踞一心是何異治狂燥者以參蓍其不致殺人者幾希矣去秋因團防晉謁唐公見堂下囚犯纍纍公謂予曰致治以安民爲先恤民以除害爲本今銅江

匪徒於鄉閭奪人妻孥猶如蛇洼竊穴霸人田畝無異
鳩居鵲巢此輩經人告發是以非種必鋤除惡務盡若
予以哀矜直是放虎縱狼爲義散爲施毒爲恩矣案四
海雖大六合雖廣而知府亦秖一百八十八缺若京外
柄臣加以巡按衙半年居衙半年游查本屬凡民情風
俗嚴厲振刷若擄掠財物必引蔓尋根究追其父兄臚
收囹圄如是則恐牽累父必訓其子兄必訓其弟也倘
有頑梗而不受約束者由父兄具禀以憑緝拿則山魈
澤魅何至於如此充斥歟

張公鼎臣守嘉士瑛性慈惠嘗召子閒談謂近日偷盜充斥呈竊案者纍纍對曰此輩半由飢寒交迫半由捕役勾串耳公曰捕役何至於此耶對曰捕役仗偷盜之贍偷盜仗捕役之庇捕役不養偷盜不能分肥偷盜不通捕役不能潛踪又有始爲偷盜而終爲捕役陽爲捕役而陰爲偷盜者當今欲清偷盜必須嚴懲捕役欲靖根株必須嚴追窩主此引蔓尋根之法矣張公韙之遂拷問捕役越三日緝獲偷盜四供出窩主二

光緒己丑夏荒歉適當歲試生童麕集城中有搶餅攫菓

而食者武進瞿公印山 朝宗宰欒山甚洽民心造廬問予曰穀價翔貴人情震驚何以處之予曰古者挽救之方賑恤之策或發倉以延殘喘或平價以疏糴糶或通商以均有無或勸捐以施饘粥但有良有莠有弱有强恩固宜寬而法尤宜密恩不寬無以惠災黎法不密無以惕奸宄矣至於欲解燃眉嚴飭富戶積穀限日售出查某鄉藏粟五千石某家藏粟二千石較常得利一二倍其心猶望昂價如見硃諭再怙惡閉糴者遂勿喻之以理惟繩之以法不然恐匪徒挾飢民爲護符視該輩

爲孤注愛之適以害之也瞿公納其言追藏粟源源售
出穀價遂平矣
江夏苗公雨田大令本植　性慈惠不設鈎距同治甲子荒
歉人情震驚駱宮保須發釐銀一萬兩飭予協同苗公
賑濟廠地鴻來鯉去多多茲擇緊要者而錄之四月三
日寄苗公書云前奉憲檄襄勞賑濟惟念庸材弱質彌
懼弗克勝任所幸耆近侍鈞輝恭承驅策俾得圭臬有
所遵循耳委員解來銀一萬兩會經犍厰鹽總具領八
千樂厰鹽總具領二千但給官本必設官局若設官局

必定官價而官價較市價須減一二方謂之平糶所恐
奸商於官局賤買私號貴賣一舉步之勞而獲利無窮
轉轘進出不十日半月則青蚨盡化爲黃鶴也倘祈會
商妥善而出示頃聞溫崇痞匪阻遏故米價翔貴每石
售銀二十八兩有奇查廠地全賴溫崇穀粟以養工匠
溫崇販運穀粟來廠地以易銀錢自阻遏後既不便於
廠地又不便於溫崇究竟溫崇之民勢不得不賣廠地
之民勢不得不買而官吏聽其男婦持竿執梃於江干
阻遏者不過爲該輩饜其貪饕實其囊橐耳竊思歉歲

以通商為要圖夫航海尙弛其禁而官吏過分畛域者有愧矣關津並免其徵而痞匪借端勒索者可誅矣必請邑宰劉襆翁據情轉詳嚴飭流通毋使賈利者變而賈害庶幾利商者即以利民乎又歷地客約等清查赤貧次貧之冊籍恐其虛捏淆混晚請鹽總詳細核實且矚客約等凡絲毫之物皆當愛惜溝壑之人尤必生全至於賑之期宜速賑之法宜均賑之男女宜分別賑之浮冒宜稽查賑之地宜廣而不宜隘賑之口宜散而不宜聚賑之粥飯宜防鬧而不宜摻石灰雜糠粃矣是否

示覆以慰拳拳餘懷俟晤再悉不盡

劉樸園大令（大智）宰樂山性過渾厚胥役不畏之甲子荒歉燒鍋耗糧欲禁止慮胥役需索寄函問予予覆書云承示飢饉荐臻人情惶怯區區管見並無奇方妙策凡療貧拯飢必倣蘇子瞻作藥作糜之惠救禾閉糴必用辛棄疾或誅或配之刑課羨遲追呼勿如王廣所奏遏豐年而轉思歉歲津捐緩催促當效王顥所行停夏稅而並寬秋糧（時上游委員守提課羨田賦）案名臣恤患循吏賑災大率由此至燒鍋尤當禁止仁廉恐胥役需索故未出示

但據約保聲稱沙灣彰溪每年燒鍋耗糧二三千石查曾今耗糧不獨燒鍋而燒鍋尤甚卽燒鍋不獨沙灣彰溪而沙灣彰溪較多請飭約保先從該處禁止況燒鍋家竈大卽船煙騰如霧清查亦不費周章倘胥役藉端舞弊有犯嚴懲之若慮需索遂不禁止是猶一孺之噎而廢孳孩之乳一舟之覆而棄他船之帆也又據鶴哀鴻接踵告饑於街市果係飢餓所致者飭令約保瘞埋不必詳驗以免拖累民善恃愛率聽幸諒不多及

咸豐初嘉州鎮臺局名津捐局因肆行侵欺累年訐訟案

此弊由於主紳挪移雜挪移而後胥吏因緣爲奸得以行其侵欺惟侵欺而後閭閻脂膏上不在官下不在民盡歸於中飽戊午張公星門大令邦佐遣盧籌商挽救予請遴選殷實公直之紳糧一鄉輪管一月期滿移交蓋有一番移交自有一番清覈庶後來者不任代殞之累則先事者難容藏竄之奸也張公據予言稟府憲文公治菴良文公守嘉性端慤而有循聲飭照予言定章故四十年來無錐刀相競耳

憑花館瑣筆卷十三

嘉州　鍾琦　泊農

孟子曰今人乍見孺子將入於井皆有怵惕惻隱之心然則事之不必入井而與入井無異者可類推矣嘉州兵燹後瘡痍未復常踏棄嬰惡習光緒十六年庚寅　朝廷飭設慈幼局紳耆以籌欵維艱爲辭恩公藝棠太守壽琨官江西按察使廉介伉直自下車後有貪黴碩鼠習革飲羊之稱乃召予而言曰好生惡死人情所同救災卹鄰天道錫福況聽呱呱之泣豈無悽悽之心乎是役也必俟

捐有成效始行興作是欲蘇涸鮒而待西江也惟於肉
釐中加徵一文若慮其支絀暫養百十名註明生庚姓
字箕斗髮漩疤痕於册内不必另雇乳母以節建堂之
靡費即給錢與本家令其自哺倘本家無人始覓族戚
收育亦案名給錢俾生生者各遂所生幼幼以及人之
幼矣予將公言轉告各紳耆又會商邑宰瞿印山大令
將章程斟酌妥善各紳耆恪遵核辦每年除給發外所
賸銀予同胡晴峯劉澤波王佑生楊甫臣購田收租以
資久遠耳去秋予乞退薦唐海峯楊傑臣兩廣文唐淵

如張煥亭兩上舍綜理收支此四君莫不公直蓋能公則可以塞奔競之路而宵人不敢進矣能正則可以杜巧利之門而邪士無所容矣惟望仁人君子暗中照看扶持凡借團練保甲學校城防爲名者勿許其挪移侵蝕當念今日富安知異日子孫不貧乎留此一椀薄粥一盞餕羹以養百十稚孩無再啞其喉而奪其食也夫幬載無窮天地廣好生之德提攜在抱　朝廷宏慈幼之仁斯亦敦厚民俗感召天庥之大端非僅僅以慰恩府憲暨瞿大令創始之苦心而已矣錄之以誌緣起如

此茲以諗後之董其事者（己亥查贖田典房共去銀一萬零五百有奇）
恩公藝棠守嘉有惠政七屬兩廠官紳與公稱觴祝嘏饑
屏幛者多多予贈燭炮附呈俚句吳歌巴曲自愧譾陋
公不呵斥反蒙獎飾曷勝顏汗矣自別後疊承鈞函迴
環莊誦慚感交縈今錄俚句者以誌殷拳雅意耳詩曰
兩開鐘毓萃神京申甫原知嶽降生當代夔龍推右族
盛世燕許冠西清（尊甫歷官文淵閣大學士）百年士類歸陶冶七屬
人民賴治平何幸鯫生容近接得從列宿祝長庚　淵
淵乎頃氣汪洋遼瀋衣冠志不忘（公籍吉林國初例禁）官民衣大袖自咸同

間無一不大福者懽公衣與制合　明月湖邊懷細柳凌雲山下種甘棠
天生綏帶輕裘度人在和風旭日鄉自是嘉州成樂土
綠野老佛證西方　衙外更樓樓外村賢愚咸仰鄭公
門相莊鴻案同前美濃郁槐庭裕後昆青綻梅會調玉
鼎綠柔竹又見龍孫時公又次孫生紳耆敬祝南山壽桃李無
言亦循導　大地陽和遍地栽泥塗小草受滋培每於
鹽駕憐疲馬偏向焦桐惜棄材御李有緣依夏屋識荆
何暮傍春臺自思垂老竟無用惟刻三多樹九垓
光緒四年戊寅易公石生守嘉崇階愛才下士有書院齋

長等稟請於三龜山入仙洞巽方上修塔培植人才科第易公以問予對曰阿育未建金陵已有人才慈恩未成咸陽豈無科第（阿育金陵塔名慈恩咸陽塔名）自唐虞至東周西漢亦儁英雀起世冑蟬聯當其時佛法未入中國誰建浮圖於其間哉人不自立而求國士王賓於一塔謬矣易公蹝之惟奎閣說者應遷於巽方己亥雷公禹門守嘉意欲改移詢訪所在然後庀材輿工無如甲堤嘵嘵所言某山之巔乙又嚥嚥所指某水之涯恍懹無憑誹誷不合府憲心忐忑遂中寢矣

嘉州烏尤山古離崔也嶺上有塔前明已傾圮光緒己卯
郡人以巽方無峯故少科甲禀請王公潤齋太守庀材
興工王公剛毅清貞待士子丙恕外溫倡首捐廉高築
浮圖於嶺上告竣後四科未中一人論嘉州並非獻賦
無才茍而滄海遺珠何至於此耶又復召匠折毀次科
陳濟民甫摘榜花於是張梓亭何小遊楊卓然等源源
脫穎而出矣

光緒乙未夏大旱禾稻焦枯丙申丁酉陰陽舛候禾稻十
有三四亦穮穖鄉人元氣至今未復庚子又大旱上自

錦城下至忠州從季春杪至仲夏初赤日杲杲人民如坐炊甑中農甿各卒其婦穉日夜爭水近者以其水過已田也則爭遠者以其水難到田也則亦爭強者恃力則又爭富者恃財則又爭爭之不已則鬥鬥之不已則訟各州縣除禁屠祈雨並無良圖惟仍催科以顧考成全不講求陂澤圳堰憶道光庚子豐城毛覺生大令凡暮春屏棄騶從隨帶四五胥役至十鄉履勘水利當飭約保循照舊章查有將塍邊旱地私改水田佔用渠水者嚴斥之查有於堰頭另開新瀆竊水歸已使上游乾

酒者嚴禁之查有與鄰人不睦將餘水掘溝寫放不許
下接者嚴懲之查有刁生劣監不出畝費後甲長賠累
者嚴罰之查有於渠水兩歧處拋壅沙石使其側注已
田者嚴究之迄今六十年予未見州縣有如毛公下鄉
履勘水利者然農毗近來視州縣如天如帝如虎如狼
亦不願其下鄉敷衍甚州縣縱不作威福而奔走守候
可慮也約保酒肉可慮也胥役需索可慮也夫馬供給
可慮也凡陂澤圳堰有淤塞者悉聽之有崩漏者亦聽
之所以夏旱秋潦累年告病矣

嘉慶間奉新宋公梅生鳴琦守嘉州孜孜以水利為急務所屬多山叢凡有田十畝飭令開一深池塘有田一頃飭令開一大潭沼平時以養魚旱月以救稻苗天災流行十年中必有二三年乾旱者與其救已然之災不若救未然之災救二三年之災不若救百十年之災救二三年之災倉儲是也救百十年之災水利是也有水利旱則溉而潦則洩使斥鹵化為膏腴污藪變為沃壤也宋公同毛公先後在本源處殫心竭力無怪乎積慶彌長仁門昌後並行皂蓋之春共話烏衣之舊矣宋公次子歷官

雲南布政使毛公長子歷官陝西布政
使各孫曾皆掉鞅巍科著鞭要路矣
咸豐丙辰夏大旱史公未平太守權嘉州多方禱神不應
聞高標山鍊靈官靈異迎遊城市逾刻膏雨滂湃是秋
黍稷薿薿嗣後凡遇大旱別憲效史公所爲仍旱熱亢
亢竟無驗豈非存乎其人其事而絕不關神像耶
貴筑張公子敏太守秉彝以進士歷官知府簡廉慈惠其
子鼎臣開甲任四望關通判亦性質端亮讀書宗朱子
嘗言王文成其學出金谿從祀孔廟啟天下棄朱崇陸
之端張公聞而責之曰文成尊金谿其學發爲峻偉之

功業非空談性命者所能望其項背也且陸子曷嘗有弊而弊乃其末流朱子固爲最醇而醇亦當善學倘未能深造自得則無論學朱學陸均有愧於聖人矣案張公所言極平允予故錄之以戒妄誕文成者

嘉慶間蜀有富人娶同姓爲婚者族長具控因官吏受賄枉法以致興訟累年蔣礪堂制軍提省親訊援例斷離分別懲責完案文中子云任薛王劉崔盧爲婚非古也蓋任薛同出黃帝王劉同出唐堯崔盧同出姜姓氏如此遠古人猶非之況姓氏同豈可相爲朱陳耶娶妻不

取同姓禮有文律有禁而牽車服賈貿貿以犯之甚至有舉貢亦躬蹈此失者其畔散乖異之情良由無譜牒以統世系不知水源木本耳

豐城毛季彤刺史隆恩庚辰署資州篆予訪之有留別俚句云楊柳絲千行相思各一鄉愁生春雨細恨壓暮雲長失意傾杯酒雄心拂劍霜餞筵滋味苦此日又新嘗雪爪資城處壺觴累見招英雄原灑落狷吏不矜驕胸抱千秋業巖棲百尺條喆朝登峻嶺從此夢魂遙未幾君補眉州越三年予又欲訪之旋聞歿於任前詩結句

竟成讖語矣辛卯歲誼趙煥堂司馬逢熙由眉旋嘉告
予曰州人與官建祠謂有感應男婦各持豚酒而踵接
趾交前往祈禱予曰有功於民則祀之此公惠愛清廉
有杜父召母之目殁後靈爽有憑馨香永薦庶乎牽牲
贊幣之下黃罨流芬報功崇德之餘丹忱式言也
光緒二十一年乙未奉藩憲撫謂軍費方殷國儲甚歉查
川省各州縣稅契歲進有百萬者有七八十萬者有二
三十萬者分別低昂酌提一二歸公而各州縣牘上籍
下或仍如派於稅契中或移別欵以資彌縫其始偶然

繼乃常然久且習爲固然而忘其所以然案元史董文用曰牧羊者歲嘗兩翦其毛今牧人曰翦以獻主人恱其得毛多然羊無以避寒熱既死且盡茲各州縣如此巧取得無有日翦其毛之患乎噫安得再有董文用大聲疾呼爲我　皇清保全元氣以育疲瘵者吾願鑄金事之買絲繡之

川省有官價最爲民害官價者譬如諸物市售銀一兩官減半秪給五錢凡取一布一帛郎有一番之挑剔交一箕一箒郎有一番之耗費同治庚午吳仲宣制軍嘗禁

止各州縣仍然濫泄蠹利於公而不利於私者必不肯以為可行也便於已而不便於國者必不肯以為可罷也直至光緒戊寅丁宮保出示飭遵剗除二百年之宿弊商賈若披重昏而覩朗曜矣

光緒三年丁丑丁公稚璜宮保督蜀寶楨以邊商欠羨一百三十六萬有奇事詳前記奏改官運以唐公鄂生觀察炯主其政調毛季彤刺史陳洛君大令約予効勞笑曰誦經老姥不能重拈繡線為作嫁衣也季彤洛君弗聽在寒舍下榻候唐公越五日唐公登門降心顏而推挹歎

辭不獲令其畧具新章大致以官運商銷疏引裕課嚴禁私梟裁汰陋規爲扼要之圖凡予贊襄竟蒙採納是猶舍千莫百倅之利而責效於鉛刀一割之功也唐公命予赴樂犍富榮等處清釐引積稅懸回厰設局請員開辦案官運所關甚鉅非得人不能共理非知人不能善任唐公渥膺重寄凡得人知人固由公而無私亦由明而無蔽是以不出三月官運遂告竣旋見韓午山蓋鳳樓兩明府作詩陳唐公予筆荒墨蕪次韻效顰譬如婢學夫人未免羞澀今錄之以誌唐公政績耳詩云荒

烟毒霧辰沅同萬騎連麾靖賊訌自識將軍寬禮數崇樸
由將軍薦公征苗類頻元老肅兵戎籌邊樓對長江月唱凱歌
傳大楚風賭墅圍棋聞捷至花源不隔武陵東　萬里
名聞定遠侯街衢士女遍歌謳荔波月白馳天馬星海
槎回接斗牛公駐荔波軍務平回蜀署川東道與黔接壤百計但教軍旅足
庚申公帶勇駐嘉予綜理團局適公餉支絀其咸楊蓉坡託王小康來借銀以應眉急予請移營蘇稽以爲峩
眉聲援送銀壹千兩米二百石勇遂無脫巾之患一錢不爲子孫謀甘霖巨楫
椎公作入告應知盡大猷　禹策牢盆事久諳一編平
準竟何人以資考鏡編輯鹽法志宏羊經國徒心計劉晏多才豈

利臣那有旋風煩筆吏居然數點似家珍祇慙無地酬
知已惟處腥羶不染塵官運告竣予乞退弗允復委攝鹽釐局越三年始得卸肩自是不學亦蒙莊牛呼史遷馬走矣靈砂貯骸骨難堅自笑頭銜久不遷養
晦未謀田二頃當門空抱瑟三年何曾溫卷投光範合
有長金鑄浪仙披拂春風舊桑梓公祖籍豫章與予同鄉已勝絲
竹待彭宣
咸豐十年庚申軍糈支絀孫霽帆觀察廌來嘉鹺欵加鹽
釐銀十二兩約從襄學以保舉許予豈知小人有母不
筮仕進曾視剡薦如竹虛水淡矣當對孫公曰軍糈屑

見聞出使其濫邀恩典曷若於樂犍榮富添設商學俾羣生挾纊多士彈冠之爲愈也孫公題之於是樂榮各定一名犍富各定三名但有是案而未舉行越三年子約何益亭寄函富廠共籌款四百金安頓部書及育賢房於同治甲子凡商號竈子弟始列膠庠矣錄之以誌商學之緣起但泮壁生輝藻芹生色勿忘孫公之木本水源耳

光緒十九年癸巳羅公雲生守嘉州　以禮　居官廉謹尤以興利除弊爲急務出俸購書儲存九峯書院俾寒畯咸

資講習一日造廬謂孀婦貧者衆意欲創設恤嫠局予對曰易言苦節不可貞若鼎力扶弱巽澤保全俾孀婦能矢其志而副其願則苦節幾同甘貞也公遂倡捐銀二百兩同邑宰洪公子彭具詳大憲於田房稅契中每兩抽錢八文以資支給但創設時羅公同洪公殫竭心血始得蒇其事或謂羅公此舉有令名公曰分所當爲耳倘求全干譽將有爲其所不當爲者矣亦有當爲而不爲者矣非居官之義也己亥查此局購田去銀三千四百有奇

咸豐十一年辛酉冬予奉駱宮保檄飭辦貨釐再三詳懇

以嘉州十八行每行派二人在局襄勞每人案月給薪水錢八千油燭筆墨錢五百文本意以地方土產挹彼注茲自辛酉批准後至光緒戊戌三十七年矣於寒士不無小補予當總紳上游案月給薪水銀二十兩夫馬銀八兩爾時予覺票鹽具稟辭之此舉大紕繆大荒唐爾時應留作本地團防城工恤嫠養老義卷粥厰諸費自稟辭後深悔孟浪其後在局寒士有舞弊者有發家者有窺伺者有排擠者不問人之賢否而問黨之異同不計事之可否而計已之囊橐甚有託予遞名條委員以無空位推緩者皆謷予爲自了漢妄意揣度

謂語嘐言付諸常建三歎王維一笑而已至戊戌上游飭減浮費而委員不管一家哭於是一筆勾也否則坐而食之安而言之如蠅逐臭如蟻赴羶竟不讀書尤不務業矣

同治癸亥予乞退鹽垣大憲改委府憲綜理時朱公曉霞守嘉性端厚召予而問大略對曰鹺務創辦與整飭有分別創辦宜寬否則不大範圍整飭宜嚴否則必多偷漏昔初定章見擔米而來易鹽而往一家八口所資以爲命者也故盤獲偷漏並未刻覈若法令愈繁搜捕愈

急怨毒愈深黨類愈眾當思王仙芝啖逼神京張士誠
腥流直省亦因此而激變矣至今日整飭又有不然蓋
疏引全在緝私剔弊乃能裕課倘巡察懈弛則私益多
而引益積課益欠而弊益滋也未幾大憲來檄封禁淩
雲渡凡戈盤并等處產鹽傍由牛華溪出運朱公又召
予而問何如對曰該地俱是田畯農甿刮土淋滷以謀
饔飱貧乏之愁苦之狀非言語所能形容再由牛華溪出
運無論多一番盤詰多一番需索而迂道二十里林箐
路難脚費加倍何以支持譬如人病膏肓形同瘓痺即

令和緩調攝尚有他慮若不顧根本嘗用硝黃始則以
藥治病繼且以藥治藥勢將勁觸危機不可救而後已
鹺務與此畧同倘所轉詳仍照舊例鑑販縱有串放串
嚴局卡惟變通於成法之中不可紛更於成法之外也
朱公納其言錄之以誌其慮愛
咸豐十一年辛酉夏滇匪圍嘉城時茁公雨田本楨攝縣
篆外扞兇徒內防危堞賊不得逞其志遂遠颺同治癸
亥以勞績調署清溪因衣食最篤予贈以詩云欃槍迅掃
靜烽烟井絡明星兩戒懸落日尚愁新戰骨陣雲猶望

暮秋天江船火貢賓入布山縣琴調蜀國絃笑指邛崍
須叱馭他時名記　御屏邊有腐儒謂兩戒是杜撰直
用紅勒之予見而笑曰清溪郎九折坂王尊叱馭處九
折坂外乃蠻夷界故用兩戒二字唐書天文志僧一行
以天下山河之象存乎兩戒北限戎狄南限蠻夷故稱
兩戒云說文戒者警也書經警戒無虞之意又王惲游
萬固寺詩連山一臥虎蟠首盡兩戒可見有據並非杜
撰因予非科甲以致鄉先生之疑團但此輩鴟居蚊睫
眼孔不大無怪乎訐涉嘲笑耳

樂山祗設一訓導凡入庠教官借院費無異剝膚吸髓歲試索銀七千有奇科試索銀五千有奇寒士多因此傾家予見戚友有田百十畝男耕女織其祖父傳至孫曾尚溫飽因爲入庠用去三四百兩出利貸銀以應急需不三年子母並欠六七百鬻田以償之鬻一畝則少一畝之入輾轉典當加以婚嫁又三年無以爲生其貧在五六年後而致貧之由實在入庠之初乙酉慶寶軒觀察善守嘉性慈志亮人無敢干以私又覃蔭堂大令楚楨字樂山清儉剛直以造士育才爲已任此二公嘗約

予過談有陳遵投轄之雄寇準蠟淚之風焉竊思難易
者時也遲速者機也匡濟者才也經營者智也才與時
相會智與機相乘則皆可以有爲矣時不可失勇者在
因時以圖功機不可忽明者貴先機以謀事若失其時
忽其機誤所謂錯過此渡別無舟矣於是將前情商陳
二公懇請具詳創設學田蒙二公俯允斟酌區畫予首
捐銀二百兩以爲嚆矢且專函太幕張公建候芮公少
海並祈噓拂裁成體卹寒畯承丁宮保批準立案歲給
教官銀五百兩士紳如彭松園姒莘園唐金門徐奎峯

王小康高西園柯夢仙馮俊三李壽仙許誨菴徐寶貞諸君實心實腸任勞任怨於城鄉募捐得銀六千有奇而育賢局大有端倪不過浮圖以待合尖耳後列芹藻者不受勒索淩辱當念慶覃二公嘉惠士子之至意不可得魚忘筌得兔忘置也但此舉利於寒畯而不利於奇貪異惡之蠹員利於良善而不利於京息肥分噬之蠹紳故騰謗籍籍聚怨囂囂隱挹管窺之見者不足以觀日月之明守測蠡之知者不足與論江海之大付諸竹笑佯托蒜聾而已

嘉州育賢局存公欵六千有奇因士紳拖欠衆聲詾詾丁
亥春朱公少桐太尊慮其隳墜檄予整飭密薦端慤如
潘盧齋唐聘三等從中襄勞旋收旋發商以資生息緣
士紳中近多詭稱殷實者凡見銀錢如蠅鶩逐無孔不
入如蠶解凍無穴不鑽倘誤而與之秦城不得趙璧亦
不歸也是以剗除前弊創立新章不許士紳於公欵挪
借絲毫此亦彭祖觀并蔡公航海之遺愿耳至庚寅張
公筠亭符賢宰樂山性剛毅嚴飭比追此公欵始全收
清予移交楊傑臣唐小洲綜理政務從此育賢局浪靜

波平根深蒂固矣

光緒十二年丙戌大邑匪徒劫獄焚署至再至三眉彭丹青等處震恐適朱公少桐其煊守嘉清操端亮李公月峯大令攝縣篆性慈良惟軍務未閱歷一公意欲募勇五百以資防禦召予籌商予對曰募勇非市井無賴之人即窮苦無聊之輩平居則殫耗軍儲臨敵則投棄軍火況匪徒乃烏合之衆有鳥散之心官兵進攻必相率遠颺若募勇聽其安閒長聚反貽閭閻無窮之累當今舍團練一法別無二方以本地紳耆而辦理團練保境

卽所以保家以本地團練而互相聯絡安內實所以安
外再授之以方畧明之以節制加之以操演輔之以保
甲同仇敵愾衆志成城誠救急之良圖禦侮之長策也
二公納其言越二月賊竄草地罷警息兵矣
蓋公鳳樓紹曾廖公益生葆恒王公篠香懋春胡公伯厚
莛中公叔臣祥綜理票釐局尤明篤實言動取舍不肯
苟自某員接筦與胥吏猶鼠同眠鷹犬不噬且有許芝
爭肉慕容評賣水之風予惡其饞饞再三乞退不肯以
身之察察受物之汶汶尤不肯以已之僬僬受人之棫

據也定章每店招富紳出貲收鹽以免充斥旋聞該員賣店紳有一店添二紳添三紳者乃生劣監員緣鑽刺每紳納銀一百二十兩派往該處不出貲惟案月坐索薪水夫馬富商含默不言至歲暮將本抽去遂逃而遠避店中空空不能轉運故竈販自煎自放自買自賣矣查該員囊橐纍纍約有二萬金　豈知不可以入簿者不可以對人即不可以問心鬼瞰之神鑒之三四年瓦解冰銷其銀借人生息旋被倒塌取非所有者終不能有也悖入悖出良不誣矣案賣店紳亦絕無僅有者錄之以廣見聞

嘉慶間嘉州各省紳商念水陸無主之屍骸拋棄荒煙蔓草中爲勝惻惻醵金刱設長生局爲掩骨埋胔誠義舉矣道光末核算存款三千有奇購房收租以資棺葬有願者遍借五百兩以圖鹽仕某生從中挽說欲以飽人之飯飯王孫耳時予父同張丹巖師綜理收支詰曰定章扇士並無薪米可見前人實心辦事堅拒之家父且告某生曰游魂葬此收殮倘有蹉跌爲各省紳商詬詈蘇季子欲作好夢斷斷乎不在此趣矣咸豐初移交葉錦祥潘庫齋綜理四十年左又移交唐華圃楊傑臣楊甫屋參章接辦存款除

稚葬外仍有盈無絀可見天下無難爲之事惟在得人亦無易爲之事惟在實心果能實心果能得人未有不既豐永昌者嘉州惟此局有百十年因諸公持躬匪懈矢念無斁庶鬱鬱青蚨不化爲翀翀黄鶴矣録之以告後之君子

賊 贛楊洪忠焚大邑兩次刼去縣篆並未緝獲次年丁亥又焚蒲江衙獄賊以彭縣黑窩子爲巢穴或因人多裹人或因穀熟刈穀兵去賊來兵來賊去我出汛匿影潛蹤我撤汛東趨西犯州縣束手焦心受害者且徃視爲司空見慣道子有俚句感而誌之云　綠林白晝微塵

竢一路風檣四野灾鷄犬皆驚牆上伏弓刀如沸日中來民頑直敢輕官法事過還須見吏才寄語當途龔渤海賣刀買犢漫遲徊　天府平疇蕩蕩開鄉封疆場各徘徊息肩賊自安他境畏法民難違上臺不載豈能崇國體非誅何以勵羣才村愚無稽知多少敢爲猜旹痛哭來豐印山大令朝宗宰樂山善吟咏見予詩而評曰此絕寫他民頭一聯與息肩一聯最確而最切

光緒間涇縣洪公子彭大令福年宰樂山持廉守正士庶愛戴之見卒子鳩濱篩鑑江其地平衍長三十里桑麻

鷄犬景物熙然公察水勢之曲直原形勢之高低谿濱築溝洫圩堰以資灌溉殫竭智慮繪圖立說以示予予曰此義舉矣但衆心不同可慮也衆論不協可慮也衆力不齊可慮也且恐鄉愚有勞怨之聲銀錢有支給之累陂頭甫築而撓之者來矣田角所經而撓之者來矣伐人一木一石而撓之者又來矣請先會商紳耆選有任勞怨能墊銀錢者然後具詳開辦否則跋前疐後悔莫及耳公往返會商有以形迹避嫌者有以窘乏藉口者此義舉遂中寢矣夫作利人濟物之事業而以形迹

避嫌此是無見識之人其究竟還是不仁其濟人利物之襟懷爾以窘之藉口此是無膽量之人其根源還是無志總而言之吾嘉自罹兵革故老凋零習俗頹敝利已之念重利人之念輕舉事有益于已則爲之舉事有益于人則弗爲也殊屬有負洪公垂屬溝洫圩堰之至意矣

予遊峩山自萬年寺歷七天橋螺旋而上始登其巔見雲霧遮蔽崖巒忽怪雨滂湃忽烈風怒號忽電光煜爚忽雷聲硠礚轉瞬赤日杲杲形若斗筐有紅黃色五六[illegible]

曜彖呈暉相映於覩光臺前俗稱爲仙境爲佛國嶺不
逕過口占楹聯云東西南北三千里雷雨風雲十二時
回宿伏虎寺見友人有題壁詩援筆次韻附於後云
蕭蕭門逕碧苔封約友游山倚短筇雲外不知何處寺
秋風吹落滿城鐘　虎溪橋下水微波三五漁翁各放
歌策杖獨行秋色裏一林黃葉亂山多時老僧贈昔年
所修峩山志予閱畢見廣蒐博採薈萃古跡雜咏有失
於簡畧者有涉於泛濫者憶甲申玉公潤田大令敝東
嘉徵蓬嘗約聚飲玉公謂其友欲修峩山志補闕訂訛

以免散佚之憾案王公性純孝操履清貞濶別甚久時
興雲樹之思擒想其友之義山志諒必付梓安得此新
撰盪我心胸豁我眼界當王漁陽之遠望爲宗少文之
臥游歟
同治十二年癸酉黎蓮九大令以詳驗緝捕招解拖累良
善檄予同王雲溪姻華園兩孝廉魏馥軒明經翔設三
費局徵猪釐以支給此舉樂從者衆不日告竣因雲
溪老成端方稟請董其事時黎公性廉介從不沾染錙
銖所以公歎有盈無絀予商同諸君籌兩凡贖銀若干

購田若干不然恐有見白鏹赤仄而巧設津梁工塡慾壑者諸君皆韙之自光緒乙酉以來團練保甲委員因糧以及護送洋人無不取於三費局來聲涓滴去勢汪洋他日縱能肉補瘡奈瘡多而肉少欲抓山抵水恐水盡而山窮矣甲申查三費局購田收租約計二百石有奇合張公橋大斗

光緒四年戊寅丁宮保檄飭各縣積穀樂山備倉三千石有奇己亥奉部文以積穀紛紛尤當按租抽存吳公元琳造廬籌商意欲委保恪遵部文辦理予曰此有輕重其心上下其手之弊惟在公欵中借銀買三百石大斗

合一千二百石京斗明春議糧時加派借銀歸還公欵所謂事必務實而後有濟法必從簡而後無累吳公性渾厚亦恐病民納其言案積穀備荒歉也第散之不以其時則民生嗷嗷斂之不以其時則倉儲空空當三四月青黃不接此宜散粟出糶時也否則昂價病民且陳陳相因之粟一旦紅腐浥爛欲碾之不能碾食之不能食者矣八九月收穫此宜斂粟入倉時也否則廩無屯積且林林待哺之衆一旦天行告沴欲糶之無可糶賑之無可賑者矣是散與斂必及時乃有濟也近年晉州縣㫖獨積

穀於三四月未出糶即常平社倉皆然縱或平糶將銀挪用還債亦有取巧生息而八九月不買補者可見有治法無治人法不敝而人敝之耳庚子秋查樂山積穀前後核算共存四千七百六十八石六斗三升三合七勺京斗

軍興以來各省需餉甚殷有捐蘇捐浙捐滇捐黔捐甘捐陝之名目委員並肩接踵而集嘉城咸思衷多益寡不顧十死一生之殘子也予心惡而口不敢言甲戌彭潄芳觀察飭辦捐豫局笑曰勸捐纍纍令人厭然官則肆行追呼紳則安行勒派名為勸即凌逼也名為捐即籍没也假朝廷之德威肥身家之囊橐不知當今商賈泉

府流空債臺高築何必依草附木傷天害理刮佛面之金削針頭之鐵耶將劉繳還之自今以後覷蒼狗之浮雲付黃粱于昨夢再不爲牛呼馬走矣同治初勸捐委員六七局各派差役追呼商賈遠避他方居城者盡是破落戶而二三劣紳教猱升木約委員至鄉搜括有受逼而進賄者有無知而投江者轉瞬間二三劣紳莫不窮困病死子見其子孫爲丐爲盜蓋有施必報者人之情無往不復者天之道從未有損人利己而漏網脫匿者矣

辛酉冬某太守來嘉勸捐劉霞仙方伯蓉檄子襄勞某聽劣紳浮言與予厏厊不合禀予瞻顧阻撓蒙方伯詳準制軍改委刱辦貨釐毋庸勸捐云云從此羸牛羸僕

馬脫輓矣予約集十八行商賈斟酌貨釐章程繕呈府縣査核時史公叔平守嘉茁公雨田宰樂山閱畢謂繳收寥寥恐干駁詰案初章程每兩本銀酌抽六七釐後因軍糈孔急層加叠派對曰凡商增一分之稅卽長一分之價而民受一分之累兵燹後煢煢孑遺是猶病久體弱必藉四君子湯以補元氣元氣固則肌膚自豐民力裕則泉府自饒此培植根本也又問何以不抽米蔬薪炭對曰乃窮黎日需之物在國計錙此鍬鍬不啻滄海之涓滴在民生徵此區區不啻剝膚之痛疼矣二公納其言次年壬戌仲春予請

員接筦大憲委趙虹岡大令來嘉綜理錄之以誌貨釐緣起如此

嘉州貨釐定章癸亥士紳賄串府縣房書將備案之文卷付諸丙丁於是苛網橫放價檻肆張明加之外有暗加焉公取之外有私取焉其間總局之侵蝕分卡之烹肥士紳之沾潤吏役之需索綮每年徵收五萬有奇公然乾沒二萬零竊思成者毀之基榮者枯之灼萬木太繁斧斤必劇百花齊放風雨必殘此古今自然之勢自然之理也故丙寅蕭節後城內外罷市（共八罷市）七十日匯徒率眾

毆局焚班竹灣杜家塲騐卡閭里蕭條買賣斷絕駱制軍委史公叔平觀察來嘉查辦時予居鄉守制史公密約籌商前家慈展奠蒙賜幛聯不能不踵謝藉聆榘訓史公出示貨釐册籍予旋讀旋查謂昔無而新增者如竹籠沙缸草履蓑衣及春籮筐筥織扇帒帊約計四十條錙銖而取之瑣屑而索之殊非政體所宜槩請史公豁免至於既抽絲又抽紬綢既抽棉又抽布帛是猶徵田上之籽粒而並欲榷釜內之饔飧有是理乎亦請史公抽母不抽子體恤機匠閱畢且對史公曰世無不撤

之法亦無徹而不變通之法譬如終歲之衣不補則破十年之屋不修則壞況法久而弊生弊生而蠹積若不亟思補救則商賈望見關津如赴湯蹈火之苦尚祈當因者因當革者革所謂窮則變變則通正此時勢也史公納其言先示豁免瑣屑物後示抽毋不抽子定期開市貿易莫不懽欣鼓舞矣繇之以誌貨釐整飭之顛末云、

光緒二十一年乙未冬鹿公芝軒制軍傳霖飭練鄉兵言鄉者餉糈取之於鄉里言兵者操演儆之於兵制不曰

鄉勇而曰鄉兵者欲民習戰之意耳沈公幼嵐大令秉
埜性剛介瑰奇有智畧當開導農毗莫不樂從約予同
唐君華圃王君佑生綜理操演再三辭不獲勉効驅策
審察儳儈劾勑輩揀擇六十人或有嫌其寡者不知用
衆不如用寡寡則能同心同德所以背嵬五百縱橫而
難撼也或有嫌其愚者不知使智不如使愚愚則不計
利計害所以昆崙奴赴死而不顧也案古者寓兵於農
國强而民積費省而利長自管子創爲軌里連鄉之法
所以鹿制軍做而行之益蜀省人情浮動往往借毁教

堂結黨成羣假稱義民以惑眾所慮山魈澤魅相率效尤而有蛇蹤豕跡狼貪羊狠之患欲清積亂以固吾圉則在場自爲保人自爲防是江沱潛漢閒而鄉兵尤關急務也果能情殷桑梓心急國家選之精而豢之厚御之整而練之勤有警則相機殄除以聯鄉里之勢無事則宣威城市以消奸宄之萌鶴列成行鸛張斂氣永絕銅馬之叛從無銀豹之狂矣

憑花館瑣筆卷十四

嘉州 鍾瑜農

唐公次雲丙子冬攝府篆丁丑春迎養其尊甫陸雲廉訪際盛來嘉親承色笑廉訪性卓犖由訓導歷官湖北按察使所至有循聲荆州升遷時士庶立巨碣大書德政二十餘以志去思焉一日過予園閒談偶問公昔守荆州口碑滿夫鄂渚 心簡悉於 御屏何道而至此笑曰無他惟該地四路交衝五方雜處而俗最好訟或請羊易牟嘗寡之族或倩李代桃僵之姻或藉訟以詐財財

詐而懇息或託故以銷狀狀銷而復興或情本曲也而
造成不易之理或事本微也而妄言莫大之冤爲鬼爲
蜮爲祟爲毒者緣昔日居官審出虛誣不嚴加反坐耳
於是奸民之心以爲吾之訟勝固可以制人負亦不至
損已何所憚而不試其長技乎且成固可以直尋敗亦
止於枉尺又何所憚而不倖其偶中乎軍興以來一案
化成數案小案變爲巨案由此而起荆州有匪兇號匪
大金剛殘人逞欲前官不敢緝捕予因控案虛誣嚴加
反坐供出匪太金剛譸張爲幻派兵勇擒獲按律懲辦

先治此輩始可以撫綏良善譬如肌膚有疾病蹶鑿之害不去其患苦而血氣豈能休暢精神豈能充足歟秦詰湊廉吏瘞鹿懸魚亦必如廉訪力足以懲蠹才足以剔奸民畏其威而懷其德不然嫧李仲子塵甑范丹亦視如木偶泥佛耳至嚴加反坐尤為正本清源無如當今士大夫避重就輕枉此縱彼故牛鬼蛇神愈多海市蜃樓愈雜矣

張星門大令（邦佐）宰欒山嘗曰命盜最易扳誣一張皇則無中生有一詳慎則化有為無張子敏太守（秉埏）宰巴

縣嘗曰嚴刑所以懲憝當慮有無蔓引株連除暴所以
安良當慮有無桃僵李代陶聯三大令搢投宰樂山嘗
曰田土日凋於前賦役日增於舊急之則病民緩之則
虧國惟有酌量調劑奉法而不膠於法因時而不詭於
時也劉夢仙大令仰祖宰樂山嘗曰夫爲軍需前官之
重者不可重其所重前官之輕者何妨輕其所輕王漢
岷刺史烈宰犍爲嘗曰養鷄者不畜貍牧獸者不畜豺
未有練團辦保任小人而收實效者何湘雪太守亮清
宰樂山嘗曰俗所未厭勿亟毆進俗所匹不安勿憚作遷

當思利與害因而生法與弊角而立矣杜熙甫刺史瑞徵院敘九刺史全獻前後知酉陽州熙甫嘗曰刑不可不用用刑時須保得一點仁心住財不能不取取財時須認得一箇義字眞敘九嘗曰居官勿爲太倉之雀鼠勿爲權門之犬馬勿爲赤子之虎狼勿爲同寅之蜂蠆綦鳳樓大令紹會宰南充嘗曰法難稍寬者不宜曲其法而長其奸宄情可從寬者不妨原其情而畧其法矣馬未度德徵大令宰長壽常曰貪廉者治理之關鍵奢儉者貪廉之本根以上諸公所云皆名言故錄之以資

官箴

予高祖梓君公知荆門州時嘗曰居官所謂清者第不取於民而已非必有所與也所謂慎者第不愆於罰而已非可有所損也所謂勤者第盡其所當爲而已非當爲之外更有所益也所謂明者第各得其情而已非得情之外更有所察也

馮雪竹者家貧教鄉學負陸文裕公家奴田租繋於廚適文裕至莊所獨坐苦雨念無可與談者問里中有蒙師乎奴無以應因言有馮某曾教鄉學命召之比令草代

以進文裕見其修雅問能棋乎曰不能又問能詩乎曰
俚言不堪奏耳文裕大喜適庭有五竹令詠之焉應聲
而成曰我愛君家碧玉叢如擂隻手笑西風雨低四面
中藏鳳雲護三竿兩化龍勁節遠過彭澤柳虛心不數
大夫松夜夜來窗外分明見千个蕭蕭月影中文裕擊節
賞歎約每歲以二十金資其朝夕嘗留暢談奴退而謝
過不復言負租事前輩憐才過人遠甚見五茸志逸
長雲齋農觀察譯言華亭黃洙諸生積學工詩壬子海溢持
以易食路見女屍裸者即以衫裙衣

而埋之歸與妻言妻曰如此正多曷不勸同里共爲洙
如其言掩埋甚衆其子于丁巳成進士官山西太平知縣
王壽喬茂才 士醽 與予交最篤嘗過談言吳郡曹王在授
經於廣東學使蜀人 中江縣人 王恕所恕嚴憚之恕卒有招
之他往者曰王禮我虔諸子學未成義不可舍去乃間
關入蜀數年歸後恕子汝嘉發解汝璧歷官巡撫有廉
正聲不負所學沈大成進士爲作曹先生傳
上海顧小厓 成天 潛心理學康熙五十六年舉人以恭輓
仁皇帝升遐詩忠愛悱惻忽傳 禁內 世宗特旨

召見　欽賜進士授翰林編修　上書房行走乾隆晉
侍講進所著東蒲草堂文集　御賜序言海內榮之乞
休歸卒年八十一此老可謂異數也
乾隆癸巳開四庫館即於翰林院署藏書分三處凡內府
秘書發出到院爲一處院中舊藏永樂大典內有摘抄
成卷彙編成部爲一處各省採進民間藏書爲一處分
員校勘每日清晨諸臣入院設大廚供給茶飯午後歸
寓各以所校閱某書應考某典詳列書目至琉璃廠書

方恪敏公觀承子襄勤公維甸兩世爲直隸總督皆有名績恪敏撫浙時未有子使人於江甯買一女子將筵日納室中矣公至女兄所見詩冊有故友名詢之知此女攜其祖父作也公曰吾少時與此君聯詩社安得納其孫女乎還其家助貲嫁之公年六十一矣吳太夫人旋生子即襄勤也

祕閣曝書以每年三月六日自康熙壬寅始也

光緒二十六年三月廣東督撫奏陳粵省釐金歸商承辦官督商辦之法除鹽課外凡行釐坐釐每年認繳餉銀四百萬

兩遇閏照加以七十二行之商承七十二行之欵責成
總商四人案月應解銀三十三萬三千三百三十三兩
有奇爲杜中飽而袪靡費起見如不延誤徇屬裕餉恵
商之善策此舉惟粵省能之若蜀人無此殷實無此膽
量無此聯絡無此情意倘川鹺倣照承辦而甲者嘐啁
乙者慣悷丙者噓沬成波丁者吹沙射影散商疑總商
竭辦而取珠總商謂散商傾崑而盜玉於是龍節蜺旌
之地變而爲鼠牙雀角之場矣
粵東某制軍生辰官紳各送奇珍洋商某出重貲購得自

鳴鐘高五尺機關靈動按時呈牌遲不爽毫髮至期抬進憲轅家人持紅柬曰洋商送鐘請謁拜壽制軍曰吾祝嘏何獨送鐘鐘與終字不同而音同是該商假此以咒我也將鐘擊碎飭縣訊問洋商某中丞說情乃已是商欲以鐘而見長今反以鐘而賈禍所以語言當說吉字餽贈亦應審音此事咫聞錄載之以為刻意逢迎漫不警心者作勵頌焉

歸州某孝廉自山中入城因有虎患以兩獵戶持鎗叉自隨日暮向郵亭小憩忽一虎咆哮而來兩人致孝廉亭

前樹上挺叉刺虎死又一虎偕二小虎至兩人力盡而斃孝廉方驚悸俄一物似狗白毛紅髮眼金光走如飛直前齧三虎三虎伏不敢動皆食其腦不食其皮肉須臾至樹下望孝廉大吼聳身一躍忽墜崖下藤蔓中胷之空中不能脫孝廉遂下樹取叉刺而殺之夫苛政猛於虎酷吏之肆虐實皆貪心所致若此物既已食三虎矣猶貪而不知足以致自陷網羅其亦可鑑也已

嘉慶時教匪林清率其黨勾結宦官突入宮門內禁兵倉猝未集 皇次子即成皇帝發鳥槍殪二賊貝勒綿志以鳥

搶亦殪一賊曰將晡賊適縱火忽大雨迅雷二賊震死於御河恍惚見關帝端坐午門羣賊股栗皆就擒又賊黨各省俱有先是青會遣諜至江右約其黨尅期進兵此賊少憩山旁遇道士對之呵氣遂倦卧醒而道士已不見從此蹣跚而行及其黨得書而清已平江右巡撫亦擒其黨訊問供稱不敢妄發者得信遲耳訊問諜者何以誤期則以所遇道士對餘諜同役覓道士不得偶宿許眞君廟見塑像宛然所遇道士也乃奏而加封焉

聖人在上百神效靈其理洵非誣矣

族人隸香谿尹鯍 乙未署牛華溪鹽大使嘗來園暢談言
其鄉有董杏芬名燧者甫能言矢口決雨晴皆驗長能
文獲異書二帙讀之得仙術爲某家塾師時有羽士來
訪貌皆異常人亦絕不聞其語嘗取小石演八陣圖以
蠅授之莫能出某欲購金陵羅紗以聘婦顧時以迫杏
芬請行乃持銀閉戶戒勿擾越宿挾羅紗出其族有貧
者杏芬教取杏核去其仁納藥於中燒之成銀如仁大
曰此可度日耳雖妻子亦愼勿告其書秘不示人或竊
窺之不可識（凡術有口訣若無口訣傳授縱得異書亦如獲石田）一日書忽自焚

乃曰我將死死三載後可焚我及焚棺中僅一骨在後
里人有見於吳門者乃知其尸解云
古今才人各有著述幸而富鏤板行世數十百年後或猶
有知之者若無剞劂貲其稿藏笥篋中八九年後鼠穿
蠹蝕而泯消者比比矣方其仰面屋梁嘔心鉥腎務求
字斟句酌而不敢自惜其力固將以垂諸奕禩也及其
病亡而一二殘編缺簡其子孫賢則猶克世守否則拉
雜摧燒視爲不甚愛惜之物未幾遽歸湮沒而莫知誰
某自非有人焉爲之網羅散失其不與爪齒毛骨同澌

滅而無餘者幾何哉予於是自道咸以來廣收博採其間如張丹崖師史未平張瑞芝陳廣敷湯秋史丁碧軒劉熙臺張霽農孫少甫陳篠石蹇子振韓午山何小山彭鏡湖蔡梅菴葉蓮峯傅石樵諸公皆有遺集又見在富建侯李楚珍瞿印山鍾棣香王子豐張迪卿伍介康諸君著述俱能守唐賢矩矱力除佻縟之習予皆分別甄錄名曰嘉州萍約詩選或因人而存詩或因詩而存人各繫小傳於姓氏下凡里居出處性情罔不詳且核而介節畸行間亦附見焉其稿堆積屋戶插架己亥夏

為雨敗塵腐竟成劉家黑壯丹矣又樂山縣志自嘉慶
癸亥操纂後時久事增予懼其湮沒蒐輯志補共計九
十篇欲待他日秉筆者以備採摭其稿亦同遭劫不能
闡幽表微言之歉然
光緒二十六年庚子鄉試各省督撫因拳民借教堂滋鬧
恐士子麕集時各匪相猝效尤具奏暫停鄉試免生枝
節經禮部議準後補惟許薦舉賢能以備國用則所以
薦舉者仍在語言文字乎抑將在政事軍旅乎或採之
虛名試之實效乎此數者雖足以召才而大臣得保其

所能知不能及其所未知縱有伊尹孔明身不離畎畝
手不釋耒耜甯湮没而不干求筮仕矣
某令考試時幕友擬題分未冠已冠某令誤書曰已冠未
冠又某令當堂差票提筆欲標瞿姓役持不下吏進曰
瞿雙目從佳令遂上書林字下書家字他房呈稿畫銷
問銷字如何書吏進曰金旁加不肖之肖令遂作不孝
之孝斤兩之斤衆視之哄堂大劇案治世莫要於安民
安民必先以察吏察吏之方自州縣始州縣之賢否天
下治亂之基也邇來時事艱難盜賊充斥而追溯釀禍

激變之由未嘗不起於州縣今之州縣仕途益雜流品益多似此暗昧傳爲笑柄夫器必試而後知其利鈍馬必駕而後知其駑良用人亦復如是耳若軍功捐納而不試以事試以事而不考其成凡薦剡援例者即予以銅章墨綬大吏受其欺朦小民遭其淩虐如何敢保障繭絲之效矣

族某無賴子生女陰行溺斃予父聞而責之曰夫人之所以爲人者以其有人心也故見孺子入井而無怵惕惻隱之心孟氏以爲非人況父母之於子男女雖殊天性

則一至於溺斃則人心絕矣對曰婬欲添丁絕其乳哺乃可受孕也予父曰男女原有定數殺女之後復又生女若何況殺女之後而竟不生又若何且殺氣所積生機盡亡產男未必不夭折即產男幸不夭折亦未必有克肖之兒倘再蹈前者予必率宗族問以故殺子孫之律其妻果然從此未受孕以窮獨而終老

郡人郭采三（景琦）性純孝父病割股因創甚臥床不起予父視之而言曰人子事親平正無奇何以效愚夫大悖常經耶答曰此盡人事耳予父笑曰人事豈禮所當盡

特不可盡禮所不當盡之人尊蓋身體髮膚宜全受全歸如果大悖常經而足以盡道則舜文曾閔必有先爲之者如果割股能療疾則舜文曾閔亦皆無先發之親矣嗣後當以禮制情不當以情而越禮予師張丹崖先生聞其言常訓門生曰小子誌之鍾廉叔所語有至理存焉次日予以七釐散贈呆三此藥定痛止血如神服之越日而愈

雍正間耗羡歸公定直省各官養廉由　世宗之獨中睿斷因時制宜而其端則發於山西巡撫諾岷布政司高

成齡蓋先是州縣徵收火耗藉資日用上司所需取給
州縣不無貪吏藉口上司容隱之弊雍正二年諾岷請
將山西一年所得耗銀提解司庫除抵補無著虧空外
分給各官養廉而成齡復請倣山西例通行直省 上
以剔除弊竇必更定良法耗羨固宜歸公養廉須有定
額 詔王大臣會議定章使嗣後牧民者恪守成規不
於耗羨外更加耗羨諾岷與成齡洵一言利溥矣
康熙三十年戶部以大兵征噶爾丹軍用浩繁奏行輸運
糧草準作貢監並開捐免保舉例陸清獻公時爲御史

奏請督撫舉人必曰清廉方爲合例若保舉可捐是清
廉亦可捐而得也公又疏稱捐納一途賢愚錯雜惟特
保舉以防其弊不敢請保舉盡公猶慮於竟不保舉云
云下九卿議並言事例已行不必更張今軍功同捐納
人員到省一年由督撫察看才能出具考語即當時保
舉遺意

咸豐二年冬長沙解圍募勇出征口糧章程參差不齊三
年張公國樑之勇每月五兩四錢江公忠源之勇每月
四兩五錢勝公保奏準江南大營循而行之遂定四兩

五錢為報銷常例十一年曾大臣招募水師為三兩九
錢綠營當時綠營不中用故水陸募勇三十五萬之多該
輩非出於農夫即出於舟子不知有衣服玩好之娛不
知有儀節煩縟之文皆精壯樸實所以能衝鋒殪敵自
賊氛殄滅後竟染綠營惡習提鎮則狃於聲色士卒則
流為憍嬉于是精壯者變而為惰樸實者變而為澆是
近年之募勇又將化為昔日之綠營矣
各營設提督為總轄即設總兵為分轄提督固有節制各
鎮之權而總兵即有操縱各鎮之責所以定例提鎮相

見用賓主禮文移往來多屬平行甚重總兵即所以輔提督也近來提督出巡所到總兵越境迎送挂刀謁見與舊制不符雖總兵苟自卑屈類於不肖之諂媚而提督妄自尊大全不存方面之體統同治十一年兵部侍郎彭公雪琴玉麟具奏近來情形各將弁出缺必由提督委署而總兵不得預聞殊多窒礙云云奉 上諭提鎮仍遵舊制一切平行倘有將弁出缺即由該總兵就近委署再行咨明提督請補或提督叙用非人各總兵即行咨明更正欽此自經 嚴旨核定不惟有相維之

勢亦有相濟之功矣

光緒二十四年五月初七日大學士榮祿遵查兵額餉額各節撮舉其大要言之綠營前議裁減七成各省均未照案裁減以現在實存核算綠營四十餘萬人每年需餉八百餘萬兩練兵尚不在內勇營前議裁減三成各省亦未照案裁減以現在實存核算勇營三十餘萬人每年需餉二千餘萬兩練勇尚不在內又新式所募如江南自强軍二千八百六十人每年需餉四十餘萬兩而夫役雜費尚不在內天津陸軍七千人每年需餉九

十餘萬兩帳棚衣履尚不在內湖北洋操隊一千人每年需餉七萬餘兩教習薪貲尚不在內統計新舊兵勇七十一萬餘人需餉三千萬餘兩連藥彈雜費核算將近四千萬餘兩而滿漢蒙三軍八旗尚不在內云云案自古養兵原非善政宋人括財明人增賦皆爲兵多所累至 國朝又不然其說因歐洲各邦各統數萬人實逼處此不能不另募以固吾圉惟恨綠營乃病軀之徒强弩之末秖有靡費不堪驅策耳

綠營現在四十餘萬人除老幼浮冒外僅二十餘萬人數

資駐防塘汛況多煙酒之徒虛弱之輩萬萬不能抽調勇營現在三十餘萬人除火糧及浮冒外亦僅二十餘萬人加新募不過萬人以四海之大六合之廣而以此二十餘萬人分駐之無鉄路以通其脈絡無海軍以助其羽翼恐不敷鎮壓即云此時難顧全局惟以盛京吉林黑龍江為急務但滇南粵西均與鄰邦接壤又可置為緩圖乎所慮者路歧如織敵竄似梭若撥東方之防以備北邊之警或撤北邊之隊以援東方之圍兵愈分而勢愈弱餉愈絀而欠愈多耳

光緒二十五年五月　上諭現據戶部以練兵為急務惟練兵必先籌餉近閱各省奏章往往以入不敷出為辭但其間豈無浮費果能將陋規裁汰挹彼注茲則軍糈何至窘乏各督撫奉到此　旨詳細鉤稽悉心綜核覆奏不得敷飾致干重究云云於是各督撫將田賦關稅釐金鹽課之員無論公私新舊和盤托出凡工食平餘水色火耗解費冗役零減雜湊十八省約計查出一百七十萬有奇在　上諭不過裁汰陋規並非搜括錙銖而官吏既涓滴歸公則家累困窮仍剝削於閭閻左旋

右轉無非抽黎庶之筋吸黎庶之髓也

乾隆五十一年丙午五月八日地震日三次同時雅黎山傾陷壅河十八日水勢潰濩湍流嘉敘瀘渝一帶人民漂沒者不下十萬衆案蜀之水災以是年爲最其次道光庚子水亦滂湃

乾隆六十年乙卯正月元旦日食元宵月食案春秋書異不書祥聖人語正不語怪所以警君上之修省啓學者之戒懼耳故錄之以備他日採風者是年白蓮教起於蜀

道光十年庚寅閏四月二十有二日戌刻資州東南角有

聲如雷吼莫測其自天自地入似在鼓中逢逢四擊方驚愕間而地皆震蕩矣城郭衙署房舍廟宇橋梁盡傾頹鄉街道路塋墓田畝不可復辨死亡一萬四千二百三十人間有被壓未斃者慺慺蹙慼惛惛懞懞無復人寰氣象矣奉　旨恤死賑生而黎庶始有起色見客窗閒話

道光十四年甲午夏嘉州大疫四門出櫬日共百十貧人無棺木以葦席裹尸骸至有一家相枕藉無收斂者其後以地漿水澄取清者服二三杯始止

道光十六年丙申夏嘉州大旱米粟翔貴餓殍載道桂家山貧民董姓盜人子女殺之鄰家偶見所烹肉手足宛然鳴官立斃

道光二十年庚子春有虎夜入嘉州城潛匿與發街某家幸伏大門內二門外閉戶時不知不覺也至四更忽聞其聲嘮嘮然竊窺之虎矣越牆報千總千總率兵上屋撤其瓦以火槍從下轟斃之邵蓮溪太守分其皮劉冠亭大令分其膝況兵分骨官紳分肉家父得二斤烹食而味粗不及羊豕

咸豐元年辛亥閏八月初八日午飯畢嘉州忽有聲自西北來同時甯遠府注雨如綆疾風拔木至未刻江河溢湧地勢簸跳洪秀全亦於是年閏八月初一日破永安州初八日僞稱天王有若千軍奔潰萬馬奔騰而入民咸恐後爭先扶老攜幼走避空曠之區亦如駕小艇涉大海而遇颶風彼此僉滄貴賤互撞頭剢屋宇傾頹木石飄舞惟聞傷聲求聲鷄犬聲牛馬聲男女嚎啼聲城堡倒塌聲壓斃人畜十之九鄉約壓斃男婦一萬三千二百二十八人閒有不死者非毀面跛足即破顱斷臂官吏亦無噍類總兵官鳴謙及知縣守備等無不死焉惟知府牛公樹

梅傷魑而未亡殆有鬼神呵護耶同治元年牛公歷官按察使自後猶或時動時止由是而思凡人之營營於天壤間非人爲之寶天爲之雖有金穴銅山轉瞬可以消滅又何取乎多藏厚積爲也

咸豐二年壬子夏荒歉嘉州銅江內飢民採蓬草而食其粒類糠皮其味極苦澁亦可苟延殘喘至秋而蓬草盡矣則又掘其白堊土而食不數日則腹脹下墜而死最可憫者所棄嬰孩於道路號泣呼父母越夜無嬰孩爲人所烹而食也士紳葛華齋張峩溪具稟邑宰張公星

門大令發倉施粥賑濟之
咸豐九年庚申川省竹盡籽厰地需用赴滇黔購辦路遙費重大斑竹每根售銀三兩有奇大南竹每根售銀四兩有奇
咸豐十年庚申八月十七日黎雅等處疾風彭怒屋瓦皆飛雨雹大如梨寒氣砭人肌膚清溪漢陽街祟山峻嶺産松檜梧栢杉槐楓柳高或參天大或合抱直或如繩曲或如鉤而柯枝自雨雹摧折頓成枯枿
咸豐十一年辛酉四月十六日彗星見於東井初光赤而微長有四五丈直射斗魁垣後愈出愈淡愈小愈短案此

乃除舊布新之兆髮逆搶匪殺戮傷上天垂象將欲
畀其毒而殲其類也

同治元年壬戌夏蝗災案蝗生卽交交卽復生最易滋息
且能飛則蔽天散則徧野所以春秋言蝗災也是年大
旱順保漳綿等處蝗所過禾稻蕩盡惟薯蕷不能傷縱
莖葉稍損尚能生發則薯蕷誠備荒之要物

同治三年甲子七月朔友人尹松溪是夜見星隕紛紛次
日向予言適王壽喬餽來槐樹結實形如演劇之關刀
無翼柄長四尺然愕然疑其主兵案星隕天地之變樹

産陰陽之化無關國家之得失也
同治四年乙丑六月初八日亥刻嘉州陰霾障天雨雹如矢雷電交作山岳擺皺惟聞風聲樹聲雞聲犬聲墜瓦聲瀑布聲男嚎女啼呼父母喚妻孥聲喧似鼎沸勢如蜩鳴踰二時始定黎明探視西北城樓及府衙風亭月榭俱倒塌此百十年未見之怪異也
東岡何小珊刺史家泰宰西河縣其城外有山律崒崱屴同治八年己巳夏山之峽嶂忽自移而人不覺也日移四五尺至仲秋將西北城角壓倒離舊跡三里許而後

止見邸抄案此由氣躍而使然

光緒七年辛巳六月二十一日江北沿海一帶風潮突至直如萬馬奔騰毫無隔閡而人民七千三百四十八遂葬於魚腹矣見邸鈔

光緒十七年辛卯三月初七日恩藝棠郡伯招飲至中筵家人告上天三日並出衆出而觀之一日大而黯色二日畧小而黯色踰二刻黯黯不明矣予紀災異數十則附載皇朝瑣屑中以資他日修志乘筆者有所徵耳

集古今地名聯語　秀水樂山　火井冰泉　文水武溪

龍里羊城　花石蘿崖　夏邑商邱　錦水羅江
鳳縣象州　荳谷簇橋　水口石肌　南部北邙　馬
邑龍潭　青海黃河　粉水花溪　孫水祖山　宇水
文峯　鐵嶺銅江　絳縣黃州　梅嶺柳江　赤水藍
山　夏縣虞城　籜巷簹園　上海中江　丙穴艮谿
玉壘金川　花縣果州　木嶺土橋
吉祥寺懽喜菴　文昌縣武定州　詩易洞讀書樓　棲
霞嶺映日峯　白馬寺青羊宮　馬蹄井狗爬崖　鵝
項嶺虎牙山　天目頂娥眉巔　桃葉渡竹根灘　馬

王廟猴子坡　木皮殿火腿房　猪肝洞象鼻崖　鷄
籠鳥馬鞍山　寂寂嶺怡怡橋　大樹堡小桃源　呼
猿洞洗象池　蕎麥市花鹽街　桃子嶺竹公溪　桐
梓縣松桃廳　天公廟土主場　八仙洞五聖祠　黄
牛峽白燕鄉　羊腸坂熊耳山　花生市豆腐街　降
龍寺落鳳坡　浣花里折柳橋　界牌鋪驛路亭　羣
鷲谷集鳳峯　東山寺北極宮　青岡嶺白塔街　天
池壩水井灣　烏鬚店赤腳場　茅橋鋪瓦屋山　分
水嶺會江門　薄荷巷厚朴溪　龍虎院魚鳧津　木

槿碣海棠灣　金堂峽玉門關　草鞋渡紗帽山　白
水縣赤溪廳　甘棠港酸棗河　朱履巷青衣江　向
日嶺仰天窩　凌雲寺觀斗山　石犀浦金鳳園　伏
虎寺卧龍岡　牛腹浦鹿頭關　蘆葉渡荔枝灣　崇
文館演武廳　君子巷老人泉　甘松嶺苦竹溪　古
佛洞昇仙橋　三清殿萬景樓　馬蹄谷鷹嘴崖　金
雁驛銅魚洲　馬陵道龍州廳　金牛峽玉鳳山　曬
穀壩斫柴坡　千佛寺二仙菴　川主廟井神祠　龍
游縣虎渡溪　兌陽寺巽澤宮　銅鑼峽石鼓山　戈

盤井箭幹塲　大崖窰小石苞　城隍廟社稷壇　白
崖壩紅壁山　黃泥坂烏木莊　石板蕩泥溪河　銕
爐寺銅鼎溪　垢婦巷端公堂　冬竹嶺夏荷塘　馬
欄井猪圈門　新石廠老橋溝　三尖石七曲山　芙
蓉岸楊柳灣　耘爪壩犂頭關　碼磂嶺玻瓈江　月
沼谷天樞門　白崖壩紅壁山　九龍巷雙鶴鄉　冷
露坎涼風坳　葫蘆壩萊菔溝　南嶽廟東坡祠　寒
衣市暑襪街　三婆殿五婦山　金山寺火井漕　霞
浦縣雷波廳　黃龍府白象菴　金花廟銕樹宮　擦

耳碥舍身崖　溫公堰慈母溪　九老洞三官堂　璧
津渡印臺山　天門石雷洞坪　鋏蛇壩銅雀臺　長
子縣幺姑沱　灰山井火石坡　水心寨雲頭山　尊
經閣惜字宮　方響洞圓通菴　銅瓦殿銀瓶山　雲
霧嶺陰陽灣　白衣洞紅布街　雷祖殿斗姆宮　消
水蕩挖泥坳　迎風洞喜雨亭　大相嶺老君臺　羊
賻嶺龍頭山　文君里武侯祠　白雀寺黑龍江　濫
泥窖漩水沱　蘊真洞凝秀亭　鳳巢嶺龍氿場　地
藏廟天皇山　黃茅埂紅豆坡　崖脛碥沙嘴場　三

仙壩四聖宮　五馬渡九龍灘　帝王廟子母河　牛
簑蕩虎跑泉　道士觀尼姑菴　四方壩三塊碑　颭
風凸渭水凹　木羊嶺石馬關　猫兒洞獅子山　老
木孔大墳包　三江鎮九井坳　白蟒井黃龍溪　老
岡壩大石橋　泌水浣舞雩場　筒泉井印石溝　羅
漢洞金剛沱　清眞寺節孝坊　饅首鋪息肩坪　豆
豉巷花椒園　邱北縣路南州　刺虎坎父魚灘　瓢
兒井磨子崖　三岔驛五顯坳　震澤礪離崔山　渭
南縣江北廳　金石井土橋街　粫飯廠乾薑場　焙

茶館載酒亭　苦瓜壩甘蔗林　杏仁市梅旺橋　太
耳厰芋頭溝　銅梁縣金粟橋　草堂寺石堡溪　水
神寺炎帝宮　二郎廟三聖橋　黑窯子紅廟兒　鏇
石嶺打金街　太乙洞拱辰門　同安里太平場　三
寶寺五臺山　海師洞天后宮　珠冠巷玉帶橋　馬
家壩猪市塘　絡繇局碾米溝　清甯巷安樂窩　竹
園鋪杉板灣　吸煙館聚賭場　紗縠巷甕甌街　花
粉鋪豆渣房　鬧市口雅河頭　三爺巷五老坊　苕
帚坎木屐街　百福嶺萬壽宮　長庚院太乙祠　火

藥局旗籍司　甘露寺慶雲菴　來安寨歸化城　克
狄嶺平羌鄉　樂火巷二戈街　聚樂堡大清門　順
天府定海廳　永善縣廣安州　萬年寺五福堂　■
照殿坤甯宮

集古人名對語　子路申棖　王豹子羔　李白楊青
魏絳狄青　辛謐丁寬　朱冕黃裳
牛存節魚朝恩　沈麟士鄭虎臣　麥鐵杖楊玉環　秦
弄玉程咬金　史萬歲田千秋

集曲牌名對語　青衲襖紅繡鞋　耍鮑老憶秦娥　太

平令孝順歌

集四書對語　行以告坐而言　教不倦仕而優　不學禮盡信書　使先覺無後災　不貳過有三愆

子曰忠矣書云孝乎　脩其天爵教以人倫　言語必信禮貌未衰　奢則不遜富而無驕　原泉混混維石巖巖　爭地以戰逆天者亡　取士必得立賢無方

得衆則得國有土此有財　孳孳爲善者郁郁乎文哉

未有孔子也其惟文王乎

仁者無不愛也君子亦有惡乎　是聞也非達也雖得之

必失之　君子義以爲質小人比而不周

人亦孰不欲富貴求信無分於東西　是皆穿窬之類也

則與禽獸奚擇哉　饑餓不能出門戶斧斤以時入山

林

殷人以栢周人以栗知者樂水仁者樂山　非其道也非

其義也在所損乎在所益乎　是不爲也非不能也求

則得之舍則失之

集俗言對語　庚帖申文　幕友簾官　客氣朋情　鼠

竊鷄姦　痞子癡兒　手藝肚才　老辣寒酸　肝火

心灰　喫苦咽酸　濁氣渾頭　花色草包　棘手蓬頭　水客土娼　茶癖酒癆　掣肘抽頭　灯酒釅茶（俗以酒熱曰灯音紅以茶濃曰釅音驗蘇詩翠釅紅螺醬後人本此）　月餅年糕　饊子米花　饅首粉皮　麪餃粉糰　麥饎粢巴（俗作粑無此字憚史公劉作餈糕麻團郎粢巴粉糰也）　蝦米魚秧　燺豚醉魚（燺音考熇仝俗作烤無此字）　火米土蕎　麩炭泡柴（麩音孚白詩日暮半爐麩炭火一作烰炭火案烰在尤韻音浮）　脚子頭家　黄甲白丁　歲尾年頭　艾粽棗糕　酸子鹽丁　粉臉油頭　鬆嗓燥脾　啞謎盲詞　酒德飯緣　報喜送窮

打花鼓撞木鐘　自弄自人騙人　抱佛脚懷鬼胎　活
受罪死要錢　縮脚鼈叩頭蟲　孩兒臉老人牙　眼
孔淺手段高　蛇皮癬鶴膝風　木棉布土絲紬　出
手貨見面錢　鷄毛帚象牙牌　蘭花豆葱管糖　有
沒有來不來　笑面虎偷嘴猫
寅葬卯發丙落丁晴　打退堂鼓敲敗兵鑼　鴉飛雀亂
兔死狐悲　惟天可表無地自容　冤哉枉矣古而怪
之　見財起意睹物傷情　衣冠禽獸富貴神仙　當
場出醜拍案驚奇　私通外國大開後門　放開眼界

鼓定牙關　了而不了微乎其微　小人故態老生常談　說一是一拿三道三　騎驢打鼓對牛彈琴　借花獻佛將酒待人　出路由路在山靠山　空心大老醜鼻官兒　坐坐再走去去就來　咬文嚼字耀武揚威　守株待兔打草驚蛇　無中生有忙裏偷閒　說話引話將心比心　一毛不拔孤掌難鳴　望天討價坐地分贓　皮膚燥癢眼目清涼　同船共命走馬看花　移花接木斬草除根　隔靴搔癢畫餅充飢　八仙慶壽五子奪魁　死心踢地怨氣沖天

名高招遠客災退遇長醫　萬般皆是命半世枉爲人
手長衣袖短脚瘦草鞋寬　惡事傳千里荒年斷六親
大眼看小眼輕拳還重拳　寒從足下起惡向膽邊
生　早婚添一代遲到罰三杯　天高皇帝遠客少主
人多　三年兩頭閏千佛一爐香　頭頂千片瓦脚踏
兩邊船　牙痛不是病心定自然涼　懶人試重擔窮
漢養嬌兒　前客讓後客大蟲喫小蟲　一身兼作僕
萬事不求人　慣聽小耳朶祇要老面皮
老契作爲故紙新婚不如遠歸　少所見多所怪一不做

二不休

常將有日思無日未必他心是我心　日間不做虧心事世上應無切齒人　書中有女顏如玉路上行人口似碑　骨頭沒有四兩重身子跳得八丈高　清官難斷家務事好女不穿嫁時衣　鄉裏獅子鄉裏跳大家馬兒大家騎　聰明反被聰明誤惡人自有惡人磨　有事不如無事好十年總有五年荒

有粥喫粥有飯喫飯種豆得豆種瓜得瓜　男大須婚女大須嫁虱多不癢債多不愁　因親及親因友及友有

兜郭兜有雞執雞

集崑腔戲名對語　打虎罵雞　三擒七擒　赤壁烏江

折柳採蓮　訪友別兄　訓子規奴　擊鼓闖鈴

訪素拷紅　拜將封王　鳴鳳飛龍

集古美人名對語　紫紫青青　慶慶安安　燕燕鶯鶯

倩倩娟娟　惜惜憐憐　翠翠紅紅

集藥名對語　牽牛別馬（丹參名別馬）　續斷連翹　厚朴薄荷

甘草苦參　鈎藤翦草　紫丑紅丁　獨活叢生

鬼醜神麻（甘遂名鬼醜　蓖麻名神麻）　猴薑馬韭（麥冬名馬韭）　長春半夏

木賊花王　牛膝烏頭　白芥青蒿　神麴仙茅

集書名對語　八索九邱　文選武經　周易漢書　三

禮六詩　茶譜酒經　金鑑玉韜

皇華紀御覽抄　白水集青田編　珊瑚網珍珠船　荔

浦錢蘭谿詩　棠堂曲濟濟詞　齊諧記越絕書

詞林合璧文苑聯珠　蕭赤芳傳杜黃裳文　癸辛雜志

甲乙賸言　龍安府志鶴慶州函

憑花館瑣筆卷十五

嘉州　鍾琦　泊農

烈婦魏氏嘉定汛兵廷標女幼聰慧父母愛之甚從塾讀善吟咏年十五適李李以煆爲業氏處之晏如也越四年夫以瘵亡姑早逝遂大歸日以鍼黹自給不欲累其父居十月毋又歿父老且病勸改醮氏曰生李家人死李家鬼也無二念父曰如窮餓何曰女自爲之所即餓死亦甘心耳曰奈年少無子何曰從一而終義也豈以有子無子異耶曰恐我旦夕死汝將奚依厥志不終人

將罪我悞之也言已泣下氏改容佯諾之未幾許適宋氏娶有期矣父以告女潸然曰從此與李氏絕乎然郎墓草雖宿鬼尚有知明日當詣墓一拜辭焉父然之次晨肩輿至觀音灘拔釵授舁夫曰憑此歸索錢值可也乃乘間投身急湍中道旁遺小袱裹剪髮一握時道光二十年三月十二日也越十日得其尸於道士觀衣履縫紉形神未改未死前手書絕命詞五首以訣翁與父焉毛覺生大令捐貲殮葬於夫墓側且請旌建祠輓以聯云誓不二天如此水果然一死重於山論曰烈婦無

姑無毋無子女惟一死可以完節酬夫耳越旬日流數十里貌猶如生則正氣堅凝馮夷呵護雖蛟虬亦不敢傷吾決其歿而神矣嗚呼烈哉

丁長英峩邊人年甫及笄性端重孜孜紡績爲事道光癸未春猓夷犯邊女隨父國珍母廖氏弟昌貴負幼妹相率逃避至官村壩猝遇猓酋父倉遽泅水逸去母抱妹墜流歿女與昌貴並見執猓酋覩女有姿釋其縛以袖代拭淚意不臧也女大罵曰我恨一孱女子不能揮劍斷汝脰以復毋仇肯爲汝辱以苟活耶引頸就刃連呼

逮殺我酋以威脅之弗懼復以甘言紿之弗聽乃強驅之行女乘間謂昌貴曰汝自愛毋遽死吾鄭於步此吾畢命時也遂投深潭死閱三日賊退鄰人於激湍中見雙尸浮起就視之女抱其母手弗釋也撈其尸葬之丙申昌貴年十五自寇中逃回過冷磧況述其事樂山大令毛覺生先生曰烈哉風化所關不宜湮沒爰同李烈婦合祠而祀焉論曰女一死雖泰山之重鴻翟之榮蔑以加焉猶能尋母尸於水底是其烈且孝已爲神矣夷地生此奇女恐邑志逸其傳特表出之

戴朱氏犍爲荃子嘴人性貞靜不苟嬉笑庚申春賊竄五通橋婦至楊花渡匿小艇中爲賊所逼乃驅三女先投水賊援以篙婦噑曰生而汙不如死而潔也遂繼沉

李烈女犍爲清水溪人母早卒性純慤年十六事父克孝咸豐庚申春賊犯清水溪女謂左右曰父懦女弱度無生理吾計決矣賊至執其父將殺之女曰妾雖窶陋願相從贖父命不然同死無益也賊悅其色釋其父曳之行女潛服毒行數里毒發厲聲駡曰斫頭奴此身甯死不可辱也語畢仆地口鼻流血而斃賊覗其衣履皆細

鍼密縫盡語左右時所爲也賊義之收其尸瘞焉

孫烈婦安徽當塗縣積善鄉生員孫嘉韻之妻賈人萬咸珍之女也年十七歸嘉韻溫柔勤謹咸豐癸丑賊破江寧嘉韻攜家避入城未幾賊大至遂易妝密結上下衣裳謂嘉韻曰我女子也誓必死君當存宗祀逃之他方異日認密結衣裳者是君妻也幼子四歲摩其頂不復顧閉室自經爲侍女所覺解救之且曰今日禍福未定何遽決絕爲氏曰與死賊手毋甯自死緩將求死不得汝誤我汝誤我已而城破嘉韻逃去賊擄殺無算挾女

婢將及氏氏厲聲罵曰吾豈畏死者可速殺我手啟衣領引頸觸賊賊揮刀仆地郎舍去乃復昂首罵曰汝敢再與我一刀耶賊怒刳其目斷其手足而斃賊駭曰未見婦此硬婆子有親屬葉薰者陷賊營見氏罵賊被殺狀言之凜凜有生氣論曰萬氏閨幃弱質蹈危殉節士君子所不能爲者而婦爲之乾坤柱礎得之蛾眉嗚呼偉哉

庠生周雲之妻王氏世居鈎連桐子林雲歿氏年二十三撫孤守節咸豐己未滇匪竄鈎連暮夜擒王之姑姑驚

怖股栗結舌不能語賊於爨中去釜爇薪以姑當坎炙之問藏金何在王冒刃而入謂賊曰母老矣不知家中事刀鋸鼎鑊宜加我身賊釋姑執王就炙無完膚終不出一輒語忽圉丁燃炬持械來賊遂遁去王憊甚醫治匝月始痊論曰昔盜欲淫樂羊子妻先劫其姑以求必遂樂羊子妻伏劍死盜亦舍姑去論者謂理審義明愈于趙苞守城致母死者多多矣夫儒者抵掌談忠孝凜凜然若見之甚晰處之必當及臨患難乃低徊俯仰不能自決聞王氏之風亦可以愧勵哉

婉如予族弟琴舫之長女沉靜寡言笑父教讀女誠默不口誦父教之書不舉筆詰之曰非女子事也女知謹吾身足矣年十九歸潘浩四歲浩卒子生僅三月耳氏曰吾聞諸吾父夫死不死爲存孤也時姑尚存病鼻癰氏以舌舐之愈子某長爲之娶而夭有遺腹焉氏又曰吾聞諸兄弟子死不死爲子後也忍死植遺腹孀居四十八年以清白終

海州庠生陳鍾靈生母彭氏同治壬戌城陷賊欲殺之靈妻黄氏泣請以身代氏方受刃靈妾李氏奔號曰氏其

妾也黃無所出願殺身以全黃賊感其義兩全之

雲南善化縣呂道平妻者楊氏女也年十八歸道平四月而道平卒父憐其少常諷適氏曰制命在天立命在我未亡人不知其他父慚不敢強乙卯賊竄善化與里中婦共匿山巔賊至疾驅諸婦下氏獨倚樹曰死即死此移跬步不得賊以刃斫其臂氏罵曰殺則殺耳何斫爲賊怒刲之尹松溪參軍聞其事謂予曰是可傳也

朱氏貴州大定人幼許字同里姚元章元章遠賈不歸女年已三十父欲改字曰姚歸可以理謝之女曰謝人何

患無辭所難自謝者心也截髮守貞逾二十年壬戌賊犯大定匿複壁中賊曳之不出斷其左臂女罵不絕口遂見殺右手握拳其爪陷入掌焉論曰黔寇跳梁士大夫身名俱喪者衆矣女產於蓬蒿出身微賤當其守貞困苦艱難不計也及其遇賊惟知有死刀鋸鼎鑊弗懼也以視士大夫徘徊瞻顧者不啻天淵矣惜乎處亂世旌表弗及其同鄉楊輯五囑予志之

世俗稱許人者必曰丈夫詆薄人者必曰妾婦誠以妾婦隨世俯仰而丈夫不隨世俯仰也然而有不盡然者丈

夫曾讀書知禮法若踰閑墮志丈夫而妾婦矣妾婦未讀書鮮見聞若飭躬勵行妾婦而丈夫矣予於吳母孔宜人有感焉宜人性端敏不苟言笑年十八適吳公甯魯明經相敬如賓越五年吳公疾篤姑立兒子存基爲嗣及吳公歿宜人蒙被絕粒媵婦以食進麾曰去吾不食矣五日後而氣阽阽媵婦又以藥進麾曰去吾不藥矣其姑指存基而言曰爲死者死死易於生爲生者生生難於死爾勉爲其難者自是乃就湯粥事姑益謹每食必躬進匕箸暑夕執蕉箑侍左右爲姑驅蚊冬則爇

其衾終身無間姑亡喪葬盡禮道光庚子存基病卒族爭承嗣宜人概弗許選其從姪孫文剛在襁褓中以繼祧宜人課孫嚴坐作語默皆有範同治壬戌覃恩文剛欲請旌宜人曰節非市名也弗許癸酉秋八月疾殁謂文剛曰五十年以來此心惴惴恆懼隕越有負初意古人云蓋棺論定吾今者其庶幾乎言訖遂瞑享年七十一歲誥封宜人嗚呼世有拖金紆紫者非不赫耀鄉里乃問其生平碌碌無可傳不旋踵而勢傾樓臺名淪邱莽其視宜人爲何如然則宜人果卓然有丈夫之行者

也宜人爲余之岳母槩悉本末録其槩以風世云

殉夫易撫孤難殉夫謂之烈烈者激於一時之所發撫孤謂之節節者要諸悠久而不變從夫而死雖非庸行而聖朝亦在旌表之列者所以維風化而肅閨閫也今於一家中而得節烈二人焉予友蔡梅菴太史壽祺德化縣人官翰林院侍講有二女長許字内閣學士袁希祖之子音爲妻未嫁而婿以病死閲三日即過門守貞捐棄鉛華衣茹布素十年如一日次嫁江夏縣監生彭元善爲妻隨祖姑在京能得重闈歡元善患病奉侍湯藥晝夜罔懈卒

至不效氏痛不欲生料理身後事畢飭仰藥而亡前一日請於祖姑爲夫立嗣姑許之遂不復言氏深明大義毅然殉夫鄉里間共相歎異謂蔡家姊妹貞烈萃于一門名節昭于一省夫亦可傳也已

爲烈女易爲貞女難烈女激發於一時暫也貞女持守於平日常也閨閣之不幸有兩端曰死節與撫孤而已撫孤之心彌苦今於巾幗中得一人焉從容誓守茹蘗含辛以爲守節則雖嫁猶未嫁也以爲撫孤則又非已所自出也是則其志彌堅而其事亦愈難矣貞女賀氏拗

南善化縣人少時許字於豫章蓮花廳李維丙太守之子名有銘仕族相攸遂成婣好李太守需次湖南聞女諳詩禮舉止端莊賢淑時年十九將爲其子完婚已卜吉矣不意期已近而其子忽遘沉痾太守請緩期女聞之涕泣白於父母曰兒其往也何庸復議緩期乎壻若無變當侍湯藥設或不幸立志終身守之無異言父母知其意不可奪以之歸於李迎娶亥日有銘竟疾卒女擗踊哀號幾不欲生縗服謁見舅姑恪遵婦道而其事尤奇者無子而忽有子也先是李氏有婢曰綠雲年已

及笄姿容頗麗有銘因引與私遂有孕及有銘歿逾匝月竟娩一遺腹子廣顙豐額類有銘女遂請於舅姑列婢於妾而勉與同守共撫此孤取名志翰冀其成立是爲閨閣型坊矣楚撫劉公坤一爲之奏請於　朝　特旨旌表以維風化云

鎮江府西門外民人趙維輿妻睢氏其媳王氏年二十于歸王甫一載氏夫常外游姑屢誨淫不從潘道士素與姑往來者貪氏色賄其姑甲午八月十九日姑引道士匿氏牀側欲俟就枕污之氏驚覺拒之益堅哭聲聞鄰

里道士道去姑憤極以錐刺氏下體殆遍氏閉戶更衣裳上下縫紉服生鴉片煙死其家賣鴉片煙者次日其母家鳴於官道士賄之擱驗冤不得雪節未能彰里人為痛惜之桂丹盟時宰丹徒為請於上曰似此操勵水霜志堅金石經百折而不辱拚一死以如歸玉出濁流而不變其潔芝生溷廁而自噴其香眾口一詞斷難磨滅寸心千古應發幽潛備教東海冤沉恐阻三年之雨惟使南山案定可扶一國之風中丞命捕道士鞫之治如律婦得旌於 朝見椒生隨筆

無錫朱貞婦者支氏朱燦聘妻年二十四燦死歸朱守貞嗣從子應垓有田二十四畝已而應垓夭議他嗣應垓本生父文耀利其產與族人謀曰立嗣以母無母何子脅之嫁不從辱之百方支欲投水死至江干遇弟錫昌告之故訴於邑令文耀私交通判某詣令言支有別情令訊之支解衣求刀剖胸自明令遣嫗驗之果室女也乃重懲文耀而爲支立嗣此令猶不致以徇情致死若某通判者其計亦險支氏之得生幸矣哉見埋憂集

樂山虎渡溪道光丙申鄉民潘福康爲豪奴毆斃遠颺夷

地差役於鄰舍需索農夫趙其昌家貧未遂所欲遂誣以知情而禀官官憒憒其昌鍛鍊成獄妻陶氏泣愬里人葛華齋具狀保釋華齋予老友也光明磊落因此案再三詣城辯誣伸冤官弗允陶氏深夜攜索於豪奴門外自縊死越三日緝獲豪奴治罪命約保殮葬陶氏草草完案予有俚句以紀之曰趙其昌鄉曲徒妻陶氏田家姝夫耕婦織居山隅上有老毋下藐孤中人之產口足餬鄰有鬬者誰乎潘福康與一豪奴奴毆福康福康死鬬而殺者法當誅而於其昌又何辜柰茲弱者強之肉遂郡縣者饞其腴手

持銀鐺領官符城門失火殃池魚如欲脫罪身無虞除是多給白鏹與青蚨其昌駭聽心膽裂婦脫簪珥即質輸詎知谿壑填難飽仍復桃僵李代終模糊朝爲桎梏苦暮爲縲絏拘如鴻罹魚網如雉投兔罦婦驚急奔覩夫泣訴其誣竟傳不日刑書定會當屆死悲黃壚爾歸好撫黃口兒爾歸好奉白頭姑婦聞頭搶地仰向蒼天呼蒼天高高不可籲地下狐兔當先驅痛心疾首誓一死死作厲鬼擊仇顱、含愁哺慈烏揮淚顧乳雛潛起密密縫衣襦手攜白練中夜趨直詣仇門畢乃命兩行血淚洒泥塗姑索婦聲嗚嗚兒索母啼呱呱天地爲愁草木枯見者聞者皆欷歔長官驚聞有是夫翻然改命捉亡逋不越三日果人得其昌始得釋其軀然已疊經搒掠無完膚歸抱阿母哭且痛不見其妻惟見孥或言婦死何其愚吁嗟乎惟其愚也而卒救其夫

姜貞女定遠縣姜秉坤之女許字同邑陳祥春未嫁而祥春死女號哭矢志守節衰絰見姑姑不忍卻之昏定晨省無間姑甚懽以兒子家仁爲嗣紡織助子讀書十年如一日家仁娶婦旋食餼爲氏請旌邑宰陶聯三（搢綬）

徵詩紀事予有俚句次韻云閨中奇事那有此不能嫁生能嫁死天倫缺陷天亦窮力補還憑一女子從來危苦惟所安我爲一一思其難烈婦難難於傷肌刻骨身名完節婦難難於飲冰茹蘗摧心肝二者之難皆理義理義總由情所至不知貞女之心又何冀上無　朝廷令下非父母意冥然獨自行其志嗚呼此事誠不易夫雖有妻不及娶妾爲髫髻作新婦夫本有母不能養妾爲承懽侍無恙夫既無婦安有兒妾爲繼嗣延其支嫡姑含飴兒力學兒能娶婦母心樂兒且食餼事更足回

憶深宵就紡車首似飛蓬指血漉已斷之綫行復續巳
寒之骨今且肉何以報之綽楔矗　朝命一下光厥族
四方聞之動色告重疊篇章如筍東五十年來完此局
貞女從茲育遐福貞女誰姜孺人適者誰定遠陳煌煌
姓氏垂千春
咸豐十年庚申秋英法上竄焚燬　淀園京城失守　皇
駁播遷而普天率土莫不同興義憤緣粤省大吏見洋
兵之調集藩船之出入竟壅於上聞內臣突見其至議
論紛囂雖有主和爲非者而不求所以不和之策有以

主戰爲是者而不求所以能戰之謀肉食者平日於兵餉戰守四字全然不講有警時唯唯否否是以上幸熱河幸恭邸繫文綉節以牢籠之虛聲恫喝以覊縻之該夷恐援兵勤王當退出京城怨釋而盟成矣蓋猛敵蠭生羣雄麻沸不遑與之戰也恭邸此舉不開邊釁未失國體眞可謂磐石之宗血脈之臣案已未我國於北河擊斃該夷士卒三百七十名有請調吉林蒙古勁旅扼守要害以防報復者而當道謂已褫其魄奪其膽不必勞民傷財此輩秪知講章並未讀過孫子書耳孫子云用兵之法無恃其不來恃吾有以待之

無恃其不攻恃吾有所不可攻也當此鷹瞵虎視當道
竟同楚人小羅號人易爲使根本先搖腹心內潰案律
以軍法從事亦不過矣
同治十年辛未五月十七日俄羅斯取伊犁城有　旨派
將軍榮全馳往查辦憶咸豐十年間俄人以洋槍等物
求易鴨綠江外地五千餘里樞臣允之遂啟今日攘伺
之端開門揖盜令人匪夷所思
同治辛未春法在天津窮需勒索所幸者神禍其謀天奪
其魄去秋該國與普搆兵普卒勁旅計衡鋒者一百萬

應援者一百四十四萬旌旗蟠地鎗礮震天徑渡禮吳河而伐之夫法天下莫强焉除所選羽林佽飛及餘勇防城八十三萬外其王鈙魯營斯路易與師禦敵者一百有五萬所用火器神速罕倫且海船鱗萃水雷羽集乃與普一戰而敗於威甲勃再戰而蹶於瓦士三戰而潰於孚卜逆至師丹力屈勢窮王擒國蹙而普畧地如歸攻城必克是猶決迅湍以沃燼灰鼓洪爐而燔落毳者由法以陰很齊其雄猜以窺覦行其貪毒今又提兵於天津之間不意伏戎於蕭牆之內然則强其安可恃哉

天道惡盈物極必反試看桀驁并吞者亦知所以自警矣

同治癸酉十二月邸鈔英修鐵路以通滇俄亦假道修鐵路以通滇莫不欲鶚視鷹瞵於中國也案歐洲普俄最稱雄然普雖倔而强不得爲中國患何則以其距中國遠也若俄則地跨三洲控弦百萬於阿非利加亞細亞皆足繫於重輕至其經營黑龍江左右者已歷多年通商勸農屯田練勇其意不惟側目吉林而且垂涎盛京刻下其足與俄抗者惟英耳而以俄之强且大非英獨

力所能制還顧歐洲中休養生息强兵厲武法雖蹶而可興也英欲拒俄勢必聯法然英法合併亦秖以支應歐洲之全境向非利加之偏隅而不能兼顧亞細亞也俄既不得逞其西土必將肆其東封若吞噬朝鮮必雄威疾馳於黑龍江欲效漁人坐收鷸蚌之利耳

琉球爲東瀛一島嶼當中國一府亦以國稱頗乎滕薛莒杞而已其天氣無論春夏秋冬早晚寒冷至日中則熱其山蒼秀其水清澈其寺院壯麗幽雅男子不經營家務日坐樹下納涼左置煙具右置茶鐺蕭然有羲皇上

人之樂絕不念婦女之勞苦何如也婦女赤足衣大袖長衫以遮下體內無小衣髮盤髻與男無異惟簪別之凡箱籠柴薪悉以頭戴而行其手臂用醋墨塗花樣為記其節古之守宮防淫意歟街衢有窄如巷者彼此相遇稽首鞠躬情意殷渥雖孩童曾識其面而行禮亦然且道上男婦雖同路不容交接一物交談一語風俗亦近古矣自明以來為中華屬國尚中華文字其俗不重甲兵以信義為先嗚呼蕞爾琉球猶能以禮維持其國者千餘年中華之六朝五季相形有愧色光緒己卯琉

球爲日本夷滅有遺臣晉京效包胥哭師至辛巳見中國不肯開邊釁一則自刎而死一則絕食而死吾知淚盡成紅血將流碧其忠心義氣足以照耀古今震爍史乘矣見琉球志異域考諸書

光緒八年壬午緬甸割地請和於英越南亦割地請和於法見邸抄案平日不講武厲兵恤民薄斂有警惟割地請和非以鑄投寇剜肉飼虎乎從此壤愈促賦愈減氣愈弱終必被懷愍之青衣踵徽欽之青城而已也

光緒九年癸未緬甸滅於英越南降於法珠簾碧瓦蕩作

飛灰舞館歌樓悉成焦土撫銅駝於荆棘閱浩刧於滄桑而不勝欷歔痛恨耳在緬甸尚無關緊要若越南自秦漢已入版圖奉本　朝正朔二百四十年今降於法則交趾之化爲歐洲南民之變成西隸也查越南疆土有四千里其所以喪師辱國者緣髮賊遺孽竄踞從化而法遂乘機吞噬東京兼以臣僚互相傾軋排斥君子以賊黨目小人小人復以奸黨目君子有一黨爲之誅鋤卽有一黨爲之報復而治亂盛衰之氣早隱伏於其中也幸大將劉永福與法交鋒火器遠不逮彼而疊敗

法於富艮江案法所用火器神速罕倫其實勝負不繫於此若其善用與否則在乎人耳縱有火器必得艮將不然亦成虛設觀永福與法戰豈非火器不可常恃爲裂山嶽沸波濤之物哉

光緒十年甲申夏四月邸抄朝鮮畏日如虎於都門懸示凡撻日人者死無赦閱之駭㫒苟從其輕而僅罵日人也罪亦至於流矣倘從其重而竟殺日人也罪且極於族矣我屬國如朝鮮越南琉球緬甸無積盛之威有將亡之兆也

光緒十二年丙戌滇省瀾滄龍川兩江外與緬甸毘連創修邊牆又設撫彝直隸廳乙未蜀省於魚通築靖西關但守禦者必以得人爲先苟得其人虎不渡河蝗不入境何畏乎英夷若不得其人則蕭牆內亦可憂某軍門駐防北甯是其前鑒矣古語曰衆志成城在此不在彼

光緒二十年甲午秋高麗內亂　朝廷派高陞輪船載兵一千五百名前往策應竟被日本兵艦擊沉又盤踞韓京令韓王勿爲中國之藩屬夫高麗自　太宗文皇帝以來爲我藩屬二百六十年不聞他國起而議之也日

本近在咫尺乃不爲鄭之昭而爲宋之聾藉此逞干戈
而犯邊圉蓋包藏禍心已非一朝一夕嘗設偵探知我
軍糈之不充人才之不出水旱灾沴之不時封疆斥堠
之不謹於是蠢蠢然思逞乘虛深入當時未設防禦如果
大員厲精强忍飭將弁嚴守要害一面照會通商之二
十餘國將日本違約興師請評曲直我有理而彼無理
諸邦必有佽助中國者一面選精兵猛將鑄礮造船塹
溪隧壘軍營操團練修城池布置周匝然後主戰所謂
有備即可以無患也蓋有備則彼之無備者固不足云

即彼之有備者因我有備而亦失其備矣計不及此以烏驚之衆當蛙怒之敵故一戰而合者忽離再戰而離者不可復合矣

歐洲大小二十餘國萃集於上海次廣州次天津光緒二十一年中日立和約應在此三埠擇一處憑衆會議日亦不敢妄肆要索乃詭譎異常請使在該島商酌凡鄉黨曲直先請鄰里在大庭廣地或公所或梵宮憑衆說和說罰以昭公允從未有被告直造原告之廬補正平之小剌原告直入被告之室聆樂廣之淸談也朝廷遣張野樵侍郎鄧小村中丞前往可見我　皇帝仁至義盡心平氣和矣乃二星使

率隨員十六人至該島不發一語不措一詞含糊把盞懞懂終筵惟日酋謂二星使云君非全權大臣必命李傳相佩全權關防蒞臨敝地甫述下文閣邸抄至此幾欲目眥盡裂鬚髮上指矣使乎使乎豈知昔居南臺如噪鵲今至東瀛如寒蟬乎至所選隨員十六人必能出其抱負增輝壇坫者又豈知盡成不舞之鶴不鳴之雁乎欽差忍辱不以理折之隨員素餐不以力爭之致蠢爾島夷藐視我中國大僚亦如齊鷄開府衛鶴乘軒不過節鉞旌旗炫耀市井耳則嗣後皇皇者華當以前鑒

未遠來彰方道勿效繫而無用致歎匏瓜華而不實貽譏桂樹也

中日和約倭酋欲得極尊極貴人而畫諾軍機大員竟允之及李傅相深入重地忍辱受欺似此情形不但可索臺灣及兵費銀三百兆即再重於此者亦何求而不得耶案傅相陛辭請訓我 皇上猶言 祖宗地土尺寸不可與人當倭酋威逼時力不能爭言不能折宜以李淮臨靴中刃要之死下日人所刺之一槍則爲輕于鴻毛傳相至日地有妄人施放一槍傷其頟倭皇雖治罪然猖獗極矣死于要約之不畫

諾則爲重于泰山當死而不死以圖生入玉門關爲幸一念偶差千秋貽笑予甚爲傳相惜惜其戀恩福而貪蠢壽耳

近來中西各報並述臺灣劉淵亭軍門疊獲全勝日兵死者無算其酋又復征調輒不敢與黑旗交鋒（劉軍門以黑旗爲號）使當日大帥不用同鄉舊部以黑旗守彰化而彰化至今無恙也以黑旗守旅順而旅順至今弗失也以黑旗守遼陽而遼陽不至於殘劃也以黑旗守威海而威海不至於潰蕩也以黑旗守牛莊而倭不至於蠶食也以

黑旗守牙山而倭不至於鯨吞也以黑旗守劉公島亦非如丁汝昌斂手而退甘心而降也計不出此僅令其防堵隅地竝可惜此三四大勝戰見於割地之後而不見於割地之先令人猶髀興歎扼腕興嗟耳

朝廷以臺灣畀日本其地臣民不願淪于異域乃以唐中丞爲總統稱伯理璽天德詞嚴義正布告五大洲列國祇以守臺北者不得其人遂令爲日本所據臺北既失臺中遂危而總統逃矣計距踐僞位僅十日耳雖曰時勢無可如何然徒貽列國之笑柄幸劉淵亭軍門永福

以五千子弟兵扼守臺南追奔逐北斬將搴旗日本自入寇以來其受創未有如是之甚者即歐洲列國觀戰壁上亦稱其爲眞將軍但內無餉糈外無救援兼有

上諭土地已畀日本當踐前言各省不得擅助邊壘於是劉軍門進退維谷乃易服登舟出險就夷得以生入

玉門闗較之潛逃之新總統未可同日而語矣

光緒二十一年護撫唐薇卿中丞抗踞臺灣時特請邑人林時甫欽差維清借助軍餉而該紳匿影潛跡反暗請日人乘虛登岸且報効日人三百萬金意圖永託帡幪

藉保家業內渡廈門潛回漳郡狡兔之窟有三乃已營成其二也不意日人新授臺灣總督某忽出示諭謂林維清乃中國第一富戶曾受中國厚恩若果有二意於本朝定將其家產田地充公云云而林時甫始恍然憬矣翻然悔矣悟則已晚悔亦無及迫成瘋狂以至就槃不亦異耶蒼天之施報于孤恩負國者固若是其明且著耶迅且速耶

光緒二十五年己亥春日本井戶川大尉請派文武各一員往游其國詳考學校兵政經川督奏飭丁公雁亭軍

門鴻臣沈公丹曾觀察翊清前往閱操見壁壘之嚴肅步武之整齊暨學校工商農醫規畫之美善軍門有日記付梓由陽輔卿中舍贈予而讀之凡美必收各條不紊是猶掌中見果指上分螺足徵身攖虎鋒而後懸印紆綬則才非苶矣身入虎穴而後食肉封侯則達非倖矣且其間多崇論宏議如上川督奎樂帥稟有曰日本所學適所用異乎中國之所學非所用又曰中國徒知守法不知變法徒知愚民不知用民斯言切中時病矣至日勸中國練兵以自強者蓋自滅琉球服高麗踞臺

灣驟然暴興爲俄所忌故前者日船抵仁川口俄不准泊岸又厲兵秣馬蒐乘簡卒其躍躍欲試之心實有不可終日之勢日亦繕甲磨刃警守以待其至所慮中國重興師旅以復侁雪恥爲務設使俄攻其左我襲其右彼必左支右絀則咽喉梗而心膂分矣自戊戌後欲聯絡中國是其眞衷案日立志以帥其氣雖婦稚能執干戈以衛社稷俄亦憚其行軍有節制不敢輕犯之然疆域大於日士卒多於日戰艦倍於日財賦充於日萬一日或爲俄削弱或爲俄殄滅又必張吻於燕遼垂涎於

閩浙所謂唇亡齒寒是也以事勢而論我募練未精府庫未裕外之國威未振內之莠民未鋤勢不能不合羣力以資指臂但燭之武告秦穆公曰鄰之厚君之薄也西人於我之損也則喜於我之益也則憂嘗欲敵啖之張坐收漁翁之利前既設洞闢重扃之計後又變劃界方郅之謀似此奇貪如何同舟共濟中國同彼共拒俄豈非募盜救焚火未熄而箱籠先失歟不如俯允附近之日庶呼吸相通血脈相貫中國由上海開舟兩日可抵該國長崎島沿海等處勢如常山長蛇擊尾首應擊首尾應擊中則首尾俱應使俄不得蠢然思逞尚是良策

中日如果同心同德則亞細亞所屬越南緬甸何至於
如此酌量情形將來中日必合成犄角之勢庶免掣肘
之虞說者謂甲午中國受其殘毒不宜與彼聯絡甲午之役其曲在日以情理而論原不宜合以事勢而論不能不合也古人云量敵而進知難而
退者聖哲之算也漢高祖不報平城之役唐太宗和合
頡利縱而不追宋眞宗爲蒼生許增歲幣皆能知退者
凡雄主英君猶不惜忍一時之恥以成萬世之功誠以
事勢有出於不得不然者耳以根本而論我中國必洗
刷積習破格用賢大臣法則小臣廉端人進則小人退
練兵所以守國勿效高克禦敵之師恤民所以安邦勿

學秦檜暴歛之舉非執其要則不足以撫中非師所長則不足以輯外操縱在我張弛咸宜惟當勵精以自强不當靠人以示弱也傳曰非我族類其心必異無論西人不可信即日所云樂助悔禍亦不可不鰓鰓過慮矣因讀丁軍門閱操日記附書管見於簡末此亦片蠡測海寸莛撞鐘無當堯羊秖爲邈豕而已

光緒二十五年十月十九日 上諭現在各國虎視眈眈爭先入我堂奧倘憑陵脅我以萬不能允之事惟有敵愾同仇不必逆料其勝負各督撫遇中外交涉事件往

往頗存一和字於胸中此等錮習實為孤恩負國嗣後遇有非主戰而不能結局者各督撫必須同心協力嚴飭將士奮勇殺敵至於和字不但不可出諸口並且不可存諸心以中國地大物博苟能各矢忠君愛國之忱又何强敵之可懼正不必化干戈為玉帛專恃折衝樽俎也將此通諭知之案戎狄侵凌自古為患商有鬼方周有玁狁漢有匈奴晉有羌胡唐則有回紇宋則有契丹女直蒙古與相終始然皆自為消滅旋踵敗亡觀夫遼金元三朝之盛其兵力强悍無敵於天下而自入中

國漸至委靡不振誠哉自昔無常強之國也即以歐洲而論羅馬盛於漢西班牙盛於唐荷蘭盛於明而今皆衰矣歐洲至今日誠爲極盛然盛即衰之機也我中國自守藩籬從未開釁於歐洲且禮崇柔遠特允增埠通商但窮需奢索務期饜其谿壑而後止今讀　上諭足徵我　皇帝痛嘗越膽怒兼周戈較晉元之濡忍宋高之優柔不啻星淵矣如果各督撫不苟安不欺飾扼險守隘講武練兵俟其他變而圖之蓋彼得志於中國之日益甚則遭忌於各邦之日益深雖宣威於海疆之間

必伏戎於蕭牆之內然後度其勢乘其時挫其跋扈之
師抗其貪悍之請而使苻堅終懾晉回紇自尊唐也
中國欲圖報復以時勢而論在勵精強忍而已案異域未
有三四十年而無變者我日練其兵月核其餉遴選出
奇制勝之臣挑選陷堅𥑮敵之將蓄力以待時審機以
度勢始可收桑榆之效耳今日者兵成強弩之末餉成
無米之炊而言官疆臣紛紛奏請出師直是不强忍也
夫天下之能成大功者必有遠慮出之愈遲成之愈固
我之所患者除之勿太速速則恐折一折之後意沮氣

弱遂不敢復言單務試觀宋自高宗議和罷警孝宗欲用兵而任張浚則一敗甯宗欲用兵而任韓侂胄則一敗理宗欲用兵而任賈似道則又一敗此無他不能先事纏綿臨事蹶張故一敗不可收拾誠能盡其在我勵精自治則可以不戰而屈人是以善用兵者未爲宜有以養其氣既爲宜有以堅其志尤貴待時度勢先自立於不敗之地然後聲東擊西摧堅陣以抵窮巢奇如言官疆臣漫焉嘗試非惟不能成天下之大功而反以得天下之大禍悔莫及矣

中國幅員萬里地非不廣也生聚三億人非不衆也然富者尠尠貧者纘纘且性懈弛不務正業流入於痞匪會匪教匪拳匪實繁有徒故無處不以伏莽爲虞凡淫焚擄掠官吏緝捕有匿影潛踪者有扼險處要者宜乘此時未大猖獗奏請赦其前罪縱令各自鞠旅陳師或數百人爲一股或數千人爲一股或數縣人爲一隊或數十縣人爲一隊分買歐洲埠市東出西没南趨北犯使其左支而右絀用彼地土養我人民用彼錢鈔練我精銳能據一二百里者即封以世襲國部長官司能據四百

里者即封以世襲二品長官司外聯聲勢內固藩籬該輩與其稱叛逆於中朝何如取尊榮於異域一轉移則順逆大判忠義反昭豈非古之定遠今之終軍者哉若請助資藥丸餉糈者酌而給之以視藉寇兵而齎盜糧固不可同日語也說者謂歐洲軍火如雷激電駭雖良平無所施其謀賁育無所逞其勇孫吳頗牧無所行其法使該輩以抵歐洲軍火必骨滅肉消案軍火入中國自法始故中國名礮曰法郎機是在歐洲始作俑者法也恃其利以毒他國而卒以自毒如前王拿破崙爲英

所擒後王欽魯斯路易爲普所虜光緒甲申爲劉淵亭軍門疊敗於越南甲午日本軍火亦神速又爲軍門疊敗於臺南案自古軍火以元太祖爲最故滅四十國始入中華何以順帝時明太祖從草莽崛起百戰百勝而元人之軍火竟不中用矣可見勝負原不在此徒恃軍火以逞欲鮮不斃矣益強弩之末難穿乎魯縞承霤之綆終潰於懸溜況天道循環人皆謂其盛之至者吾正謂其衰之始歐洲軍火不難殺人盈城積骨填海但上帝好生安知造物而不反者乎士子困於制藝有才能而不得志者居恆常抱屈案草莽中固多英雄若開此例安知

無崛起抗衡而不互相稱雄乎古今不極其變則不能復歐洲愈極其凶殘愈變其靡爛又安知非中國混同四海五洲之關鍵乎但此事恐不能行非事不能行實行此事者之無其人耳噫俗多夢夢世尚滔滔予感而書之聊當呂蒙囈語杜牧罪言而已矣

憑花館瑣筆卷十六

嘉州 鍾琦 泊

道光庚戌夏粵匪踞桂平之金田村七月初一日竄馬平閔正鳳軍門未堵截奉 旨斥革八月十二日竄大黄江蹂躪三十七州縣城內外皆成瓦礫荆榛其酋洪秀全廣東花縣人讀書不得志勾結楊秀清蕭朝貴洪大全韋昌輝石達開等假行善敬天蠱惑鄉愚緣辛丑壬寅見英夷入寇而官兵無陷堅殪敵之雄出奇制勝之畧於是視官兵闒茸庸流遂有異志傳教至粵西適丙

午丁未荒歉官吏既無賑恤又復徵求飢民憤懣結黨成羣洪逆從中潛煽附者益衆旋敗向欣然軍門桀其勢愈張凡出隊或勝不前或勝反退乃誘我兵而勞我也或忽然攻此或忽然攻彼乃分我兵而勞我也或倚山誘敵或倚水劄營乃欺我兵而勞我也案黃巢發軔郎今粵西省會該賊亦由此處竟踵黃巢故迹弄兵潢池荼毒泯棼其深謀蓄慮以圖者非一朝一夕矣

道光丙午丁未廣西荒歉戊申有湖南逆民雷再浩竄至廣西己酉匪徒李沅發楊元清石祥順等各率黨附之

以致蔓延爾時洪秀全馮雲山從朱九濤習上帝會謂
世有大災惟拜上帝可免拜上帝者各納銀五兩爲香
燈費凡入會不稱師徒而曰兄弟然嘯聚雖多亦秪如
蜀之米賊宋之王則等耳苟有循吏安撫而驅除之是
猶決滄海而灌殘熒舉泰山而壓小卵也因鄭巡撫祖
琛假寬大之名以養癰疽之患於是秀全乘機又益以
雷再浩等之衆故愈猖獗庚戌　上命總督林公則徐
爲　欽差大臣與鄭祖琛及提督張公必祿會勦旋據
給事中袁公甲三　奏參鄭巡撫欺飾彌縫各罪奉　旨

斥革不意林大臣張提督皆薨於途又　命總督李公
星沅至金田剿賊初桂平毗連之貴縣有嘉應州苦民
四五千聚居貴縣開墾該處士紳目為來人嘗欺凌之
來人積怒適於是年十一月二十八日投金田助逆洪
秀全得此生力軍膽益壯二十九日始接仗來人爭先
逞長副將伊克坦布及田繼壽潘繼邦等皆陣亡次日
來人竄貴縣將該處士紳屠戮殆盡嗣後來人為髮逆
之心膂秀全自挫敗官兵氣燄鋒銳駸駸乎有飲馬長
江之意然內而殘惡蒸於雲霧外而骸骨纍於邱山雖

擾亂十有五載蹂躪十有六省淪陷至六百三十七城是猶駭鯨之觸網困獸之逸阱耳我　皇上命帥出師廟謨濬授龍驤虎視雷掃風馳鋌鹿已窮何敢恃其地利連鷄失勢知必及於天誅收還半壁江山氛掃青犢攻克六朝城郭樂奏黃獐也洪秀全顛末人多不知刪其繁撮其要補錄於後見粵匪紀畧粵匪隨筆金陵聞見錄甕牖餘談從逆傳諸書

咸豐元年辛亥二月賊見大軍屯集武宣盡誅嬰孩以絕繫念遁入紫荆山阨守要害副將齋清阿與參將左炘曾玉郭維彪劉恩錫謝陞恩李樾萃袁國璘等先後皆

陣亡舁尸回營齋清阿猶手握斷刀怒目上視凜然有生氣閏八月初一日陷永安州建僞號爲太平天國十一月賽大臣尚阿合兵攻永安烏都統蘭泰向軍門榮疊獲勝仗次年壬子二月賊潰圍竄烏都統由仙回嶺夾擊生擒僞天德王洪大全檻送京師磔於市都統復追蕭朝貴至將軍橋中礮旋逝此公有勇畧能恤士卒但輕敵涉險爲兵家所忌也時山逕犖确雨多而路滑賊伏於羊腸鳥道總兵長瑞長壽董先甲鍾長庚邵鶴齡皆陣亡賊由馬嶺直圍桂林省不克而去四月破

全州五月破道州六月破江華甯遠嘉禾桂陽州七月破永興茶陵醴陵郴州州案賊何能破各州縣緣各州縣來無所堵去無所偵陷一州則他州震陷一縣則他縣逃所以啟戎心而長寇燄也如果大吏飭各州縣平日認眞練團城鄉行堅壁清野之良法（洪逆在粵滋鬧三四年並非猝然起事何以楚粵毗連竟不講究防禦耶）亦不至於瓦解冰銷鳥驚獸駭矣

咸豐二年壬子髮逆淪陷道郴得採煤山夫做鼇翻法穴地攻城八月圍長沙　發地雷城蟄四五丈副將鄧紹良斬賊酋迅將城闕堵合九月竄甯鄉十月陷岳州庫

存吳三桂軍火悉爲賊得復奪民舟七八千艘連破崇陽通城興國蒲圻孝感等處十一月陷漢陽距武昌一江隔冬令水涸以船作浮橋直圍武昌立壘分門攻撲向軍門追襲燬營盤二十座斃賊四五千人髮逆有老弟兄新弟兄之別往往以新弟兄而抵兵練或驅之使前或抑之在後軍門所殺四五千者卽此初裹之新弟兄非老弟兄也況隔賊營與省兵不能合適寒雨大沛勢難策應十二月四日而武昌不保矣文武皆殉節是時所俘男婦約四十萬人蔽江而下遂於三年癸丑正

月十七日陷安慶省粵髮逆星流電擊雨驟風馳焚掠
裹脅賊愈殺而愈多疾病死亡兵日添而日少使我剿
則無以爲守守則無以爲剿古人云兵貴拙速不尚巧
遲速則乘機遲則生變盜於此得其道矣
咸豐三年癸丑正月二十九日髮逆率衆薄金陵時陸勉
夫制軍倉卒東下閉城自守而城外未設一礮未戍一
卒賊遂肆行無忌麕集壕邊設使駐兵於外扼險守禦
與城中團練互相犄角以逸待勞以主待客未嘗不可
用少擊衆轉敗爲勝而賊亦不得築土壘開地道壹志

攻城也至水路賊船設使於上下游用小艇裝載薪芻內藏火藥外用引線同時齊舉火烈風猛賊逃爲幸何暇反戈相撲而肉食者計不及此足見胸無成竹腹抱空桑耳二月十日儀鳳門地雷轟發城崩塌賊遂驟登骸積如山血流成渠滿漢文武俱自殺惟祁方伯先嘔血死案金陵爲古帝王建都之地周廣八十里崇堞聳巖深溝環繞所謂金城湯池不啻也髮逆圍十日而遽陷雖曰人事其間有天意焉辛酉滇匪圍嘉予齋稟大守史公求平請派參將吳嘉春駐防城外扼險守御宗有鑒於陸制軍也

洪逆欲分賊守金陵而自統全衆趨北路有舟子言北路無水乏糧遇困莫解今金陵據長江之險宜踞爲都楊秀清韙其言遣僞丞相林鳳祥李開芳羅大綱曾立昌等率賊東下二月二十一日陷鎮江二十三日陷揚州先是揚州有富人江壽民嘗修橋卹嫠有善名聞賊且至醵衆金賄賊與賊約不相犯賊僞許之富戶恃以無恐遷避甚少賊乘無備突入搜刼貲財千百萬徇江於貞善堂旋自縊寨江此舉是猶延盜於門養虎於室未有不遭擄掠而被吞噬者此策祇可於窮鄉僻壤以待

土匪若揚州乃精華地方賊早已垂涎側目當此兇鋒虐燄豈肯如約不相犯耶細民無遠畧此類是也

咸豐四年甲寅正月初九日粵匪攻陷漢陽城武昌兵勇一萬三千餘性恇怯每日於江心施放空槍而已軍糈支絀兵勇槩欲逃散李公虹橋觀察請印官捐廉暫支持竟無一人應者六月朔翼長來約李公同遠颺李公大詈之初二日城破與幕友唐沁梅及僕樊升避於小樓適沁梅覓水飲李公用櫻繩投繯自盡樊僕亦死於側是時不能殮埋沁梅將門封閉潛逃至京口告其子

鶴人觀察八月二十二日克復省垣鶴人尋覓李公屍面貌須眉畢具周身骸骨全無恙且炎熱亦無蛆蟲跡於是備衣冠歸葬至樊僕屍骸僅餘枯骨相間不過二尺許一則完然如生一則枯骨僅存蓋忠魂毅魄有神鬼呵護即此已可槩見矣

咸豐四年甲寅八月官軍收復武昌漢陽黃州廬江等處軍務漸有起色而湖南添勇會山東老哥會各萃落類三四萬共投髮逆兼以捻匪亦受偽封捻者捏也不逞之徒聚捏成隊而肆劫掠俗謂之捻子各據其處有水

滸之遺風江南則淮徐海安廬則潁亳壽河南則南汝光山東則兗沂曹濟湖北則襄棗鍾隨以各省論皆屬邊界以大勢論則居天下之中譬如雞卵中黃獨堅故此數十府州縣之民類多慓悍承平時僅與搶竊盜等耳兵興後與髮逆聯絡髮逆或令分擾以掣我兵或令前驅以助彼勢何慮千百股以資指臂所以髮逆更多兇酋惡黨者盡此輩奸貪殘暴為天所惡欲聚族而殲旃之故合其羣使遭其刼也夫蟻集敗牆下聞厨中有餕魚骨狼籍糞草間則小蟻報於其王巢蟻帥十百蟻

兵萬千倍道疾馳思負魚骨歸以樂卒歲然他穴食指動者又踰山阜渡津梁率領國之蟻以爭此魚骨也既而入糞草間數十百蟻分截回去其隊列於前其王殿於後各返其穴無不饜若魚骨者尚有游騎或登厨上或歷櫈右横行腥羶之場亢人未有不慾為擁篲埽除之聚其王與帥卒而燔燒之怒猶未已躐至群蟻穴悉蕩滌之自此厨左右遂無蟻跡也髮逆與兇酋惡黨猶蟻之饜魚骨者無論早遲豈有不燔燒乎不蕩滌乎

咸豐五年乙卯三月髮逆由興國通山取道至塘角攻撲

湖北省陶巡撫恩培抵任甫月餘已而城陷同知府多山游擊陶德壽等皆殉節湖北省三陷矣是日副將王國才自九江率眾來援三更抵武昌不知省城已失也呼門而入賊亦不知爲官兵直至蛇山前兵與賊始相認殺聲互起我兵左盪右決殲賊七八人國才因孤軍不敢戀戰退出城外劄營此亦絕無而僅見者

咸豐五年乙卯荆州官將軍文遣同知林天直攻仙桃鎮正酣戰間突有千百騎馬賊以面塗朱猙獰如厲鬼乘間掩襲林受傷而死副都統貴陞攻岳家口亦陣亡於

是楚豫淪沒四五江皖淪沒六七其竄也無定其合也不測旋滅旋興旋衰旋盛良由新募壯勇紀律不習技藝不精遇敵則鶴唳魚驚耳況用兵要道莫大於賞罰賞及無功不足以勸罰失有罪不足以懲案軍興來賞罰有名無實甚至逃遁之文武留營以圖開復紈袴之子弟貲緣以圖保舉竟將 朝廷激揚之典而開情面賄賂之門出力者見其如此敢怒而不敢言所以退縮不肯陷堅殪敵矣張船山詩云民窮轉覺軍前好寇過惟从壁上觀山中城破官仍在闖外兵譁將不聞大貫

隨營綠職官連村無冦是誰焚能文未易參軍事有口
都能說戰功不明賞罰終何益眞舉才能尚未遲當今
軍務大率類是耳
咸豐六年丙辰五月髮逆知大營空虛率羣賊夾攻兵勇
潰散張提督國樑突圍保向大臣衝鋒而出由湻化鎭
退至丹陽嬰城固守向大臣病篤而賊重營疊壘以困
之張提督縱火鏖戰敗賊於和定橋有勸向大臣退保
善地以養痾者向大臣太息曰病勢如此何顏更東南走
吾當死於丹陽城耳七月以軍事付幫辦張提督復甦

身疾呼曰終負君恩大慟而絕向大臣自追賊東下直
抵金陵嘗自鐫私印曰誓滅此寇大小五六百戰爲賊
所憚乃大功未竣竟殞於軍奉　旨優卹　賜謚忠武
紳民以其勤勞爲東南保障實能禦災捍患呈准向大
臣入祀江蘇名宦祠

咸豐七年丁巳髮逆上竄荊州距城五里有板橋一座將
過橋勇先逃散雲南昭通鎮李國才衆稱爲李探花者
僅帶兵六十名赶至飭勇勿走敢走者斬祇須助威大
喊殺賊李單身匹馬率六十親軍衝鋒殪敵賊不知多

寡竟潰奔荆州城由是獲全至今商民尚稱讌無已借
乎主將是湘軍往往分門別戸因李是湞人故不重用
耳
鐔廊瑣記沔陽州有隄埂上通荆州兩旁均係汊港咸豐
中賊累陷湖北省沔陽人預備小艇數百隻船中以二
人搖槳以四五人手持大竹筒竹筒中間通而下留一
孔上用細竹裹綿絮紮緊賊來衆小艇以竹筒向湖中
取濫泥提出即向隄埂冲擊傾刻積數尺賊來既近即
以筒泥向賊面賊身施放不但賊不能前進且被衝回

眼鼻耳中俱污泥不能喊叫屢來屢挫是以洴陽僅留一空城賊無所得又見隄埂不敢行往往委而去之

咸豐八年戊午賊酋李秀成陳玉成竄安慶淪陷全椒含山桐城宿松溧水等處繼而德帥一敗於小店再衂於浦口於是揚州滁州泗州又失守周軍門洪昌中槍死溫道員紹原投江死李中丞續賓全營覆潰自縊死幸張玉良敗李秀成於二郎河馮子材敗陳玉成於溧水賊遂不得大逞否則長勺之旌旗已亂中池之竹木先焚也

咸豐九年己未春官軍復失利於六合周提督天受又在浦口陣亡於是瓊花苑冷鐵甕城孤鼓鼙喧白嶽峯前烽火過黃墩湖畔苟糗糧不乏而氛沴易除無如兵多飢色士鮮雄心空張廣信之旗莫輓蕭何之餉也又是年夏秋間黔苗蔓延緣文武措置乖方如彼所恃者崇山峻嶺不以間襲之所藏者密箐深林不以火攻之所保者妻子牛羊不以夜驚之所逃者荒徼絕域不以步步爲營之法窮之況自楊龍喜跳梁以來未警其豪猾未卹其孤窮未毀其險扼未斷其接濟兼以召募鄉勇

莫不惟怯所報勝仗以無爲有以敗爲功名曰例勝亦曰例仗耳養貓所以捕鼠畜犬所以吠盜當此鼠盜縱橫之秋又安用養此不捕之貓畜此不吠之犬哉

滇匪李永和藍大順等初非匪也販賣煙土時師旅倥偬將煙土屯積大關廳某同知見煙土纍纍垂涎側目咸豐己未夏適匪圍城某以甘言令其出隊僞許剿薦官階該輩奮勇將匪挫敗（昔年痞客皆結黨而行各有槍礮刀矛）暮夜至壕邊守隘者施放槍礮轒轀絕其歸路傷斃七八人其間藍大順尤勇鷙將城外民房悉焚燬某同知詐稱謀叛

請兵策應而大僚檄飭昭通鎮進剿該輩窮蹙遂竄川界筠連牛皮寨始而不過二百衆亦易撲滅因官兵恇怯藍逆由長甯新文裹脅七八股淪陷筠慶高拱等處益兵與賊此消則彼長彼消則此長我能奮勇而攻彼則彼必縮頭而畏我我不能奮勇而攻彼則彼必出頭而犯我此一定之情一定之理也各將弁駐防雞脚溪是猶高克禦敵之師逍遥河上衛人平陳之旅居處林中致令寇氛益張民心愈恐李逆在翠屏山而僞天王之僞號赫然樹幟矣

咸豐十年庚申李逆共裹脅二十萬眾遂眈虎視遽肆鴟張淪陷榮隆荼毒綿稡然無紀律無伎倆終必殲夷惟恨將弁泄泄多效劉巨容留賊作富貴地步耳屢獲諜訊翼逆石達開欲圖川省益川省爲天下之咽喉川省安則江楚滇黔秦隴均可藉其屏蔽賴其捐輸故翼賊垂涎側目者此也又是年下游因某制軍倉皇遁走故常州松江太倉崑山句容等處相繼淪没蘇州被圍候補道李紹熙開門迎賊巡撫徐有壬殉節越三日杭湖嘉紹甯温皆失守洪逆由是氣盛鋒鋭兼以捻匪張樂

形苗沛霖附從之故其衆十倍於我頭目尤多今日殲一魁而後日如此之魁者七八人而出也今月獲一有名之魁而後月無名之魁七八人出轉不能獲也

咸豐十一年辛酉夏四月初六日賊酋蘇國棟由青神率衆竄嘉州踞北門外西來寺固壘深溝府縣恐其穴地攻城飭焚附郭之民舍時毛小梧方伯震壽專函寄予謂道員黃純熙道朱遂至定遠二郎場中槍殞命大營新失統將勢弱氣沮又值藍賊圍潼綿楚兵咽喉梗而心膂分不能策應嘉州惟召募壯勇控險嚴守云云予

將原書飭呈府憲史公叔平致康而閱之史公亟召予籌商方畧對曰郡城柴米惟望銅江雅水轉運查徐濠鶯嘴崖爲緊隘先飭團練嚴防該處免賊斷我糧道蓋善鬪者必搤其吭善守者必扼其要也壯勇有五千五百名足資策應勿再召募以節糜費至出隊進攻不必過多多實無所用力尤不必合攻合則恐力不繼請將壯勇分駐皇華臺磨子山與西北城垣聯爲指臂守則剿之走則逐之擄糧則截之奮夜則驚之俟其意懈而防弛突用千百槍齊轟之雷震電擊雨驟風馳不可師

老而怠勢緩而疲反成荆棘矣史公納其言逾月賊潛遁追斬四十二級

咸豐十一年辛酉耶抄官軍克復安慶銅陵鉛山惟賊酋李秀成李侍賢竄浙江於烏石方門二灘連環築壘以致提督張玉良腹背受敵不能前進紹嘉甯湖溫嚴台處八府數十縣前後淪陷杭賊圍急巡撫王有齡學政張錫庚殉節賊酋因其清貞均以禮葬之曾大臣奉旨兼轄浙江軍務變追尾之局爲迎頭之師以有定之兵制無定之寇於是軍務有起色也

咸豐十一年辛酉　欽差大臣僧格林沁在安徽剿平捻匪仍查各巢以淨根株遂派翼長舒通額及州判吳壎前往安撫乃吳壎不與翼長同行縱勇在陳家圩淫焚搶擄剝脫男婦衣物以致赤身裸體奔逃又練總蔣新具控吳壎嚇詐若干陳繼曾具控釋放應斬人犯納賄若干經大臣審實請　旨在軍前將吳壎正法若非如此從嚴懲辦不足以昭炯戒而儆官邪矣

咸豐十一年辛酉八月南江縣因科歛激變圍城九月通江縣又勒捐罷市於是匪徒聚集五六千焚搶市鎮官

兵前往防剿殺斃渠魁斬首二三百級甫得解散不然一波未平一波又起耳案川省自軍興以來辦團練則違鄉益擾派夫馬則私囊皆盈無事任瘡痍之滿前而不爲設法有警恐餉需之累已而不爲請兵偶有奸究從中煽惑糾衆之謀圍城之舉一響而百附之當今平賊以治其標尤必安民以培其本安民無他策惟勿用花面之牧粉鼻之令此輩從未見有廉以律已忠以字人者

同治元年壬戌春賊酋李永和退出青神竄鍈山與卯德

新合隊我軍揚旆前追七月朔該逆潰奔犍爲龍究場楚勇對賊巢高築十二壘望敵設陣飛矢揚兵兼以圍練絕其越軼之路以爲聚殲之謀該逆糧盡勢蹙率衆投誠適予奉檄飭解鹽釐至營劉霞仙方伯留居支給所忽聞傳令命將軍械繳齊不許留寸鐵半鏃所有从賊分交各棚候調是夜二更後以火箭爲號全行處斬計殺四千七百三十人沸聲若雷流血成川而渠魁首惡按名就縛解省正法無漏網脫冒者此番賊被圍不能馳騁盇藥彈盡則凶焰自熄米粟絕則从人自逃外

壕築長圍成則巢穴自拔矣案秦始皇坑儒亦如方伯之殺从賊乘其不備而加害不然白起坑降卒四十萬於長平項羽坑降卒二十萬於新安設使掘土爲坑若是廣大彼降卒甯不知之又豈肯束手而待斃者乎

同治二年癸亥翼賊石達開繞越冕甯由小路逕奔土司王應元所轄紫打地不意三月二十七日山雨滂湃大渡河暴漲四五丈澴灅濆瀑不能徒涉又見危壁巉崖較二崤三峩尤險峻欲由瀘定橋轉趨天全州造經王應元扼河鏖戰殺賊三四千人翼賊智窮力竭駐劄馬

鞍山土司嶺承恩牽衆從上壓下絕其糧道斯時也冀
賊知烈火燒心衆鏑叢體再四思維惟拚命直撲山巔
而夷兵於聳峙陡坡間用木石滾擊墜崖者以萬計落
水者以萬計其妻妾攜手沉江中冀賊進退維谷遂牽
其黨至洗馬姑稽首投誠蔡太守護解晉省凌遲處死
其黨數千人爲官兵坑殺案行軍以地利爲本故孫臏
先訪馬陵之險而後可以定入魏之謀韓信先察井陘
之險而後可以決勝趙之計今冀賊竄紫打地自投羅
網古語云不知地利者不可以行軍信矣至河水暴漲

四五丈又不全關地利其間兼有天意焉

同治二年癸亥春雲貴總督潘公穆軍鐸爲回人馬榮戕害佔踞五華書院藩司岑公毓英率衆與馬榮連日交鋒馬榮曾授游擊恐援兵策應退出省城案滇地自道光中葉以來漢回怨積恨深始則漢多於回寡不敵衆久則回戾於漢弱不敵強於是外方游匪或從中煽惑或假冒橫行小而械鬬大而焚刼其酋杜文秀佔踞大理永昌臨安等處頗念生民塗炭從未派糧加稅且散財發粟賑貧濟困所以內固危堞外扞官軍也前圍景

東廣南時而城中蠶豆一枚售錢五文御麥一粒售錢二文物價翔貴如此可謂異常矣左傳楚圍宋易子而食析骸而炊唐書尹子奇圍睢陽羅掘俱空弘簡錄宋圍壽州米麥每斗至十二金元史明史末年有操金珠盈升而無米可易者今景東廣南尚不至是然亦備甚矣杜文秀聞城中窮餓令勿攻撲解圍去雖爲賊渠尙有惻隱心以視嘉善縣張令倜乎遠矣

同治二年癸亥春官軍克復紹興金華富陽嘉善但浙江等處浩刧彌天干戈滿地一望白骨黃茅炊煙斷絕趙

玉甫從戎駐防紹興有詩云日臨戰地晴無色鬼戀殘
齒夜有聲張蕉雪亦有白草春肥人種血青燐夜冷鬼
尋頭可想見其荒慘景象矣又閱邸抄署嘉善縣張令
於咸豐庚申聞賊將至乾沒清捐銀攜印私逃匿影潛
蹤城陷三年大憲委員詢訪無下落疑其殉節今嘉善
克復張令回任借捐勒派共索銀一萬有奇紳耆控發
大憲查參監追兵燹如此蹂躪尚敢朘膏吸髓是殘黎
不死於干戈水火之中而死於貪官汚吏之手也又邸
抄所載某御史奏參貴州銅仁石阡等處州縣亦借捐

橫征暴斂士庶憤懣萃衆開城納賊云云案兵燹後州縣不加意撫綏反假竊虎威恣情鷹擊故一城甫得一城旋失良由大兵餓亂於前貪吏激變於後也案此輩結局有遭奇禍者有遭奇窮者其感召若響應聲聲淫則響邪矣若影從表表枉則影曲矣

同治二年癸亥大營招募呂宋人爲兵以美國白齊文統其衆克復青浦嘉定等處因功大酬薄遂投忠酋李秀成勸忠酋盡棄江浙地斬伐茶桑焚燬廬舍無俾有餘然後直驅北方踞齊豫秦晉上游之勢以控東南其地

爲西人之力所不至乃可以逞幸忠酋戀棧不聽否則使我咽喉梗而心膂分矣案從逆不獨白齊文此外有嫻於戰法善於鑄礮者前則助我以攻賊今反助賊以攻我其變特轉瞬間耳而我之虛實盡爲彼知招募洋人之流弊損多益少如此是猶兩人之身脈不相通痛癢不相關求其指臂之相使腹心之相倚豈能得乎

同治三年甲子六月初一日大軍占龍脖子山十六日地道火發揭開城垣二十丈由闕口仰攻而入擒僞烈王李萬材據供稱洪逆於五月服毒而亡大軍共斃賊十

三萬四千二百人及大小頭目三四千名將洪逆劉尸焚骨該酋雖逃顯戮於生前仍攖極刑於身後與董卓膏脐侯景爨食何異焉所擒忠酋李秀成凌遲處死僞幼主洪福瑱遁走爲游擊周家良所獲尚有餘黨投捻匪竄擾楚豫亦如釜底游魚檻中困獸耳案洪逆初時倡亂皆鄉村庸流非有犀兕其威也貔貅其勇也亦非有武騎千隊戎車萬駟也倘昔日有良吏力行保甲訪有萌孽立即查拿嚴究豈至如斯潰爛決裂耶

同治四年乙丑髮逆汪海洋以殘寇游魂踞廣東龍川嘉

應州等處於山叢徑仄間戕害大兵四千七百名其勢愈張將僞侍王李世賢刺斃分竄江西陷袁臨南贛吉瑞又竄福建陷漳泉與永有佛曇橋縣丞（漳州府漳浦縣所屬）陳子曜與賊相通且獻該酋聯語用漳州所屬縣名撰成爲石碼通判馬珍查獲解省訊實正法案當今爲官有腹削肥家者有殘刻濫刑者有驕奢淫逸者有諂媚逢迎者有掌鼻由人養身惟酒者至於與賊相通愈出而愈奇愈奇而愈下矣

同治六年丁卯夏馬邊廳莠民朱世傑賀代賓等外通滇

匪內勾洪雅蓋化龍誘儻利以邪教惑衆鄉愚哤然信從借禦夷爲名籌造槍礮糾集五六千人突圍馬邊城分竄屏山鳳村爲張子敏大令秉堃督團追剿賊退踞碼磁山爲巢穴周渭臣軍門敗賊前鋒雄威疾馳揚旆直追參將鍾雲鵬於碼磁山奮呼躡上賊顚崖墜壑者枕相藉宋世傑賀代賓等潰逃至屏山界爲團擒獲正法黨羽亦搜捕殆盡此番軍務不至蔓延者蓋治賊於根深蒂固之時費力難而所傷者鏟除惡於萌發芽生之日用力易而所全者多也

李自成入京射大清門不中因以喪氣白蓮教首冉天元入梓潼時往文昌廟求籤有一人入都之語未幾爲德參贊所擒囚送成都捻匪張總愚由晉北犯順號於衆曰戊辰正月初五日破京城御太極殿受賀初五日至保定境詢地名土人以大激店對語音似太極殿賊嗒然乃不克振示兆靈驗一若有意爲之者

多禮堂將軍隆阿戰功卓著秦民尤感戴焉蓋回逆未經鉅創迨數年公入陝後每戰輒斬獲無算諸回畏若天神至以公名怖小兒啼後以捻匪陷盩厔公攻城中礮

陣亡嘗讀胡文忠與公書云聞兄日夜憂勤又身在礮子中經過甚爲馳念兵貴乎審機以待戰尤貴乎蓄銳以待時大將自臨城下四五十步纔不自惜如軍事何如國事何且吾聞臨陣而不避矢石不避槍礮謂之勇未聞城下仰攻我動彼靜我勞彼逸我無備彼有準從礮子經過而謂之勇也天下强兵良將本不易得若再不自尊重則東南半壁何以支持云云公卒坐此病以罹於難文忠其知言哉公籍滿洲謚忠勇

族子常愿於西山鍈樹宮訓讀癸丑賊酋林鳳祥曾天養

等分竄鼠像章道人謂常愿曰賊圍省城矣常愿瞠其目俄頃又曰賊至山麓矣危坐不動賊刃之道人紿賊曰此吾廟中擊磬鼓之賤役者也曰否吾秀才鍾劍潭也道人復紿曰彼嘗病狂又曰否我絳宮潔淨丹府澄清何病狂之有賊奇而釋之曰予視汝非凡人也而老於諸生予將薦於王以展其才大罵曰吾不能詭合於俗豈從鼠賊乎遂遇害案常愿性拘謹然名教干城庶幾無愧矣

儀徵夏履常　慶保　官上元縣訓導品行端慤爲士林所推

重癸丑賊圍金陵先生知不可守誓以一死報國二月十日城陷先生服朝衣冠端立學宮外於牆上大書一詩云苜蓿何堪繼采薇坦然全受復全歸半生養就凌雲志化作貞魂一片飛賊至呵之不屈乃交刃之而死嗚呼先生之死光明磊落兀然不懼更難於雉經仰藥者非志節素定何能若是哉

劉鍾群錢塘人以進士官刑部主事旋請假回籍値賊竄浙主政以保衛鄉里爲念練團守禦賊勢鴟張衆以主政非守土官勸其挈眷遠徙主政勃然曰危難至此妻

孥存亡聽之可也吾當効死以酬國恩甚戰無稍怯追
鄉勇十喪八九主政中槍傷謂其下曰事已不可挽回
特不願以賊刃汚我頸耳遂投河殉節時咸豐十一年
九月二十五日事也

黃梅帥公遠鐸以翰林編修報捐道員咸豐七年撫臣耆
齡奏留江西帶勇值僞翼王石達開狂率悍賊犯撫州
命帥公偕副將周鳳山同往助剿然賊氛猖獗營兵不
能禦帥公慷慨謂眾曰軍法有進無退我當以死相持
結營築壘於要隘以抗之賊圍四五重帥公日夜巡警

無懈志卒以糧絕營陷時猶手刃二賊目陣亡其姪帥疇與幕友萬泰亦同時授命同治十年由督臣奏　聞命於東鄉縣及原籍建立專祠以帥疇萬泰從祀以慰忠貞云

粵匪踞金陵士人陷賊中者多以節烈著聞楊逆嘗設策開僞科逼多士賦詩題曰四海之內皆東王有諸生鄭之僑者作詩譏誚起句云四海皆清土安容鼠輩狂人皆思北闕世豈有東王賊大怒支解之

廪生張繼庚佯與賊暱結爲內應七上書向忠武公榮復

親詣大營圖反正因大雪失期會事洩被拘賊窮治黨謀笞杖鍛鍊身無完膚終不累一人賊復餌以甘言乃請示僞官冊指其悍者三十餘人賊皆立斬之既而悟始磔君君臨刑作絕命詞有云拔不去眼中釘嘔不盡心頭血吁嗟窮途窮空抱烈士烈殺賊苦無權罵賊猶有舌詞及上向忠武書至今江甯人猶誦之

諸生夏宗銑鍾良佐者賊脅就試宗銑於論中罵之良佐於卷中畫犬豕皆被磔又張繼庚同謀反正金和賈鍾麟李鈞祥何師孟皆諸生章布嘗引官兵入伏城中夜

起殺賊以有備不得逞後不知所終嗚呼金陵淪陷有翩翩衣冠科目中人以五色布裹頭署軍師旅帥僞銜偷活草間受昏制誇封而不惜者迄今中興四十年度此輩亦皆稾項死以視諸君子艱難求濟慷慨殉生薄祿未霑大義是荷其輕重之區豈直泰山之於鴻毛哉咸豐十一年辛酉十月賊陷諸暨縣其時浙東西大半淪沒包村包立身乃農夫耳慷慨倡義集團禦賊遠近爭附之不下三四萬人聲勢既壯屢挫賊鋒同治元年春侍逆率大股以攻包村環數十里爲營大有滅此朝食

之意包立身屹然不動善能以少勝衆相持六七月殺賊無算因夏旱水涸糧道爲賊所遏其時勢危甚該團勇舐糠飲血卒無降者立身與妹美英殊死戰中礮死美英自刎其父母兄弟子姪媳女十五人皆陣亡計殉難官紳士庶男婦老幼統計一萬四千七十七名經採訪局查明具詳蔣中丞益澧由中丞奏請優卹蒙　恩獎賞崇祀昭忠祠案包立身家世農桑未嘗涵濡詩書習聞古今節烈忠孝之事乃逆燄滔天竟能畢命同力雖村破家亡而嚮義者一萬四千餘人斷脰捐軀纍不

少挫其志者奇節偉行洵足挽末俗頹靡之風而彰
盛朝教養之美矣
凡欲平賊當由慎選牧令始如得賢牧令宜專其任而重其權我 朝以仁厚開基待牧令寬大粵匪跳梁聞警先逃者毫未治罪伴食營中又夤緣以圖保舉當凶鋒虐燄時進有亡身之禍退無失地之誅何所憚而不取巧乎於是效尤者衆使賊長驅直入區區管見應分剿禦為兩大端議戰則責成叅游都守議堵則責成牧令其地距賊尤近者必度兵二三日內可以邏達以便遙

爲聲援聯爲形勢即使賊蹤飄忽而明斥堠密偵探亦可先期以得其竄處凡能散黨羽以清勾結擇要隘以愼邊防保屯積以絕寇糧稽軍火以嚴接濟使賊有所畏而無所犯遂勿惜重賞以資鼓勵倘淪陷城池雖有下鄉勸捐練團募勇之說槩是杯中蛇鼓中鶴鏡中花空中核似此僭悖不可信以爲眞必按律無赦庶足警一儆百若守城限於十日外則援兵必至逾十日而無援兵則城池淪陷其罪得從末減武弁聞某邑被圍能卷甲疾馳立解寇氛者 其重賞與牧令同若越趄不前

逡巡卻後者嚴加治罪至於以棄瑕錄用立功自贖之說進者文必果能草檄宣猷武必果能柳營殪敵方許奏留調遣以觀後效此所以於牧令專其任也又從參游以下歸道府節制從都守以下歸牧令節制凡召募操演同武弁閲歷庶呼應靈而指臂助且使久握印篆以展措施不必拘泥向例動循成格以滿年之期爲定章以上官之感爲避謗此所以於牧令重其權也蓋平賊要道首在尊使州縣而督撫道府居中駕馭之否則顧此失彼遏此注彼而賊乃猖狂矣夫賊之旁竄側出

大抵偏隊居多倘攻十日不下則氣已餒强弩之末其勢不能穿魯縞又得各團策應援兵夾擊或分或合或實或虛或明攻或暗伏或誘之成擒或僞之使獻渠魁授首餘黨革心矣